Bernhard Stein

Werkstattbuch Modellbahnbau

Bernhard Stein

Werkstattbuch Modellbahnbau

Tipps und Tricks für Anlagen in allen Größen

AUGUSTUS

Die Deutsche Bibiliothek – CIP-Einheitsaufnahme

Stein, Bernhard:
Werkstattbuch Modellbahnbau :
Tipps und Tricks für Anlagen in allen Größen / Bernhard Stein. –
München : Augustus-Verl., 2000
ISBN 3-8043-0471-0

Alle Modellanlagen entstanden im „Atelier Bernhard Stein“, wenn nicht anders angegeben.
Alle Aufnahmen vom Autor, wenn nicht anders angegeben.

Lektorat: Siegfried Fischer, Stuttgart
Umschlagkonzeption: Kontrapunkt, Kopenhagen
Umschlaglayout: Melanie Gradtke

AUGUSTUS VERLAG, München 2000

Herstellung/Satz: Gesetzt aus 9 Punkt Rockwell von Melanie Gradtke
Reproduktion: Repro Mayr, Donauwörth
Druck und Bindung: Appl, Wemding

Printed in Germany

ISBN 3-8043-0471-0

Inhalt

bergmann
bergmann kabel
Weller
WECP-20
Metabo

Einführung

In diesem Band werden die Anwendungsverfahren und die damit verbundenen speziellen Fertigkeiten, die ich mir während der zweieinhalb Jahrzehnte meiner Selbständigkeit erarbeitet und in meinem Atelier erfolgreich beim Bau von mehr als dreihundert Anlagen und Dioramen angewendet habe, beschrieben. Dabei handelt es sich vorwiegend um Arbeitstechniken, die auch ohne besondere Vorkenntnisse und in Verbindung mit allerorts im Fachhandel erhältlichen Werkstoffen rationell anwendbar sind. Beim Nachvollziehen einiger spezieller Gestaltungstechniken werden befriedigende Ergebnisse jedoch nicht ohne entsprechende Vorübungen gelingen. Die Meisterschaft hat letztlich auch hier in der fortgesetzten Anwendungspraxis ihren Preis.

Manche „Tipps und Tricks" stehen sicherlich im Widerspruch zum Herkömmlichen und gelegentlich auch im Widerspruch zu den von anderen Autoren beschriebenen Anwendungsverfahren. Hierzu sei bemerkt, dass ich nicht zuletzt im ureigensten Interesse stets für alles sehr aufgeschlossen war, was meine Arbeit hätte rationalisieren und die Ergebnisse optisch oder technisch hätte

Abbildung unten:
Bahnhofsausfahrt einer H0-Großanlage aus der Vogelperspektive.

verbessern können. Doch nach eingehenden Tests der als vorteilhafter angepriesenen alternativen Techniken, wie beispielsweise beim Einschottern der Modellgleise oder beim Gestalten von Gebirgsdetails, blieb ich immer wieder bei den von mir erarbeiteten und bewährten Verfahren, mit denen ich die besseren Ergebnisse erzielte und die mir nicht zuletzt auch mehr Sicherheit boten. Da ich als Unternehmer für alle meine Arbeiten die volle Garantie übernehmen muss, kann ich mir riskante Experimente nicht leisten.

Aber auch beim privaten Anwender steht viel auf dem Spiel, denn die heutzutage doch recht hohen Investitionen beim Modelleisenbahn-Anlagenbau bilden nur dann eine solide Kapitalanlage, wenn das Ergebnis in allen wesentlichen Punkten befriedigt. Dies gilt es also zu berücksichtigen, sollten Sie sich im Zweifelsfall für die eine oder andere Anwendungstechnik entscheiden müssen.

Nicht immer führt der bequemere und schnellere Weg auch zum besseren Ergebnis. Und nicht immer sind die moderneren Werkstoffe die besseren.

Schließlich will ich noch darauf hinweisen, dass dieses Buch von keiner Seite gesponsort wurde. Bei den gegebenen Material- und Werkstoffempfehlungen fühle ich mich vor allen anderen Interessen in erster Linie und uneingeschränkt meiner Leserschaft verpflichtet. Weitgehende Neutralität ist mir ein wichtiges Gebot. Wenn ich dennoch einige Markenerzeugnisse namentlich nenne, dann handelt es sich entweder um solche, die mir aufgrund spezieller Alleinstellungsmerkmale für ein betreffendes Anwendungsgebiet als besonders geeignet erscheinen oder aber um Industrieprodukte, an deren Entwicklung ich maßgeblich beteiligt war und die in ihren Eigenschaften auf die Erfordernisse der von mir praktizierten Anwendungstechniken zugeschnitten sind.

Abbildung oben:
Bahnhofseinfahrt mit Reiterstellwerk.
H0-Zweileiter-Gleichstrom-Großanlage.

Tipps zum Einstieg

Der Anlagenstandort

Abbildung oben:
Ausschnitt aus einer H0-Zweileiter-Großanlage mit zweigleisiger Hauptstrecke, funktionsfähiger Autobahn (FALLER Car-System) und Schiefergebirge.

Unter den eingeschränkten Verhältnissen einer Mietwohnung durchschnittlicher Größe wird man nur in seltenen Fällen einen Raum für eine stationäre Modelleisenbahnanlage zur Verfügung stellen können. Hier wird man sich besser im Thema beschränken und eine leicht teilbare Modul-Anlage konzipieren, die mit wenigen Handgriffen immer dort aufgebaut werden kann, wo man gerade damit spielen will. Plant man hingegen eine größere stationäre Anlage, die höheren Ansprüchen genügen soll, muss man sich darüber im Klaren sein, dass diese auch einen höheren Kapitaleinsatz erfordert. Dies gilt nicht nur für die Anschaffung des rollenden Materials und der zum Bau erforderlichen Zubehörteile und Werkstoffe. Einkalkulieren muss man auch die fiktiven Kosten für den Raum, den sie beansprucht und der dann in der Regel auf lange Sicht für andere Wohnzwecke nicht nutzbar ist.

Bei allen Überlegungen zur Standortfrage muss man also berücksichtigen, dass der relativ hohe Kapitaleinsatz, wie er für eine anspruchsvollere Anlage erforderlich ist, nur dann eine gewinnbringende Investition sein kann, wenn das fertige Werk alle Erwartungen seines Besitzers erfüllt. Mit zu den wichtigsten Bewertungskriterien zählen nicht nur die technischen und gestalterischen Qualitäten des Werkes, sondern in hohem Maße auch das Umfeld, in dem es sich präsentiert. Am falschen Standort wird die ansonsten noch so ansprechend gestaltete Modelleisenbahnanlage auf Dauer nicht befriedigen, sie wäre eine Fehlinvestition.

Erst wenn man einen geeigneten Standort gefunden hat, ist es demnach sinnvoll, sich in Abhängigkeit von Raumangebot und den örtlichen Gegebenheiten näher mit der eigentlichen Anlagenplanung zu befassen. Wer umgekehrt verfährt, geht immer das Risiko ein, dass das mühevoll erarbeitete Konzept innerhalb der Räumlichkeit des später in Frage kommenden Standorts nicht verwirklicht werden kann.

Tischbahnen erfordern wohnraumklimatische Bedingungen

Modelleisenbahnen, die herstellerseits nicht für den Freilandbetrieb konzipiert sind, sollten nur an Standorten aufgestellt und betrieben werden, die den üblichen wohnraumklimatischen Bedingungen entsprechen. Ungeeignet sind beispielsweise Räume, die im Winter nicht ständig beheizt oder belüftet werden, da dort die Luftfeuchtigkeit des öfteren hohe Sättigungsgrade erreicht. Auch Wintergärten und ähnliche Räume mit hoher Wasserverdunstung kommen als Standorte ebensowenig in Frage wie unzureichend isolierte Kellerräume oder Dachböden.

Im Zweifelsfall empfiehlt es sich, vorher Luftfeuchtigkeit und Temperatur in dem betreffenden Raum mit Hilfe eines Raumklimamessers über einen längeren Zeitraum hinweg zu überwachen. Ein solches Gerät zeigt an, inwieweit die relative Luftfeuchtigkeit innerhalb der für Wohnräume festgelegten Norm liegt. Bei nur geringfügigen Abweichungen kann man sich ggfs. noch mit geeigneten Klimageräten helfen. Raumklimamesser – wie unten abgebildet – sind in jedem Optikergeschäft für wenig Geld erhältlich. Zu hohe Luftfeuchtigkeit schadet den Bahnen. Zwar werden heute die Schienen fast aller Modellbahngleise aus nichtrostenden Metallverbindungen hergestellt, die Kontakte in den Schaltern, Steuergeräten und Motoren sind jedoch im Allgemeinen vor Oxidationen nicht geschützt. Vom üblichen Wohnraumklima abweichende Verhältnisse führen mit der Zeit zu Rissbildungen und Verwerfungen in der tragenden Holzkonstruktion der Anlage. Zu hohe Luftfeuchtigkeit kann letztlich auch die Ursache von Holzschädlingsbefall – wie zum Beispiel bei Gabun und Abachi (Liptuskäfer) – und außerdem von hässlichen Schimmelpilzbildungen auf den Geländeoberflächen sein. Übrigens: Schimmelpilze auf der Anlage sind gesundheitsschädlich, wenn deren Sporen in die Atemwege gelangen.

Auch Sonneneinstrahlung schadet der Anlage

Im Allgemeinen wird viel zu wenig beachtet, dass auch intensives Sonnenlicht erhebliche Schäden auf der Anlage anrichten kann, wobei Farbtonveränderungen an den Fahrzeugen und den bei der Geländegestaltung benutzten Farben noch die geringsten Übel sind. Vielmehr können Rissbildungen an den Lackierungen auftreten, und bei intensiver Sonneneinstrahlung und mangelnder Luftzirkulation kommt es sogar manchmal zu zerstörerischen Verformungen an den aus thermoplastischen Materialien hergestellten Gebäude- und Fahrzeugmodellen.

Bei der Standortwahl gilt es also auch, auf den Lichteinfall von Fenstern und Oberlichtern zu achten. Schräg eingebaute Dachfenster oder Glasdachsteine stellen ferner in Form möglicher Brennglaseffekte ein gewisses Gefahrenpotential dar. Durch das Anbringen von Sonnenblenden, lichtabweisenden Jalousien oder Rollläden, die über alle Tageszeiten hinweg die direkte Sonneneinstrahlung auf die Anlage verhindern, kann man wirksam vorbeugen.

Allerdings sollte man aber auch berücksichtigen, dass Fensterfronten im Anlagenhintergrund die Beleuchtungsverhältnisse optisch ungünstig beeinflussen.

Abbildung oben:
Ausschnitt aus einer H0-Zweileiter-Großanlage mit Burgruine auf Kalkschieferfelsen.

Abbildung links:
Moderner Raumklimamesser; wenn sich beide Zeiger im schraffierten bzw. schwarzen Feld kreuzen, ist auch für die Anlage nichts zu befürchten.

Die Anlage unter dem Dach

Wenn man bei Giebelhäusern den Dachboden als Anlagenstandort nutzen will, muss man jedoch beachten, dass die Grundfläche in der Dachschräge nur so weit nutzbar ist, wie es der Einbau einer senkrecht aufgestellten Rückwand in einer Höhe von mindestens 15 cm über der höchsten Erhöhung der Anlagentopographie gestattet. Ohne eine solche vertikale Abteilung der Dachschräge wäre eine natürliche Hintergrundgestaltung, wie sie beim anspruchsvolleren Anlagenbau unverzichtbar ist, nicht möglich. Die lieblos in die Dachschräge hineingezwängte Anlage ohne deutlich ausgebildeten Horizont wird optisch nie befriedigen.

Vorbeugende Maßnahmen gegen Hausstaub

Staub auf der Anlage beeinträchtigt nicht nur die Optik. Er ist außerdem ungesund und kann darüber hinaus auch erhebliche Betriebsstörungen verursachen, da die durch die Fahrzeugräder auf die Schienen aufgewalzten Partikel schon nach kurzer Zeit elektrisch isolierende Beläge bilden und die Fahrstromübertragung behindern. Deshalb sollte man am Anlagenstandort ein Umfeld schaffen, das dem üblichen Hausstaub keine zusätzlichen Ablagerungsmöglichkeiten bietet und leicht sauber zu halten ist. In größeren Hallen mit Publikumsverkehr, wo Anlagen öffentlich zur Schau gestellt werden, sind hochabriebfeste, versiegelte Fußböden richtig. Im privaten Bereich können es auch Fliesen, Parkett oder Linoleumbeläge sein. Auch Decken und Wände sollten glatt oder höchstens fein strukturiert sein. Auf Teppiche, Teppichböden, grobstrukturierte Wandbeläge und Vorhänge sollte man möglichst verzichten.

Abbildung Mitte:
Richtig – Anlage vorbildlich vor senkrecht stehendem Horizont gestaltet. Der Raum dahinter kann für verdeckt verlegte Gleise genutzt werden.

Abbildung rechts oben:
Falsch – Anlage ohne Horizont in die Dachschräge gequetscht.

Sicherheit gegen ungebetene Gäste

Den vorgesehenen Standort muss man unbedingt auch auf die örtlich gebotenen Sicherheitsmöglichkeiten hin überprüfen. Gegebenenfalls sind Fenstergitter, Spezialverriegelungen und eine zuverlässige Alarmeinrichtung nötig, um sowohl die Anlage als auch die wertvollen Fahrzeuge gegen Einbruchdiebstahl zu schützen. Außerdem ist es ratsam, Anlage und Fahrzeuge ausreichend zu versichern. Da im Falle eines Falles bei solchen Einbrüchen der Schaden an der Anlage meist größer ist als der Wert der entwendeten Gegenstände, ist es wichtig, dass Schäden durch Vandalismus ausdrücklich in den Versicherungsschutz miteinbezogen werden.

Auch Haus- und Feldtiere zählen zu den ungebetenen Gästen. Vor allem Nager wie Mäuse, Ratten und Marder können an der Anlage verheerende Schäden anrichten. Und wenn man etwas merkt, ist es meistens schon zu spät, da sie sich ihre Nistplätze bevorzugt in den Hohlräumen unter der Anlage aussuchen. Insbesondere unter dem Dach gelegene Standorte sind in dieser Hinsicht gefährdet und sollten immer wieder einmal auf mögliche Zugänge hin überprüft werden. Erste Anzeichen wie Kot oder Papierschnitzel muss man sehr ernst nehmen.

In diesem Zusammenhang sei erwähnt, dass vor allem die gefürchteten Wanderratten selbst Neubauten nicht verschonen. Holzpaneele, Fußbodendielen und Gipskartontrennwände, ja selbst Glaswolle sind für sie keine Hindernisse. Sie gelangen sogar über die Kanalisationsrohre und Dächer in die Häuser, wenn sie keine leichteren Zugänge finden. Bei Sattel-, Zelt- und Walmdächern bieten Tiersperrgitter, die zwischen der jeweils untersten Ziegelreihe und dem Dachgesims vorbeugend angebracht werden, den wirksamsten Schutz. Abwasserrohre kann man durch Spezialventile sichern.

Der richtige Standort

Der ideale Standort ist also dort, wo die Modelleisenbahnanlage ihrem wirklichen Wert entsprechend optimal zur Geltung kommt und wo sie außerdem gut geschützt ist. Im Privathaus sollte es stets ein Raum innerhalb des engeren Wohnbereichs sein. Gut geeignet ist beispielsweise der Freizeitraum im Keller, wenn dieser ausreichend gegen aufsteigende Erdfeuchte isoliert ist.

Der Zugang zum Standort

Eine wichtige Rolle spielt auch der Zugang zum Anlagenstandort, denn schon bei der Planung muss man die Anlage in ihrem Grundriss so konzipieren, dass die einzelnen Module jederzeit und ohne größere Schwierigkeiten von der Straße zum Aufstellort transportiert werden können. Die Größe der einzelnen Module muss sich daher nach der kleinsten Öffnung der Durchgänge innerhalb des vorgegebenen Transportweges richten.

Im Zusammenhang mit der Forderung nach einer leicht teilbaren, mobilen Anlagenkonzeption ist es unerheblich, ob die Anlage am Anlagenstandort oder außerhalb gebaut wird. Man kann ja nie voraussehen, was in zehn oder zwanzig Jahren sein wird. Man muss im Gegenteil immer damit rechnen, dass es eines Tages einmal zu einem Umzug oder einem Umbau kommt und die Anlage an einen anderen Ort verbracht oder gar verkauft werden soll.Für diese Fälle ist es empfehlenswert, eine Konstruktion vorzusehen, die auch mehrere Umzüge ohne Wertverlust gut übersteht.

Für größere Anlagen bietet sich ferner auch das ausgebaute Dachgeschoss als Standort an, weil dort in der Regel die gesamte Hauslänge für den Grundriss zu Verfügung steht. Zuvor gilt es jedoch zu überprüfen, ob die Kälte- und Wärmeisolierung an der Dachseite ausreichend ist. Es käme einer Fehlinvestition gleich, würde sich erst im Nachhinein herausstellen, dass es dort vor Hitze während der Sommermonate nicht auszuhalten ist. Wenn die Isolierung nicht hinreichend verbessert werden kann, bleibt nur noch die Installation einer leistungsfähigen Klimaanlage.

Abbildung oben:
Vorortbahnhof in Juralandschaft, H0-Industrieanlage für Wechselstromfahrbetrieb.

Abbildung Seite 13:
Luftbildaufnahme von einem ländlichen Trennungsbahnhof (Freinsheim/Pfalz).

Kein Anfang ohne Konzept

„Mitnehmen, auspacken und losfahren" – so oder ähnlich lauten die Werbeslogans, mit denen einige Hersteller immer wieder versuchen, ihre „Anfangspackungen" an den Mann zu bringen. Und mit gutem Erfolg, wie die alljährlichen Verkaufsstatistiken beweisen, wobei der tatsächliche Nutzen nicht stets beim Käufer liegt. Mit der Anschaffung einer solchen alles beinhaltenden Erstausstattung hat er sich oder aber den damit Beschenkten auf ein bestimmtes System festgelegt, von dem niemand genau sagen kann, ob es auch das Richtige ist.

Der lang ersehnte Kindheitswunsch nach einer elektrischen Eisenbahn dürfte sich heutzutage mit einer solchen in der Regel aus einem Gleisoval und einem kleinen Zug bestehenden Set kaum erfüllen. Spätestens nach einigen Minuten „Im-Kreis-herumfahren" stellt der Neuling fest, dass damit die kreativen Möglichkeiten bereits erschöpft sind; die Sache beginnt für ihn langweilig zu werden. Mit dem Wunsch nach mehr Betrieb, und nach eingehenderem Studium des Herstellerangebots, wird ihm jedoch bald bewusst, dass eine Anlage, die seinen Mindestvorstellungen von einer Modelleisenbahn entspricht – mit mehreren Zügen, einigen Weichen, Signalen und einem Bahnhof –, das Mehrfache dessen kosten würde, was ein Facharbeiter im Monat verdient. Ein Einkommensmillionär wird sich darüber keine Gedanken machen, doch für einen Familienvater mit durchschnittlichem Verdienst ist es schon wichtig zu wissen, wo die Grenzen der gebotenen finanziellen Möglichkeiten liegen.

Das Beispiel zeigt, dass für jeden Einsteiger, der sich unter einer Modelleisenbahn mehr als nur eine primitive Spielanlage vorstellt, dieses Vorhaben zunächst einmal eine größere finanzielle Investition bedeutet. Es liegt auf der Hand, dass eine solche Investition ohne Konzept leicht zu einer Fehlinvestition werden kann, die nicht selten im Chaos endet.

Wie bei jeder anderen Kapitalbindung auch, muss das Konzept auf einer sorgfältig aufgestellten Kosten-Nutzen-Rechnung beruhen, die folgendermaßen aussehen könnte: Auf der Soll-Seite steht der Anschaffungspreis der Anlage zu-

züglich der laufenden Kosten, auf der Haben-Seite steht der Gewinn in Form des tatsächlichen Freizeitwertes. Da Spekulationsgewinne mit Modelleisenbahnanlagen oder Fahrzeugsammlungen nur in seltenen Ausnahmefällen zu erwarten sind, bleibt also lediglich der Freizeitwert auf der Gewinnseite übrig. Stellt man diese Überlegungen allen anderen Dispositionen voran, wird man nie den Überblick verlieren.

Die Checkliste der Wunschvorstellungen

Nur die wenigsten Neulinge, die den Einstieg in das Modellbahnhobby wagen, haben eine konkrete Vorstellung davon, wie ihre Anlage aussehen soll. Im Vordergrund steht sicherlich die Freude an den schönen Modellen, die wie von Geisterhand bewegt in einem phantastisch gestalteten Umfeld verkehren. Mehr im Unterbewusstsein keimt zunächst der Wunsch, selbst einmal Macht über dieses Geschehen auszuüben, selbst einmal am Stellwerk die Züge zu dirigieren. Wenn sich dann aber das Verlangen einstellt, ein wenig von dieser Welt in die eigenen vier Wände zu holen, sollte man, bevor man Geld ausgibt, erst herausfinden, ob es in erster Linie der Fahrbetrieb ist, das Stellwerk, die Elektronik oder die Landschaft, was besonders beeindruckt. Am besten fertigt man sich eine Checkliste von diesen detaillierten Wunschvorstellungen an, die man später im Vergleich mit den anderen persönlichen Interessensgebieten und Neigungen analysiert.

Auf diese Weise wird man bald herausfinden, ob man sich zum Beispiel eine Anlage mit möglichst viel Fahrbetrieb wünscht, wobei die Fahrzeuge und das landschaftliche Umfeld nur eine untergeordnete Rolle spielen oder ob es gerade umgekehrt die eleganten Fahrzeuge sind, die dominieren sollen. Andere finden ein romantisches Gebirgsmotiv als Vorbild für ein kunstvoll zu gestaltendes Modell geeignet, auf dem sich lediglich die Originalfahrzeuge aus jener Region bewegen, die man im letzten Urlaub kennen gelernt hat. Und wieder andere möchten mit ihrer Anlage einen

Ausschnitt der bunten Länderbahnenwelt mit Bauwerken im wilhelminischen Stil streng nach historischem Vorbild entstehen lassen.

Allen Überlegungen sollte man jedoch voranstellen, dass selbst eine sehr große und aufwendig gebaute Modelleisenbahnanlage mit vielen Streckenvarianten, Weichen, Signalen und Bahnhöfen schon bald an Reiz verliert, wenn nach einigen Wochen die anfängliche Illusionsoptik der nüchternen Erkenntnis gewichen ist, dass es doch immer wieder dieselben Zugbewegungen auf ein und derselben Gleisfigur sind, die man inzwischen in- und auswendig kennt. Einen höheren Freizeitwert hingegen hat die nach einem guten Konzept in Jahren gewachsene Anlage, die sich in einem ausgewogenen Verhältnis zwischen Bahn und Landschaft präsentiert, und auf der die Züge in ihrem natürlich gestalteten Umfeld verkehren. Sie bietet ihrem Besitzer über viele Jahre hinweg ein weit über den eigentlichen Fahrbetrieb hinausgehendes kreatives Betätigungsfeld. Und sie bleibt über lange Zeit besichtigungswert, wie beispielsweise ein wertvolles Ölgemälde oder ein kunstvoll gewobener Teppich.

Größenvergleich der Modelle im Original 1:1

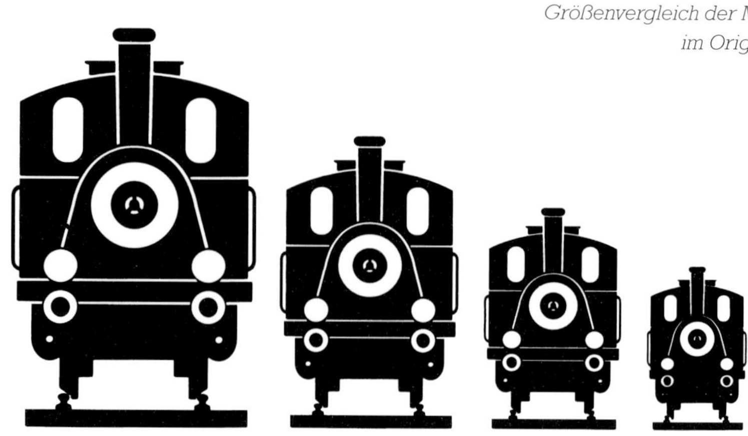

Der Nachbildungsmaßstab

Im Hinblick auf das Konzept zur Modelleisenbahnanlage spielt die Wahl des geeigneten Nachbildungsmaßstabs eine wichtige Rolle, denn er ist im Wesentlichen für den Platzbedarf bestimmend. Die am Markt vertretenen Nenngrößen – darunter versteht man den auf das Vorbild bezogenen Verkleinerungsmaßstab – sind in nebenstehender Tabelle aufgeführt.

Die Nenngröße H0 und N sind am weitesten verbreitet. Dazwischen gibt es noch die Nenngröße TT, die ursprünglich nur in den Ländern des ehemaligen Ostblocks vertreten war, heute aber auch im Westen zunehmend an Bedeutung gewinnt. Die hauptsächlich für den Freilandbetrieb konzipierten, maßstäblich größeren Bahnen der Nenngrößen IIm, I und 0 werden in Anbetracht ihres hohen Raumbedarfs heute seltener zur Gestaltung von stationären Anlagen in Wohnräumen gewählt. Schließlich gibt es noch die Nenngröße Z als die maßstäblich kleinste Modelleisenbahn.

Die Nenngröße H0 – sprich Halbnull – zum Beispiel steht stellvertretend für den Nachbildungsmaßstab 1:87. Die Fahrzeugmodelle sind also im Vergleich mit ihren Vorbildern 87-mal kleiner. In den NEM (Normen Europäischer Modellbahnen) ist die Spurweite mit 16,5 mm festgelegt. Dieses Maß bezieht sich auf die bei den meisten europäischen Eisenbahngesellschaften eingeführte Regelspur von 1435 mm. Bei der Nenngröße N ist der Verkleinerungsmaßstab mit 1:160 und die Spurweite mit 9 mm festgelegt.

Neben den Vollspurbahnen werden auch Fahrzeugmodelle angeboten, die Schmalspurbahnen maßstabtreu nachgebildet sind. Bei diesen Schmalspurmodellen gibt ein Kleinbuchstabe, der der Nenngrößenbezeichnung nachgestellt ist, über die Spurweite Auskunft, wobei „m" für Meterspur (Vorbild: 850 bis 1200 mm) und „e" für Engspur (Vorbild: 600 bis 800 mm) steht. Am europäischen Markt haben lediglich Schmalspurmodelle in den Nenngrößen H0m (Spurweite 12 mm) und H0e (Spurweite 9 mm) einige Bedeutung. Für beide stehen spezielle Schmalspurgleise zur Verfügung. Ein Hersteller aus Österreich ist außerdem noch mit einer Alpenbahn in der Nenngröße 0m auf dem Markt.

Nenngröße, Maßstäbe, Spurweiten

Nenngröße	IIm	I	0	0m	00	H0	H0m	H0n^3	H0e	H0n^2	TT	N	Z
Nachbildungsmaßstab	1:22,5	1:32	1:45	1:45	1:76	1:87	1:87	1:87	1:87	1:87	1:120	1:160	1:220
Modellbahnspurweite, mm	45	45	32	22,5	16,5	16,5	12	10,5	9	7	12	9	6,5
Vorbildspurweite mm	1000	1435	1435	1000	1435	1435	1000	915	750	610	1435	1435	1435

Tipps zur Wahl des Nachbildungsmaßstabes

Erst wenn man sich nach sorgfältiger Analyse der Wunschliste ganz konkret vorstellen kann, wie die Modelleisenbahnanlage aussehen soll, wird man in Abhängigkeit des am vorgesehenen Standort vorhandenen Raumangebotes auch hinsichtlich des Nachbildungsmaßstabes die richtige Entscheidung treffen können. Ein bestimmtes Schema als Entscheidungshilfe gibt es allerdings

Abbildung Seite 15:
Romantische Hochgebirgslandschaft mit Burg und Schotterzug. Industrieanlage in der Nenngröße N, Standort Florida (USA).

nicht. Vielmehr gilt es die Für und Wider der zur Wahl stehenden Nenngrößen, bezogen auf die speziellen konzeptionellen Forderungen des Projektes, abzuwägen und in die Überlegungen mit einzubeziehen.
Modellbahnen der Nenngröße H0 sind mit einem Anteil von nahezu 80 % auf dem Markt vertreten. Die große Nachfrage liegt wohl in dem Umstand begründet, dass einerseits mit den Fahrzeugen dieses Nachbildungsmaßstabes auf überschaubarer Fläche ein relativ interessanter Fahrbetrieb durchgeführt werden kann, andererseits aber auch die kleineren Details an den einzelnen Modellen noch recht gut darstellbar sind. Um den Bedarf zu decken, führen weltweit mehr als 40 Großserienhersteller rund 8000 Fahrzeugmodelle im Angebot. Hinzu kommt die kaum erfassbar hohe Anzahl an Kleinserien- und Liebhabermodellen. Wer sich also für die Nenngröße H0 entscheidet, kann beim Bau und Betrieb seiner Anlage auf ein großes und nahezu lückenloses Angebot an Fahrzeugen und Zubehör zurückgreifen, das keine Wünsche offen lässt.

Die gebotenen Möglichkeiten an einem Praxisbeispiel

Um festzustellen, inwieweit es möglich ist, die Vorteile der Nenngröße H0 bei der Verwirklichung des eigenen Anlagenkonzeptes zu nutzen, bedarf es weiterer Überlegungen. Steht beispielsweise ein Raum durchschnittlicher Größe mit einer Grundfläche von 4 x 5 Metern zur Verfügung, findet sich sicherlich eine elegante Lösung, wenn man sich mit einem Nebenbahnmotiv zufrieden gibt. Für eine zweigleisige Magistrale mit Durchgangsbahnhof und einem verdeckten Speicherbahnhof (Schattenbahnhof) in der unteren Ebene reicht der Platz jedoch keineswegs, um eine nach dem Vorbild der Natur gestaltete H0-Anlage zu realisieren. Dies ergibt sich schon aus den ersten überschlägigen Berechnungen. Wenn man berücksichtigt, dass ein H0-Schnellzug mit einer Mindestgarnitur von fünf Wagen ungefähr 1,60 m lang ist und im Bahnhof eine nutzbare Gleislänge von mindestens 2,00 m beansprucht, kommt man zusammen mit den erforderlichen Weichenverbindungen auf eine Bahnhofslänge von rund 3,60 m. Da reicht das was noch übrig bleibt selbst dann nicht für eine realistische Fahrstrecke, wenn man die Anlagengrundfläche in Winkelform wählt und die Diagonale nutzt. Und es reicht erst recht nicht für eine maßvolle Gefällstrecke, wie sie als Verbindung zum unterirdischen Speicherbahnhof erforderlich wäre. In einem solchen typischen Fall stehen drei Lösungen zur Wahl:

Man erzwingt die Realisierung der vorgegebenen Konzeption durch Kompromisse. Das Ergebnis ist dann eine mit Gleisen überladene Anlage, mit viel zu engen Radien und einem unnatürlichen Umfeld. Die zu kurzen Bahnhofsgleise reichen kaum, um einen Zug mit drei Wagen aufzunehmen.

Man wählt einen kleineren Nachbildungsmaßstab. Mit einer Bahn der Nenngröße N ließe sich das vorgegebene Konzept leicht verwirklichen, wenn man die kleineren, zwangsläufig weniger gut detaillierten Fahrzeuge akzeptiert.

Man bleibt bei der Nenngröße H0 und beschränkt sich auf ein Nebenbahnmotiv mit kleineren Zügen und nimmt die eingeschränkten Fahrbetriebsmöglichkeiten zugunsten der besser detaillierten Fahrzeuge und einer realistisch gestalteten Landschaft in Kauf.

Alternative Schmalspurbahn

Als weitere Variante böte sich auch an, um bei obigem Beispiel zu bleiben, den zur Verfügung stehenden Raum für eine Schmalspurbahn der Nenngröße H0m oder H0e zu nutzen. Bedingt durch die engeren Radien und die kleiner dimensionierten Züge und Trassen, wäre bei gleichem Raumangebot eine entsprechend großzügigere Gleisplanung möglich, ohne dass man auf die Vorzüge des größeren Nachbildungsmaßstabes verzichten müsste.

In diesem Zusammenhang sei erwähnt, dass die Schmalspurbahnen der Nenngrößen H0m und H0e nicht zum Verkehr auf den Gleisen entsprechender Spurweiten der maßstäblich kleineren Vollspurbahnen (TT und N) ausgelegt sind.

Schwierigkeiten gibt es vor allem beim Überfahren der Weichen. Außerdem wäre deren Verwendung als Schmalspurgleise ein eklatanter Stilbruch.

Für die genannten Schmalspurbahnen gibt es spezielle Gleise, deren Baumaße mit dem vorgegebenen Nachbildungsmaßstab der Fahrzeugmodelle übereinstimmt.

Die maßstäblich kleinen Bahnen bieten auch auf kleiner Fläche viel!

Unser Beispiel hat gezeigt, dass mit Bahnen im kleineren Nachbildungsmaßstab auch unter beengten Raumverhältnissen interessante Anlagenkonzepte verwirklicht werden können. Die Gleisanlagen einer Modelleisenbahn der Nenngröße N nehmen beispielsweise nur ein Viertel der Grundfläche in Anspruch, die eine H0-Anlage vergleichbarer Größe benötigt. Eine Bahn in der Nenngröße TT (Nachbildungsmaßstab 1:120), die auf der 12-mm-Spur verkehrt, kommt mit zwei Dritteln der Grundfläche einer vergleichbaren H0-Anlage aus. Zwar ist das Zubehörangebot bei beiden nicht so vielfältig wie bei der Nenngröße H0, alle wichtigen Dinge, die man zum Bau einer Anlage benötigt, sind aber erhältlich.

Abbildung oben:
Feldbahnstation im Teufelsmoor mit Bootshafen und Drehbrücke. Ausschnitt aus einer H0e-Ausstellungsanlage.

Abbildung Seite 16 oben:
Zwei Modelle nach dem Vorbild der legendären schweizerischen schweren Güterzuglokomotive „Krokodil" Be 6/8 vergleichsweise in der Nenngröße H0 und N.

Abbildung Seite 16 unten:
Schmalspur-Güterzug in der Nenngröße H0m mit vorgespanntem „kleinen Krokodil" der Rhätischen Bahn – Ausschnitt aus einer Industrieanlage.

Noch weniger Platz beanspruchen die kleinsten Bahnen der Nenngröße Z (Maßstab 1:220). Ungeachtet der winzigen Fahrzeugmodelle handelt es sich bei diesem System um eine vollwertige Modelleisenbahn, die sich besonders zur Gestaltung von weiträumigen Anlagen eignet, wie das Bildbeispiel rechts zeigt. Die zwangsläufig hohe Staubempfindlichkeit erfordert jedoch einen höheren Pflegeaufwand als bei maßstäblich größeren Bahnen.

Die Modellbahnsysteme

Zum Betrieb von Modelleisenbahnen wird heute mit wenigen Ausnahmen elektrischer Schwachstrom (7 bis 22 Volt) als Antriebsenergie verwendet, entweder in Form von Gleichstrom oder Wechselstrom. Dem Fahrstromübertragungsprinzip über die Modellbahngleise zu den Fahrzeugmotoren entsprechend unterscheidet man drei Systeme:

Das Zweileiter-System

Das Dreileiter-System

Das Mittelleiter-Punktkontakt-System

Das Zweileiter-System ist international am weitesten verbreitet. Die Fahrstromzufuhr erfolgt hier über die beiden elektrisch getrennten Schienen des Zweileiter-Gleises und die Stromaufnahme durch die Triebfahrzeuge und die Wagenbeleuchtungen über die Fahrzeugräder, vereinzelt auch über zusätzliche Schienenschleifkontakte. Zweileiter-Bahnen werden in der Regel mit Gleichstrom betrieben. Die Fahrtrichtung wird durch Umpolung des Fahrstromes geändert. Um Kurzschlüsse zu vermeiden, sind die Fahrzeugräder gegen die Achsen isoliert oder aus elektrisch nicht leitenden Werkstoffen hergestellt. Bei der Anlagenplanung muss man für Kehrschleifen eine spezielle Schaltung installieren, um Kurzschlüsse beim Durchfahren zu verhindern. Wenn Weichen mit stromführenden Herzstücken vorgesehen sind, ist ferner ein mit dem Weichenantrieb gekoppelter Umschalter für die Herzstückpolarisierung erforderlich.

Das Dreileiter-Gleis verfügt über eine zusätzliche, stromführende Mittelschiene. Da hier alle drei Schienen elektrisch getrennt sind, kann der Fahrstrom über die beiden Fahrschienen und die Mittelschiene zugeführt und durch die Triebfahrzeuge sowohl über den stets vorhandenen Mittelschleifkontakt als auch an einer fahrtrichtungsabhängigen Seite über die Räder oder zusätzliche Schienenschleifer aufgenommen werden. Auf diese Weise ist es möglich, zwei getrennte Stromkreise in das Gleis einzuspeisen und somit zwei Triebfahrzeuge gleichzeitig über zwei verschiedene Fahrregler (Trafos) voneinander unabhängig zu steuern. Dieses ebenfalls auf Gleichstromfahrbetrieb ausgelegte Dreileiter-System wird ausschließlich für die Nenngröße H0 unter der Marke „TRIX-EXPRESS" angeboten. Es wird

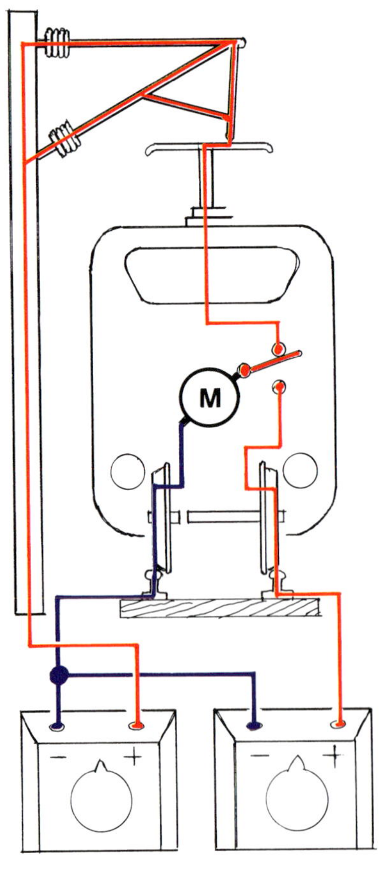

Fahrstromaufnahme bei Zweileiter-Gleichstrombetrieb

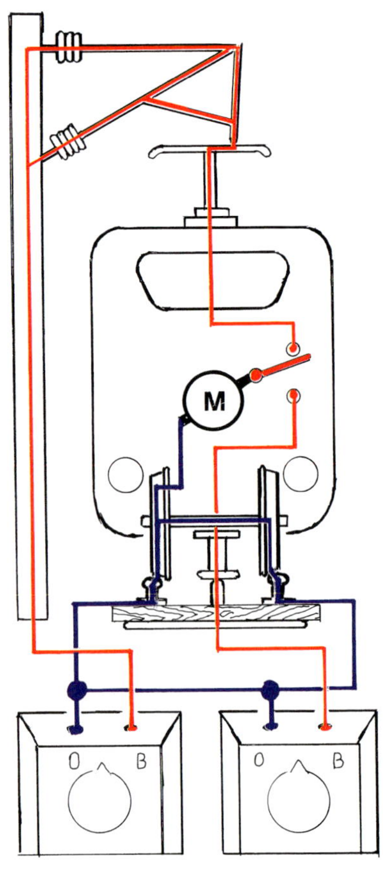

Fahrstromaufnahme bei Wechselstromfahrbetrieb

heute kaum noch zum Aufbau von Neuanlagen benutzt und hat daher nur noch geringe Marktbedeutung.

Beim Mittelleiter-Punktkontakt-System sind die Schienen nicht isoliert und der besseren Kontaktgabe wegen sind auch die Räder der Metallradsätze über die Achsen elektrisch leitend miteinander verbunden. Der Fahrstrom wird hier also über die Schienen und über isolierte Punktkontakte zugeführt, die unauffällig in die Schwellenmitte der Gleise eingelassen sind. Aufgenommen wird der Fahrstrom über die Räder und Mittelschleifer der Triebfahrzeuge und beleuchteten Wagen. Die Fahrtrichtung wird durch ein in den Triebfahrzeugen eingebautes Relais gewechselt, das auf Überspannung oder elektronisch übertragene Signale reagiert. Im Gegensatz zum Zweileiter-System können Kehrschleifen problemlos verlegt werden.

Was man über die Zweileiter-Bahnen wissen sollte

Die meisten Modelleisenbahnen in den verschiedenen Nenngrößen sind für Gleichstrombetrieb auf Zweileiter-Gleisen ausgelegt. Für Gleise und Fahrzeuge der Nenngröße N gibt es festgelegte Normen, die nahezu von allen Herstellern weltweit eingehalten werden. Fahrzeuge der Nenngröße N aller Marken sind also uneingeschränkt miteinander kompatibel und können auf N-Gleisen aller namhaften Großserienhersteller eingesetzt werden. Ähnliches gilt auch für die Nenngrößen H0m, H0e, TT, 0 und alle maßstäblich größeren Bahnen. Und da sich nur ein Hersteller mit der Nenngröße Z befasst, ist auch hier alles kompatibel.

Diese uneingeschränkte Kompatibilität gilt allerdings nicht für die Zweileiter-Gleichstrombahnen in der Nenngröße H0. Zwar findet sich hier das weltweit größte Angebot an Fahrzeugen, die jedoch, ungeachtet der einheitlichen Spur, nicht grundsätzlich auf allen Zweileiter-Gleisen eingesetzt werden können.

Sieht man einmal davon ab, dass es in der Nenngröße H0 rund ein Dutzend verschiedene Kupplungssysteme gibt, die nicht kompatibel sind, bereiten vor allem die niederen Schienenprofile einiger Hersteller Schwierigkeiten beim Einsatz von Fahrzeugen, die mit den üblichen Standardradsätzen der Großserienhersteller ausgerüstet sind. Während der Austausch der Radsätze in solchen Fällen bei den Wagen kaum Schwierigkeiten bereitet, ist die Umrüstung bei Triebfahrzeugen meist problematisch, wenn überhaupt möglich.

Wer auf seiner H0-Zweileiter-Anlage Fahrzeuge unterschiedlicher Herkunft einsetzen und das weltweit große Fahrzeugangebot nutzen will, der ist besser beraten, wenn er sich bei der Auswahl des Gleissystems für eine Marke mit ausreichend hohen Schienenprofilen entscheidet. Die oft zitierte Maßstabstreue, die angeblich besonders niedere Schienenprofile erfordert, ist eher praxisferne Theorie, denn auf solchen Gleisen mit extrem niederen Schienenprofilen, die meistens nach amerikanischen Normen gefertigt sind, ist ein sicherer Verkehr mit den standardisierten Fahr-

Abbildung oben:
Dreigleisige Bahnhofstrasse in einer Juralandschaft mit haltendem Regionalzug nach dem zeitgeschichtlichen Vorbild der Epoche 3 – Ausschnitt einer H0-Anlage für Wechselstrombetrieb.

Abbildung Seite 18 oben:
Durchgangsbahnhof mit zu einem Schotterwerk führenden Industriegleisanschluss – Ausschnitt aus einer Industrieanlage in der Nenngröße Z.

zeugen aus der Großserienproduktion der europäischen Hersteller nicht immer gewährleistet. Man muss letztlich auch einkalkulieren, dass durch den Fahrbetrieb, und vor allem durch die öftere Reinigung, wie sie bei Zweileiter-Gleisen erforderlich ist, mit der Zeit auch eine gewisse Materialabtragung stattfindet und schon aus diesem Grund ausreichend hohe Schienenprofile sinnvoller sind.

Bei der Auswahl des Gleissystems spielt auch die metallurgische Beschaffenheit der Schienen im Hinblick auf die elektrische Leitfähigkeit und Verlegefreundlichkeit eine Rolle. Schienenprofile aus Messing und Neusilber sind in dieser Hinsicht besonders vorteilhaft, vor allem wenn Flexgleise zum Einsatz kommen. Sie lassen sich leicht bearbeiten und bieten außerdem den Vorzug, dass sichere Lötverbindungen an jeder beliebigen Stelle angebracht werden können.

Bei der Wahl des Gleissystems sind ferner leicht bewegliche Weichen mit gefrästen Zungen und endabgeschalteten Antrieben mit Umschaltern für die automatische Herzstückpolarisation wichtige Qualitätsmerkmale. Wenn die Verwendung von flexiblen Gleisen vorgesehen ist, dürfen diese beim Biegen keine Spurveränderung aufweisen.

Auf H0-Zweileiter-Gleisen können Wagen, die auf das Mittelleiter-Punktkontakt-Gleissystem ausgelegt sind, nur nach dem Austausch der Achsen eingesetzt werden. Bei Triebfahrzeugen ist in der Regel eine Umrüstung kaum möglich und auch nicht sinnvoll.

Was man über Mittelleiter-Punktkontakt-Gleise wissen sollte

Mittelleiter-Punktkontakt-Gleise werden ausschließlich für die Nenngröße H0 von der Firma Märklin zur Zeit in drei Varianten hergestellt. Bei den klassischen Metallgleisen und dem jüngst entwickelten C-Gleis handelt es sich um vorgefertigte Gleiskörper mit angeformten Bettungen. Beide sind besonders verlegeleicht. Da es jedoch hierzu keine flexiblen Gleisstücke gibt, beschränken sich die Gestaltungsmöglichkeiten auf Gleisfiguren, wie sie sich aus der Geometrie der zur Verfügung stehenden Teile ergeben.

Bei der dritten Variante handelt es sich um ein Kunststoffgleis ohne angeformte

Bettung. Das System basiert auf fünf Radien und einer großen Auswahl an Kreuzungen und Weichen. Die ansteckbaren Weichenantriebe sind endabgeschaltet. Da ferner ein leicht verformbares Flexgleis zur Verfügung steht, das sich auch ablängen lässt, ist man bei der Planung nicht – wie bei den beiden anderen Varianten – an die vom Hersteller vorgegebene Gleisgeometrie gebunden.

Speziell zum Verkehr auf diesen Mittelleiter-Punktkontakt-Gleisen bietet Märklin ein auswahlreiches H0-Fahrzeugprogramm für Wechselstrombetrieb. Es können auch Wagen anderer Hersteller eingesetzt werden. Da die Schienenprofile mit denen der handelsüblichen Zweileiter-Gleise nicht korrekt übereinstimmen, empfiehlt es sich jedoch, die Radsätze auszutauschen.

Was die Triebfahrzeuge anbetrifft, gibt es inzwischen einige Hersteller, die einen Teil ihrer H0-Modelle auch in Wechselstromversion zum Einsatz auf Mittelleiter-Punktkontakt-Gleisen anbieten. Hier sollte man, bevor man sich zum Kauf entschließt, überprüfen, ob auch die Radkränze an das Schienenkopfprofil der Märklin-Gleise angepasst sind. Nur unter dieser Voraussetzung nämlich ist eine einwandfreie Stromaufnahme und ein störungsfreier Lauf auch über die Weichen und Kreuzungen hinweg sichergestellt.

Wechsel- oder Gleichstrombahn?

Nur in der Nenngröße H0 also hat man in Abwägung der systembezogenen Vor- und Nachteile die Wahl zwischen Wechsel- und Gleichstromfahrbetrieb. Für den Gleichstrombetrieb spricht die etwas einfachere Verlegetechnik des Zweileiter-Gleises und die bessere Optik des fertiggestellten Bahnkörpers. Diesen Vorzügen stehen allerdings die elektrisch getrennten Schienen des Zweileiter-Gleises und die damit verbundenen Einschränkungen beim Planen bestimmter Gleisfiguren entgegen.

Beim Mittelleiter-Punktkontakt-Gleis hingegen braucht man sich um die elektrische Polung nicht zu kümmern, was die Planungsarbeit erheblich vereinfacht. Bedingt durch die Art der Fahrstromübertragung gilt die Wechselstrombahn allgemein auch als kontaktsicherer. Nachteilig werden von einigen Modellbahnern die nicht ganz vorbildtreuen Punktkontakte im Gleiskörper bewertet. Andere bemängeln die etwas schwierigere Arbeit beim Verlegen der flexiblen Gleise in Bögen.

Wird eine funktionsfähige elektrische Fahrleitung (Oberleitung) installiert, ist es bei beiden Gleissystemen möglich, zwei Züge voneinander unabhängig auf einem Gleis über zwei getrennte Fahrregler zu steuern, sofern die Triebfahr-

Abbildung Seite 20:
Fünfgleisiger Vorstadtbahnhof mit Empfangsgebäude für den gemischten Dienst, gestaltet nach dem zeitgeschichtlichen Vorbild der Epoche 3 – Ausschnitt aus einer Testanlage der Firma Canon in der Nenngröße N.

Abbildung links:
Fünfgleisiger Landbahnhof mit zwei Behelfs-Inselbahnsteigen – Ausschnitt aus einer H0-Messeanlage für Wechselstrombetrieb.

Abbildung unten:
Ein ICE auf vorbildlich gestaltetem Bahnkörper – Ausschnitt aus einer H0-Zweileiter-Gleichstromanlage.

zeuge mit Dach-Stromabnehmern ausgestattet sind und auf Oberleitungsfahrbetrieb umgeschaltet werden können. In diesem Fall wird bei Zweileiter-Betrieb eine der beiden Schienen als gemeinsamer Leiter genutzt. Beim Mittelleiter-Punktkontakt-Gleis dienen die Fahrschienen als gemeinsamer Masseleiter (siehe Seite 18).

Tipps zur Wahl der Weichenantriebe

Neben den üblichen Magnetspulenantrieben, die von den meisten Herstellern passend zu den Weichen des betreffenden Gleissystems angeboten und auch empfohlen werden, gibt es auch Weichenantriebe mit Stellmotoren. Sie sind für die Unterflurmontage konzipiert und, von einigen Ausnahmen abgesehen, mit den meisten marktgängigen Weichen kompatibel. Im Gegensatz zu den Magnetspulenantrieben bewegen sie die Weichenzungen während des Stellvorgangs vorbildtreu langsam. Diesem Vorzug, der oft überbewertet wird, stehen eine ganze Reihe von Nachteilen gegenüber. Zunächst sind es der zusätzliche Schaltungsaufwand und der höhere Stromverbrauch und bei einigen Typen nicht zuletzt auch die mangelnde Kompatibilität mit einigen elektronischen Steuerungen. Außerdem sind Weichenantriebe mit Stellmotoren auch in der Anschaffung erheblich teurer als Doppelspulenmagnetantriebe.

Der Einsatz von Weichenstellmotoren ist eigentlich nur bei den maßstäblich größeren Bahnen sinnvoll, wo die höhere Stellkraft von Nutzen ist. Für Gleisanlagen der Nenngröße H0 und kleiner scheitert der Einsatz dieser relativ großdimensionierten Geräte oft an der Platzfrage.

Bei den Magnetspulenantrieben sollte man möglichst nur solche wählen, die über eine „Endabschaltung" verfügen. Unter einer Endabschaltung versteht man eine Vorrichtung, die die Spule nach beendetem Stellvorgang selbst abschaltet und somit eine Erwärmung und ggfs. Zerstörung im Fall einer anliegenden Dauerspannung verhindert. Von Vorteil sind ferner eingebaute potentialfreie Umschalter, die für die stellungssynchrone Rückmeldung oder aber bei Weichen des Zweileiter-Systems zur Herzstückpolarisierung genutzt werden können.

Analoge oder digitale Modellbahnsteuerung?

Bevor man mit der eigentlichen Planung beginnt, sollte man sich auch über die Art der elektrischen Anlagensteuerung Gedanken machen. Zwar hat die Steuerung kaum einen Einfluss auf das Gleisplankonzept oder die Geländetopographie, doch spielt sie schon eine Rolle beispielsweise bei der Frage, inwieweit man diverse Anschlussverbindungen und Ringleitungen schon in das Planungskonzept zur Rohbaukonstruktion einbeziehen muß.

Die analoge Modellbahnsteuerung

Bei der analogen oder „herkömmlichen" Modellbahnsteuerung wird dem Motor im Triebfahrzeug die Fahrspannung über das Gleis direkt zugeführt. Die Geschwindigkeit des Triebfahrzeuges wird also über die Fahrspannung geregelt. Dies hat zur Folge, dass alle Triebfahrzeuge, die sich innerhalb des Stromkreises befinden, gleich reagieren und nicht einzeln geregelt werden können. Um mehrere Züge auf einer Anlage voneinander unabhängig steuern zu können, muss die Gleisfigur in mehrere Stromkreise mit jeweils zugeordneten Fahrreglern unterteilt werden. Will man außerdem einzelne Triebfahrzeuge abstellen, das heißt von der allgemeinen Fahrspannungsaufnahme ausnehmen, gelingt dies nur, indem man bestimmte Gleise oder Gleisabschnitte, z. B. über Signale, Relais oder Umschalter, stromlos schaltet. Es gibt heute jedoch eine Reihe elektronischer Schaltungen, die auch den analogen Mehrzugbetrieb erheblich vereinfachen helfen.

Nur beim Dreileiter-Gleis ist bei der analogen Steuerung Zweizugbetrieb über zwei Fahrregler auf einem Gleis möglich. Beim Zweileiter- oder Mittelleiter-Punktkontakt-Gleis können außerdem auch in Verbindung mit einer stromführenden Oberleitung zwei Züge über zwei Stromkreise auf einem Gleis gesteuert werden (siehe Seite 18).

Vorteile der analogen Modellbahnsteuerung: preiswert, leicht verständliche Technik.
Nachteile der analogen Modellbahnsteuerung: hohe Anzahl an elektrischen Trennstellen in den Schienen und aufwendige Anschlusstechnik, umständliche Übergabe beim Wechsel von einem Stromkreis zum anderen durch Handregelung. Da auf einem Stromkreis immer nur ein Triebfahrzeug in Abhängigkeit eines Fahrreglers gesteuert werden kann, ist automatischer Mehrzugbetrieb über mehrere Stromkreise mitunter recht schaltungsaufwendig und außerdem nur eingeschränkt möglich.

Die digitale Modellbahnsteuerung

Im Gegensatz zur analogen liegt bei der digitalen Modellbahnsteuerung stets die maximale Fahrspannung an den stromführenden Schienen des Modellbahngleises. Die Geschwindigkeit der Züge wird hier also nicht in Abhängigkeit der Fahrspannung gesteuert, sondern auf dem Weg der Informationsübertragung. Die Steuerbefehle werden in ein spezielles Gerät eingegeben und dort in elektrische Signale umgewandelt. Diese auf den Fahrstrom aufmodulierten Informationen können nur von einem Triebfahrzeug empfangen werden, das mit einem entsprechend codierten Empfängerbaustein (Decoder) ausgestattet ist.

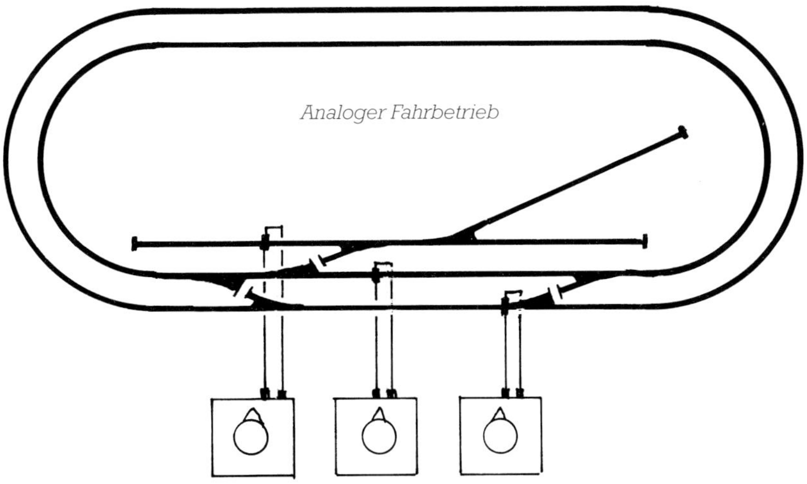

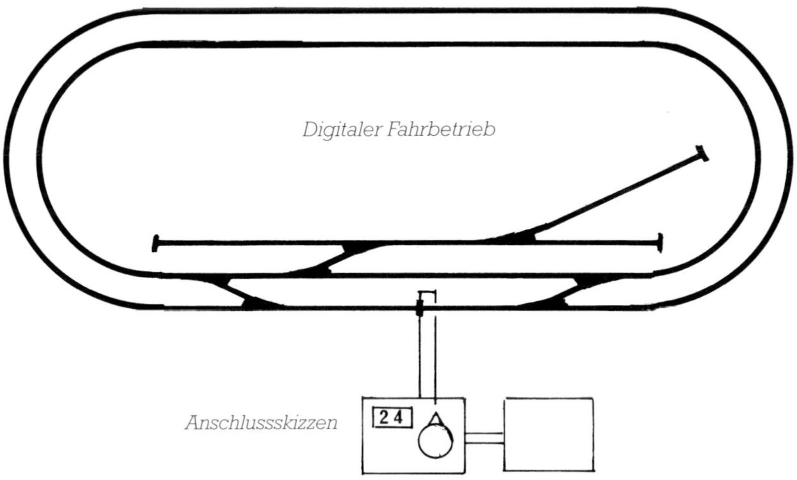

Anschlussskizzen

Beispielsweise kann ein digitaler Steuerbefehl bewirken, dass das betreffende Fahrzeug nur so viel Betriebsenergie aus den Schienen aufnimmt, wie benötigt wird, um mit der am Steuergerät eingegebenen Geschwindigkeit zu fahren.

Das so programmierte Triebfahrzeug behält dann seine Geschwindigkeit bei, bis es einen anderen Befehl erhält. Zwischenzeitlich können andere Fahrzeuge über deren Adressen aufgerufen und mit anderen Steuerbefehlen bedacht werden. Auf diese Weise könnte man theoretisch je nach System bis zu 90 Züge voneinander unabhängig auf einer Anlage steuern.

Zwar müssen auch hier größere Anlagen mit vielen Zügen in mehrere Stromkreise unterteilt und über mehrere Trafos mit Betriebsenergie versorgt werden, doch beim Wechsel von einem Stromkreis in den anderen gibt es keine Probleme; die Triebfahrzeuge verkehren über die gesamte Gleisanlage hinweg mit ihrer individuell programmierten Geschwindigkeit.

Auch beim digitalen Fahrbetrieb kann man bestimmte Gleisabschnitte stromlos abschalten, um Züge anzuhalten oder abzustellen. Allerdings ist es beim digitalen Fahrbetrieb unumgänglich, dass ständig am Gleis eine Spannung anliegt und die Stromaufnahme durch das Triebfahrzeug über ausreichend gute Schienenkontakte jederzeit sichergestellt ist, damit die in den Decodern gespeicherten Informationen erhalten bleiben. Hierfür genügt jedoch eine sehr geringe Spannung, so wie sie beim Überbrücken eines stromlos geschalteten Gleisabschnittes mit Hilfe eines Widerstandes von 1,5 kOhm aufrechterhalten werden kann. Durch diesen Trick kann man also auch digital gesteuerte Züge in Verbindung mit stromlos geschalteten Gleisabschnitten, beispielsweise vor Signalen, auch über längere Zeitspannen hinweg anhalten, ohne dass die betreffenden Triebfahrzeuge ihre digitalen Informationen verlieren.

Vorteile einer digitalen Modellbahnsteuerung: Freizügiger Mehrzugverkehr über alle Stromkreise hinweg, viele Zusatzfunktionen über digitale Steuerbefehle, wie zum Beispiel ab- und zuschaltbare Zugbeleuchtungen, weniger elektrische Trennstellen in den Schienen, geringerer Verkabelungs- und Schaltungsaufwand.

Nachteile der digitalen Modellbahnsteuerung: Der Einstieg ist deutlich teuerer als beim analogen Betrieb, höhere Anschaffungskosten also für Steuergeräte und für die Decoder in den Triebfahrzeugen. Es können nur Triebfahrzeuge eingesetzt werden, die mit systemkompatiblen Decodern ausgestattet sind. Nicht alle Triebfahrzeuge sind zum nachträglichen Einbau von Decodern geeignet.

In der Gegenüberstellung beider Steuerungsarten kann man zusammenfassend sagen, dass sich die höheren Anschaffungskosten für eine digitale Mehrzugsteuerung erst bei einer Anlage mit mehr als 15 Weichen und einem Betrieb von mehr als vier Zügen rechnen.

Hinweis: Auch Magnetartikel wie Weichen und Signale können unabhängig vom Fahrbetrieb über digitale Steuergeräte geschaltet werden, wobei lediglich der gleiche Weg der Informationsübertragung über die Schienen genutzt wird. Da in diesem Fall das Verlegen der Steuerleitungen vom Stellpult zu den betreffenden Weichen- und Signalantrieben entfällt, wird die Verkabelungsarbeit etwas vereinfacht. Diesem Vorteil stehen aber die hohen Anschaffungskosten für die zusätzlichen digitalen Steuergeräte und Decoder gegenüber, die zur Ausstattung der betreffenden Magnetartikel nötig sind. Weitere Nachteile sind in dem Umstand begründet, dass über das digitale System nie mehrere Informationen gleichzeitig übertragen werden können: Daher ist es weder möglich, stellungssynchrone Rückmeldungen von den digital geschalteten Weichen und Signalen zu erhalten noch echte Fahrstraßen in Verbindung mit Start- und Zieltastern zu schalten. Die Möglichkeiten einer wirksamen Kontrolle der Anlage über ein Gleisbildstellenwerk sind

Abbildung Seite 22:
Dreigleisiger Landbahnhof mit Inselbahnsteig nach dem Vorbild der Italienischen Staatsbahnen (FS). Dem einfahrenden Güterzug vorgespannt ist eine elektrische Mehrzwecklokomotive vom Typ E 428. Ausschnitt aus einer Messeanlage.

deshalb bei digital gesteuerten Magnetartikeln stark eingeschränkt.

Die digitale Steuerung von Weichen und Signalen ist allerdings dann unumgänglich, wenn eine Computersteuerung vorgesehen ist. Es ist jedoch zu bezweifeln, ob Computersteuerungen auch für Heimanlagen sinnvoll sind, denn das Modellbahnhobby sollte doch ganz im Gegenteil ein wenig Entspannung vom nahezu täglichen Bildschirmstress bieten. Das klassische Gleisbildstellwerk ist nicht nur übersichtlicher, aufgrund der „echten" Rückmeldungen ist auch eine bessere Kontrolle vor allem der Strecken möglich, die nicht vom Stellpult aus eingesehen werden können.

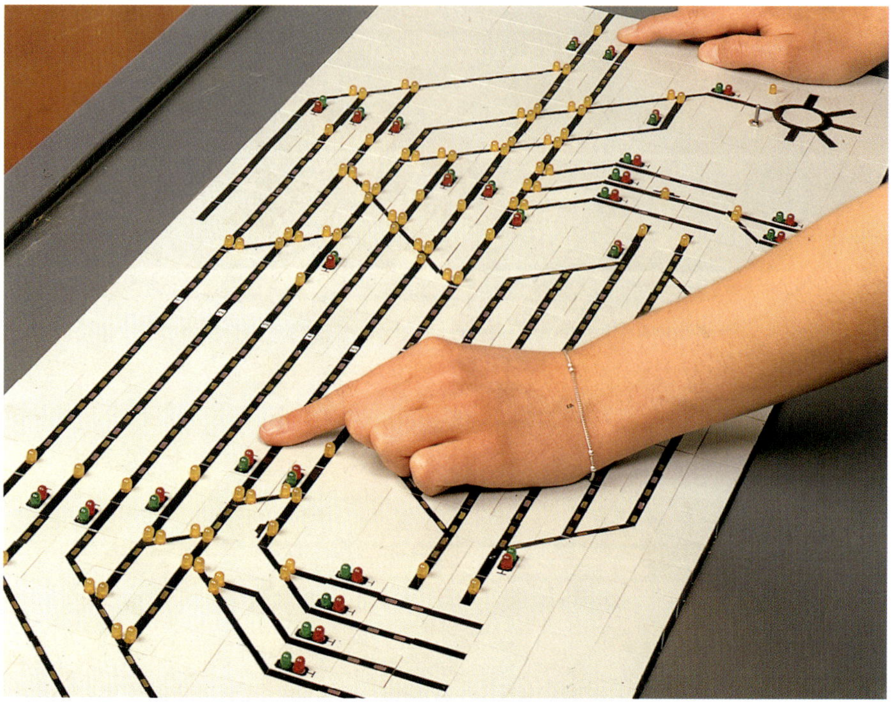

Abbildung oben:
Stellpult mit elektronischem Gleisbildstellwerk System HEKI.

Die Anlagengrundformen

Die Anlagengrundform richtet sich in der Regel nach der am künftigen Standort zur Verfügung stehenden, nutzbaren Grundfläche. Grundsätzlich muss man aber allen Überlegungen voranstellen, dass jeder Punkt auf der fertig gestellten Anlage von deren Rändern aus leicht erreichbar bleiben muss, damit man die allfälligen Reinigungsarbeiten durchführen und im Falle von Betriebsstörungen eingreifen kann. Dies gilt auch für die Zugänglichkeit von unten.

Allseitige Zugänglichkeit einplanen!

Um eine bequeme Zugänglichkeit zu allen Anlagenbereichen sicherzustellen, sollte man eine Reichweite von max. 80 cm als Richtgröße in Ansatz bringen. Das heißt, wenn eine Anlage in Rechteckform am späteren Standort von allen Seiten zugänglich ist, kann man eine Tiefe bis zu 160 cm einplanen. Ist sie hingegen nur von einer Seite zugänglich, muss man sich mit 80 cm begnügen. Wo diese Maße nicht eingehalten werden können, bleibt nur noch die Möglichkeit, Öffnungen zum Durchstieg von unten einzuplanen, die es dann bei entsprechender Landschaftsgestaltung in Form von abnehmbaren Geländeteilen zu tarnen gilt.

Die allseitige Zugänglichkeit fordert bei tieferen Anlagen einen Abstand von mindestens 50 cm zur Rückwand, damit ausreichende Bewegungsfreiheit gewährleistet ist. Bei einer Anlage in U-Form bedeutet dies einen Flächenverlust in der Breite von 100 cm. Diese schmerzliche Einschränkung kann man um 50 cm reduzieren, wenn man unter Verwendung von Stahlrohrfüßen mit angeschweißten Lenkrollen eine mobile Rahmenkonstruktion wählt (siehe Seite 44). Im Normalbetrieb steht dann die Anlage in der Raummitte, mit einem allseitigen Abstand von 25 cm zu den Wänden. Im Bedarfsfall kann sie jedoch jederzeit ganz an eine der Wände gerückt werden. Dabei verbreitert sich der Abstand zur gegenüberliegenden Wand zu einem bequemen Durchgang von 50 cm. Auch bei Rechteckanlagen in schmalen Räumen kann man durch eine solche mobile Rahmenkonstruktion wertvolle Fläche hinzugewinnen.

Die Wahl der günstigsten Anlagengrundform

Für die kleine, mobile Heimanlage dürfte die Rechteckform am günstigsten sein, weil hier die zur Verfügung stehende Fläche für die Gleisplanung am besten ausgenutzt werden kann. Auch für größere Anlagen in schmalen Räumen bietet sich die gestreckte Rechteckform an. Hat man mehr Platz zur Verfügung, nutzt man das Raumangebot besser, wenn man sich je nach den örtlichen Gegebenheiten für eine L- oder U-Form entscheidet. In den USA wird für raumfüllende Anlagen oft auch die E-Form bevorzugt.

Die gestreckte Rechteckform bietet den Vorteil, dass die dreidimensional gestaltete Anlagenszenerie kompakt und in ihrer bildhaft plastischen Gesamtwirkung vorteilhafter dargestellt werden kann als in einer gegliederten Grundrissform. Die Über-Eck-Anlage hingegen ermöglicht bei begrenzter Raumgröße Streckenverlängerungen in der Diagonalen. Die U-Form ist vor allem dort sinnvoll, wo der ganze Raum für den Anlagenbetrieb genutzt werden kann. Die E-Form wird man letztlich, wie in den USA üblich, in erster Linie für Clubanlagen mit Publikumsverkehr nutzen, wenn entsprechend große Räume zur Verfügung stehen.

Eine optimale Raumausnutzung im Hinblick auf die Gleisplanung bietet sich ferner, indem man die Grundrissenden zungenförmig erweitert, wie die Beispiele hier zeigen. Auf diese Weise gewinnt man zusätzlich Raum für größere Gleisradien, wobei man hier gegebenenfalls aufgrund der dreiseitig guten Zugänglichkeit die Gesamttiefe auf 190 bis 200 cm erweitern könnte. Auch Ineneckstücke schaffen oft willkommene Erweiterungen, die die Verwendung größerer Gleisradien an den Übergängen erlauben.

Rechteckanlage mit erweiterten Enden

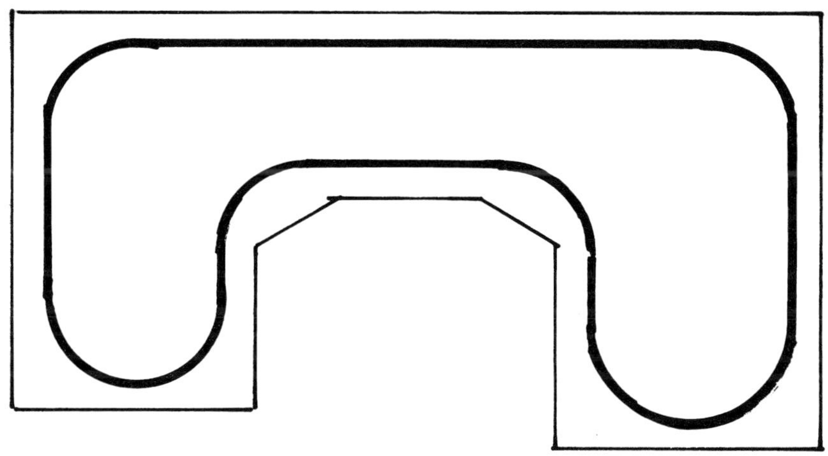

U-förmiger Anlagengrundriss

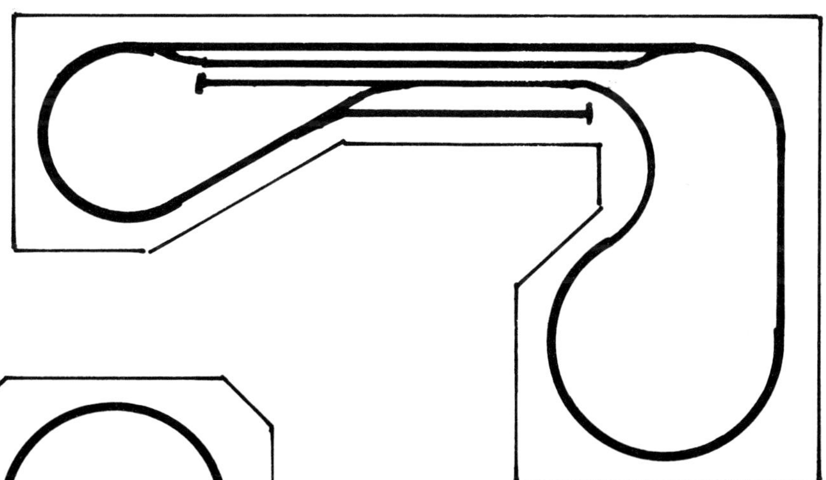

L-förmiger Grundriss mit erweiterten Enden

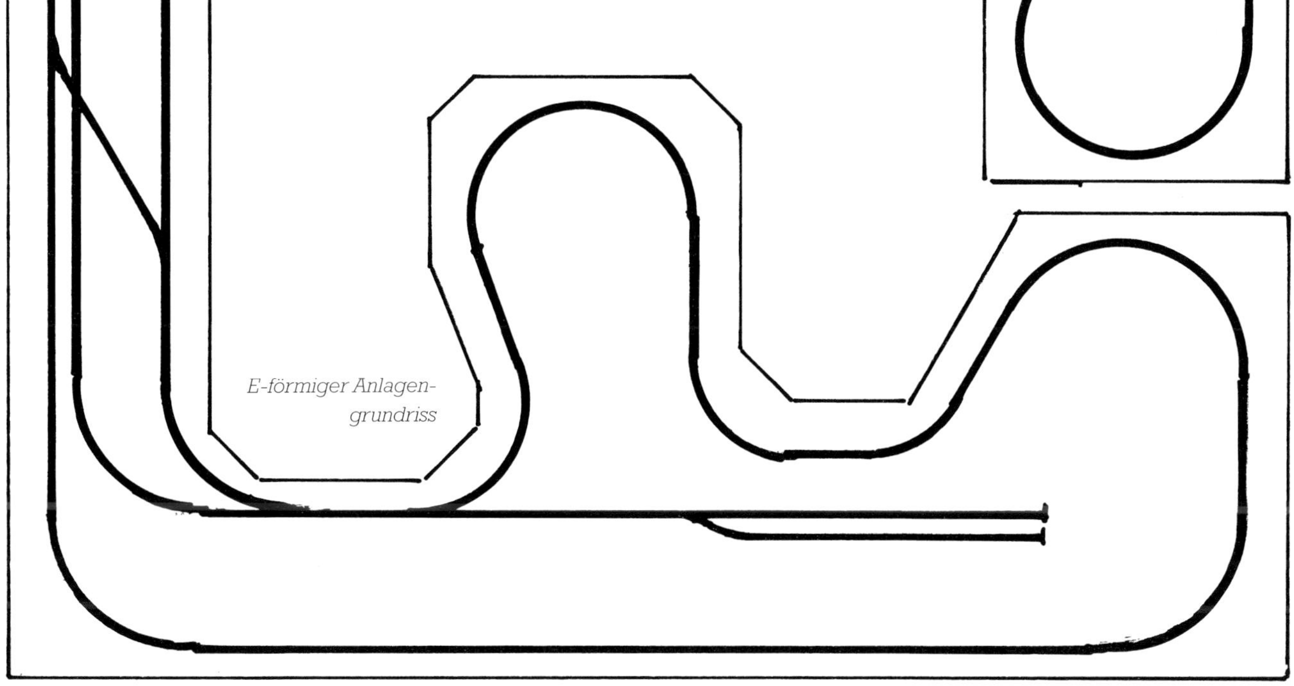

E-förmiger Anlagen-grundriss

Tipps zur Anlagenplanung

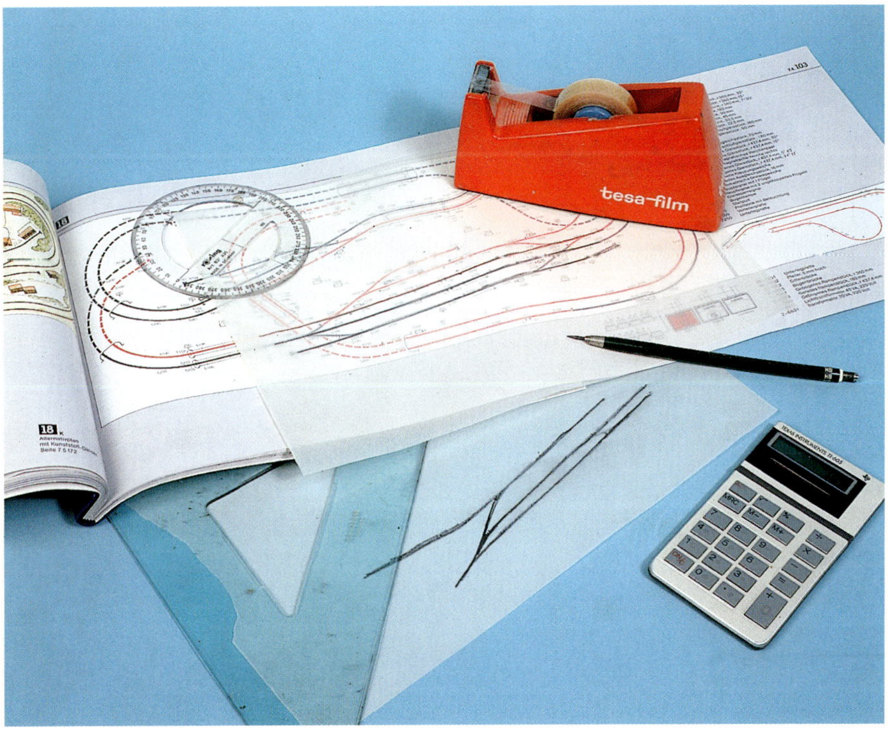

Bahnhöfe und Strecken

Die meisten Einsteiger halten die Planungsphase für den schwierigsten Teil beim Anlagenbau. Und in der Tat, wer noch keine Erfahrung hat, dem wird es schwer fallen, bereits mit der ersten Skizze das ideale Gleisplankonzept zu finden. Die folgenden Tipps können helfen, den Weg zu einem annehmbaren Ergebnis beträchtlich zu verkürzen.

Eine Skizze ist der erste Schritt

Auf der Suche nach einem vernünftigen Gleisplankonzept wird man zunächst einmal in einem der handelsüblichen Gleisplanhefte blättern. Doch wenn man den einen oder anderen Gleisplanvorschlag, der fürs Erste als recht brauchbar erschien, näher studiert hat, stellt man meistens fest, dass der Vorschlag auf der zur Verfügung stehenden Fläche, aus welchen Gründen auch immer, nicht realisiert werden kann. Andererseits finden sich innerhalb solcher Pläne immer wieder interessante Details in Form von Streckenverbindungen, die gefallen und die man sich auf der eigenen Anlage sehr gut vorstellen könnte, wie zum Beispiel ein einzelner Bahnhof, ein Schotterwerk mit Gleisanschluss oder ein Bahnbetriebswerk.

Beim Studium von Gleisplanvorschlägen in Büchern oder Fachzeitschriften kommt es nicht darauf an, einen der Vorschläge komplett zu übernehmen. Vielmehr hilft die Vielzahl an Ideen einem eigenen, guten Konzept auf die Sprünge. Man sucht sich also die Details aus, die man zur Übernahme in die eigene Planung für brauchbar hält und fertigt sich davon zunächst grobe, aber bereits maßstäblich hinreichend genaue Skizzen an, am besten auf Transparentpapier. Es könnte beispielsweise ein stattlicher Bahnhof mit fünf Gleisen sein, den man in die engere Wahl zieht, und vielleicht noch ein zweiter kleinerer, zweigleisiger Bahnhof fürs Gebirge, und dann noch ein Kieswerk mit Gleisanschluss und Verladeeinrichtung. Streng genommen handelt es sich bei allen diesen aus Weichenverbindungen bestehenden Gleisplandetails um „Bahnhöfe", wenn man sich der Fachsprache der Eisenbahner bedient. Der Fachmann unterteilt nämlich ein Eisenbahnnetz in „Bahnhöfe" und die sie verbindenden „Strecken". Auch der Modellbahner wird sich die Ideenfindung zu seinem eigenen Gleisplankonzept wesentlich erleichtern, wenn er diese Einteilung seinen eigenen Überlegungen zugrunde legt.

Im Prinzip gilt es jetzt nur noch, die auf Transparentpapier maßstabgleich skizzierten Gleisverbindungen (Bahnhöfe) auf dem maßstabgleich vorgezeichneten Anlagengrundriss auszulegen und dann zu versuchen, die Details durch Strecken miteinander zu verbinden. Für solche Skizzen in der Nenngröße H0 empfiehlt sich vorteilhaft, das Maßstabsverhältnis 1:10 zu wählen. In diesem Falle erspart man sich das Umrechnen, indem man im Vergleich zum Originalmaßstab lediglich eine Kommastelle nach hinten verschiebt. Nur bei Verwendung von maßstabgleichen Detailskizzen kann man den tatsächlichen Flächenbedarf der auf diese Weise entstehenden Gleisfigur so hinreichend genau abschätzen, dass die Skizze später als Ausgangsbasis für die Reinzeichnung des Gleisplans verwendet werden kann.

Abbildung oben:
Die Untensilien, die man für die Entwurfsarbeit benötigt.

Abbildung Seite 26:
Ein Güterzug umrundet ein Kalkschiefergebirge – Ausschnitt aus einer H0-Großanlage.

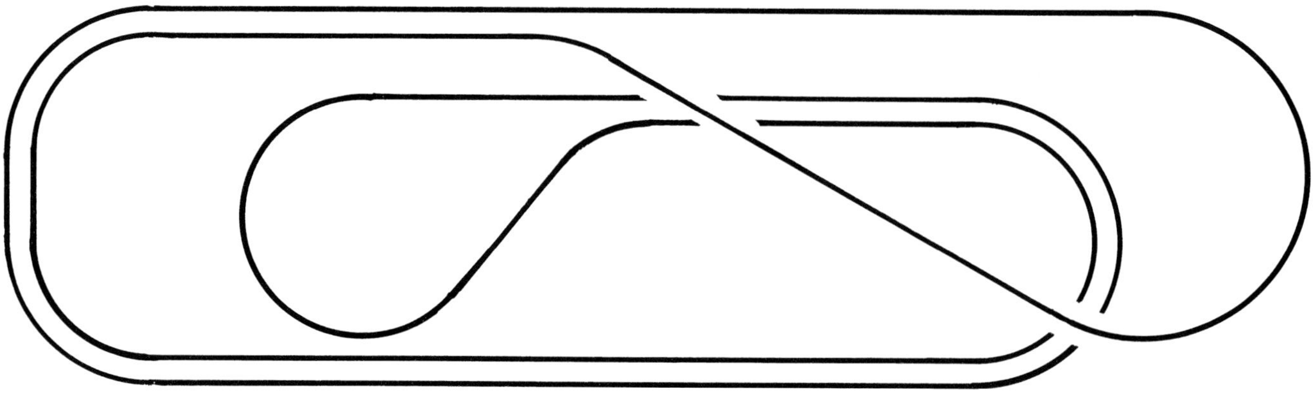

Das in sich verschlungene Oval

Sicherlich wird man die ideale Lösung nicht auf Anhieb finden, aber da sich die Details auf dem maßstabgleichen Anlagengrundriss beliebig verschieben, verändern, verkleinern, erweitern oder sogar gegen andere austauschen lassen, wird man nach immer neuen Versuchen irgendwann zu einer brauchbaren Lösung kommen.

Als nächster Schritt wäre dann zu prüfen, inwieweit das skizzierte Gleisplankonzept in eine möglichst natürliche Landschaft eingefügt werden kann. Man wird also versuchen, zur besseren Übersicht eventuell in einer anderen Farbe, die wichtigsten Geländedetails und Standorte von Gebäuden und dergleichen einzuzeichnen. Durch Überlegen von Transparentpapier gelingt es dann auch leicht, mehrere Ebenen übereinander zu skizzieren.

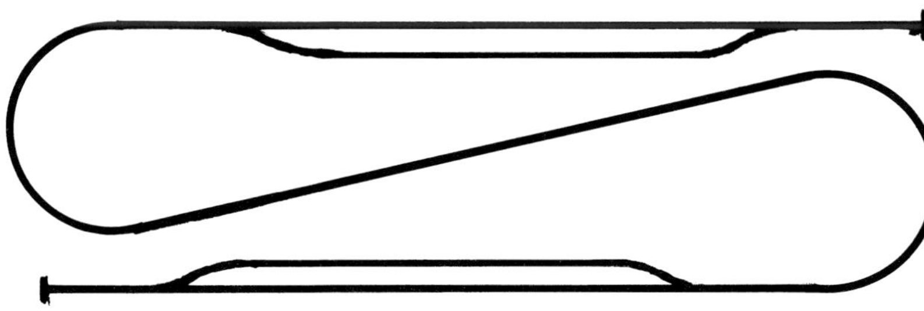

Die offene Strecke

Das geschlossene Oval

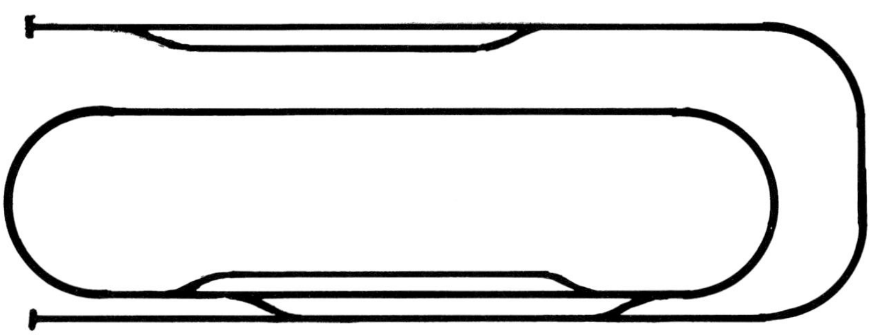

Die kombinierte Gleisfigur

Tipps zum Entwurf der Gleisfigur

Im Bestreben, die Bahnhöfe auf einer gegebenen Grundfläche durch Strecken miteinander zu verbinden, ist man in der Regel darauf bedacht, die dabei entstehende Grundfigur in sich zu schließen, damit endloser Ringverkehr durchgeführt werden kann. Daneben gibt es noch die offenen Strecken, auf denen nur Wendezugverkehr möglich ist, es sei denn, die betreffende Strecke mündet in eine Kehrschleife.

Grundfiguren, die eine in sich geschlossene Ringstrecke bilden, sind der Kreis, das Oval, die Acht und das gequetschte Oval. Für die Planung größerer Anlagen ist das gequetschte Oval, in der Fachsprache der Modellbahner auch als „Hundeknochen" bezeichnet, die ideale Grundfigur. Sie wird häufig auch eingleisig angewendet, um eine zweigleisige Trassierung vorzutäuschen, indem man die rückführenden Verbindungsschleifen überbaut konzipiert und den Betrachterblicken entzieht (siehe Abbildung oben).

Selbstverständlich wird man die geometrischen Grundformen nur in Varianten in das Gleisplankonzept übernehmen, wobei in Abstimmung auf die zu gestaltende Geländetopographie eine möglichst gefällige und harmonisch ausgewogene Gleisfigur anzustreben ist. So wird man nach Lösungen suchen, die es innerhalb der später sichtbaren Anlagenbereiche gestatten, möglichst große, realistisch wirkende Gleisradien einzuplanen. Unter Verwendung von Flexgleisen ist es heute möglich, die Gleisbögen recht freizügig zu gestalten.

Die rückführenden Schleifen, die oft der eingeschränkten Anlagentiefe wegen in engeren Radien ausgeführt werden müssen, sollte man hingegen, wenn es irgend geht, den Betrachterblicken entzogen, ins Gebirge hinein verlegen.

Vor allem beim Planen von größeren Anlagen, deren Gleisbild sich über mehrere Ebenen erstreckt, ist es wichtig abzuschätzen, ob das Vorhaben auch unter Berücksichtigung bestimmter, systembedingter Kriterien überhaupt realisierbar ist. Wenn beispielsweise eine Oberleitung mit eingeplant ist, muss man prüfen, ob allerorts an den Streckenüberschneidungen die Mindest-Unterführungshöhen eingehalten werden können. Ferner ist darauf zu achten, dass die Streckenverbindungen zu den in unterschiedlichen Ebenen gelegenen Bahnhöfen ausreichend lang kalkuliert sind und an keiner Stelle die höchstzulässige Trassen-Neigung von 3 % überschritten wird.

Allgemeine Tipps zur Bahnhofsplanung

Die empfohlene Einteilung einer Gleisanlage in Bahnhöfe und Strecken ist nicht nur für die Planungsarbeit wichtig. Wie beim Vorbild sind die Bahnhöfe auch auf der Anlage Zentren, in denen sich der Verkehr auf die einzelnen Strecken verteilt. Die unterschiedliche Aufgabenstellung kann man sich übrigens leicht mit der nahezu bei allen Eisenbahngesellschaften der Welt praktizierten Signalisierungsregel merken, nach der in den Bahnhöfen sämtliche Signale auf „Halt" stehen und nur auf „Fahrt" gestellt werden, wenn einem bestimmten Zug die Freigabe zur Ausfahrt erteilt wird. Die Strecken sind hingegen stets freigeschaltet, wenn für die durch Signale gedeckten Abschnitte keine Zugmeldungen vorliegen.

Die nachfolgenden Tipps und Hinweise zum Thema Bahnhof sollen helfen, schneller zum richtigen Konzept zu finden.

In der Fachsprache des Eisenbahners ist der Begriff „Bahnhof" genau definiert als Gleisanlage, die mindestens über eine Weiche verfügt, in der Zugfahrten beginnen oder enden oder die in irgendeiner anderen Weise betriebsinternen Zwecken dient. Eine Eisenbahnstation ohne Weiche bezeichnet man als „Haltepunkt".

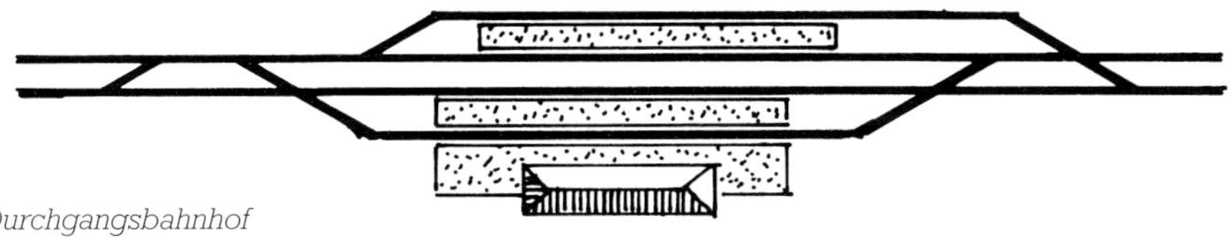

Durchgangsbahnhof

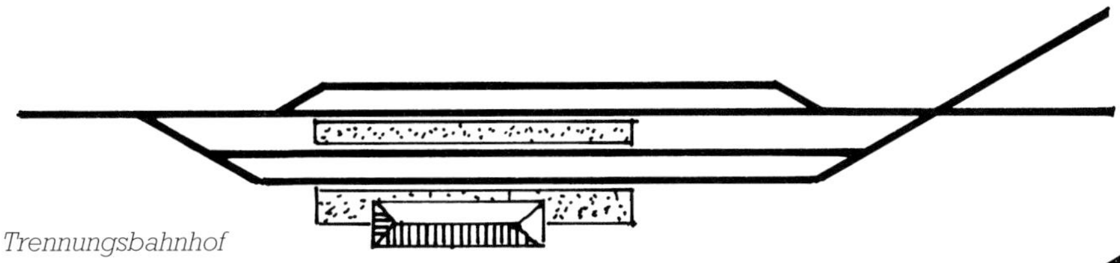

Trennungsbahnhof

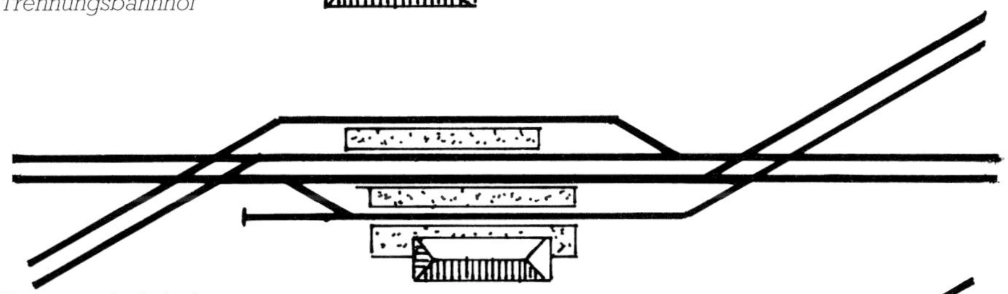

Kreuzungsbahnhof

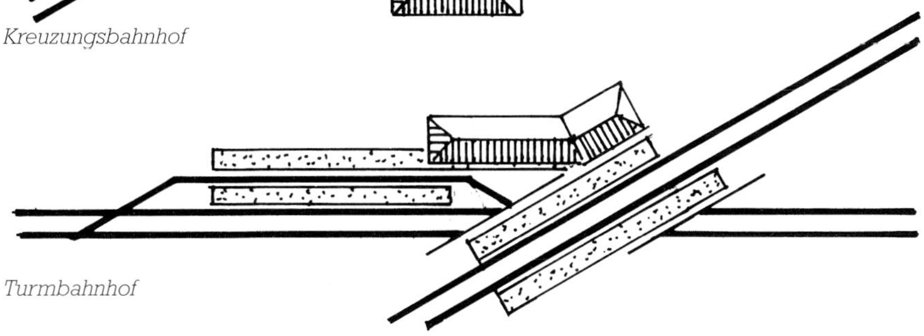

Turmbahnhof

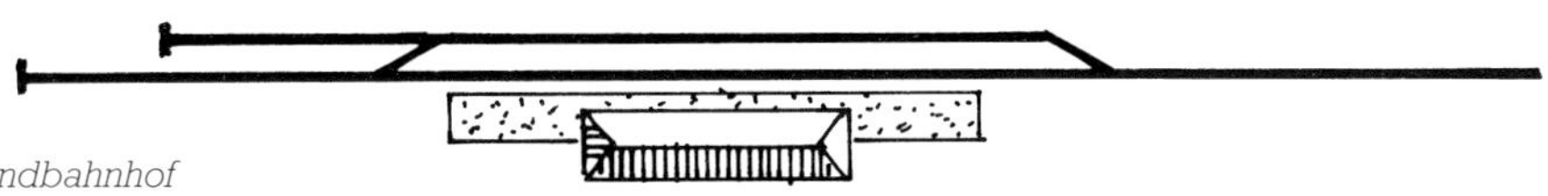

Endbahnhof

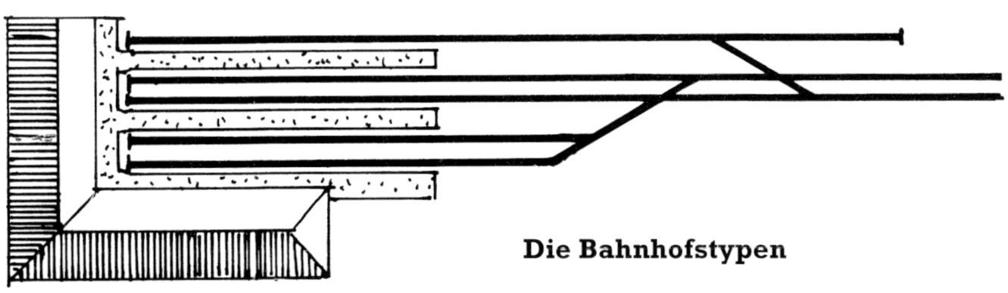

Kopfbahnhof

Die Bahnhofstypen

Der Fachmann unterscheidet also zunächst, den unterschiedlichen Aufgabenstellungen entsprechend, zwischen solchen Bahnhöfen, die als Kontaktstellen der betreibenden Bahngesellschaften zu den Benutzern dienen, wie zum Beispiel Personen- und Güterbahnhöfe, und solchen, die ausschließlich für betriebliche Zwecke vorgesehen sind, wie beispielsweise zum Überholen, Abstellen oder Bereitstellen von Zügen. Auch Rangierbahnhöfe und die Bahnbetriebswerke mit ihren vielfältigen technischen Ausstattungen zählen zu den Betriebsbahnhöfen.

Ferner unterscheidet man nach der Lage innerhalb des Streckennetzes zwischen End-, Zwischen-, Anschluss- und Knotenpunktbahnhöfen.

Und letztlich unterscheidet man noch – in Abhängigkeit von ihren Gleisführungen – zwischen Durchgangs-, Trennungs-, Kreuzungs-, Kopf-, Berührungs- und Turmbahnhöfen.

In der Regel sind die Grenzen zwischen Bahnhöfen und Strecken durch Einfahrsignale festgelegt. Fehlen solche, gilt die jeweils erste Weiche als Grenzmarke.

Innerhalb der Bahnhofsbereiche wird zwischen Haupt- und Nebengleisen unterschieden. Zu den Hauptgleisen, die stets durch Hauptsignale gedeckt sind, zählen die Durchfahrts-, Bahnsteig- und Überholgleise. Zu den Nebengleisen, die in der Regel durch Sperr- und Rangiersignale gesichert sind, zählen die Lade-, Abstell-, Rangier-, Aufstell-, Auszieh-, Versorgungs-, Kehr- und Umfahrgleise.

Bei der vorbildorientierten Gestaltung von Bahnhöfen ist es zunächst wichtig, die Hauptgleise gegen Flankenfahrten durch Schutzweichen zu sichern. Unter einer „Schutzweiche" versteht man eine Einrichtung, die unbeabsichtigten Verkehr bei geschalteter Fahrstraße auf ein Nebengleis leitet.

Bei der Planung von Bahnhofsanlagen gilt es ferner, auf die „nutzbaren Gleislängen" zu achten. Darunter versteht man die Längen der Gleisabschnitte zwischen den Weichen, die für den Verkehr oder aber für das Abstellen von Zügen genutzt werden können, ohne dass dabei der Betrieb auf den Nachbargleisen beeinträchtigt wird. In Deutschland sind die nutzbaren Gleislängen (NL) durch spezielle, neben den Gleisen aufgestellte, weiß/rot lackierte Pflöcke, die so genannten „Grenzzeichen", markiert.

Wie bereits an anderer Stelle erwähnt, hängt es von den nutzbaren Gleislängen ab, welcher Bahnhofstyp in Abhängigkeit der zur Verfügung stehenden Grundfläche auf der Anlage realisiert werden kann. Für einen im sichtbaren Anlagenbereich auf Schnellzugbedienung ausgelegten Personenbahnhof

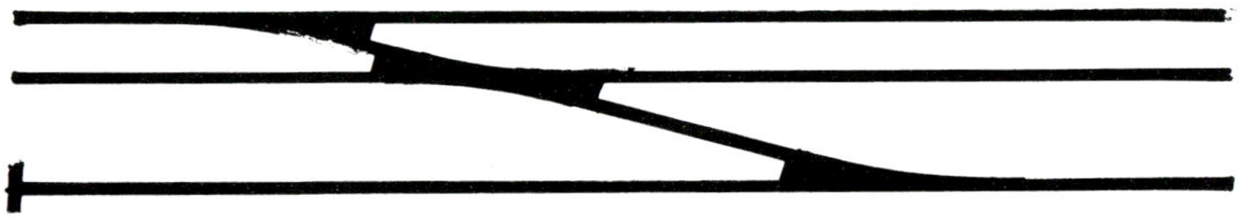

Schutzweiche

Abbildung oben:
Luftbildaufnahme von der Einfahrt zum Hauptbahnhof Karlsruhe (Baden).

Abbildung links:
In Europa zählt er zu den Raritäten – der Turmbahnhof Bürstadt (Südhessen).

Abbildung Seite 31:
Luftbildaufnahme von einem typischen Industriebahnhof – Ölhafen von Karlsruhe.

sollten unter Berücksichtigung der zum Anfahren und Bremsen benötigten Streckenabschnitte nutzbare Gleislängen für die Hauptgleise eingeplant werden, die rund ein Drittel länger sind als die längsten zu erwartenden Züge. Wer sich demnach auf seiner Anlage in der Nenngröße H0 beispielsweise mit Schnellzügen begnügt, die lediglich aus fünf Wagen bestehen, wird mit nutzbaren Gleislängen von 2,5 m auskommen. Realistischer wären jedoch längere Schnellzüge mit acht bis zehn Wagen, die allerdings nutzbare Gleislängen von rund 5 m erforderlich machen, ein Luxus, den man sich allerdings nur auf den wenigsten Heimanlagen leisten kann.

Tipps zur Planung von Personenbahnhöfen

Wenn der Platz auf der Heimanlage für einen auf Schnellzugbedienung ausgelegten Stadtbahnhof nicht ausreicht, sollte man sich besser auf einen Landbahnhof beschränken oder gar ein Nebenbahnmotiv als Anlagenthema wählen. Bei beiden Varianten handelt es sich um „Bahnhöfe des gemischten Dienstes". Dieser Bahnhofstyp, in dem nur Nahverkehrszüge abgefertigt werden können, kommt mit relativ wenig Platz aus und ist daher auf Modelleisenbahnanlagen am häufigsten vertreten.

Beim „Personenbahnhof des gemischten Dienstes" erfolgt, wie die Bezeichnung verrät, die Abfertigung der Reisenden und des örtlichen Güterkaufkommens durch dasselbe Personal. Warte- und Diensträume, Güterhalle und Dienstwohnungen finden sich hier innerhalb eines Gebäudekomplexes vereint. Bei der Planung einer solchen Bahnhofsanlage muss man also an die betriebsbedingten besonderen Einrichtungen denken. Neben den erforderlichen Bahnsteigen und Gleisübergängen, sind es die für die Fracht- und Expressgutabfertigung erforderlichen Laderampen. Während früherer Epochen zählten auch die Gleiswaage und das Lademaß zur üblichen Ausstattung der Landbahnhöfe.

Beim Planen größerer Personenbahnhöfe muss man berücksichtigen, dass dort der Güter- vom Personenverkehr sowohl räumlich als auch personell getrennt ist. In Bahnhöfen mit Eil- und Schnellzugbedienung dominieren vor allem trittbretthohe, gut ausgebaute und ausreichend breite Bahnsteige, die den Reisenden einen sicheren Zustieg ermöglichen. Da in größeren Bahnhöfen die schienenhöhengleichen Gleisübergänge von den Reisenden aus Sicherheitsgründen nicht benutzt werden dürfen, muss man ferner Über- und Unterführungen zu den Bahnsteiginseln miteinplanen. Und nicht zuletzt erfordert der größere Personenbahnhof auch ein glaubhaft ausreichend bemessenes Vorfeld mit Zufahrten, Taxiständen und Parkplätzen.

Tipps zur Planung von Güterbahnhöfen

Güterbahnhöfe, die ausschließlich dem Güterumschlag dienen, erfordern ein Konzept, das ganz auf die speziellen Erfordernisse der Güter abgestimmt ist, die vor Ort verladen werden. Anstelle der bei den Personenbahnhöfen üblichen Bahnsteige säumen hier Rampen,

Bühnen und Hallen die Ladegleise. Beim Gestalten eines Güterbahnhofs muss man aber auch an die Infrastruktur im Umfeld denken, an ausreichend bemessene Zufahrten zu den Ladegleisen mit Wendemöglichkeiten für die Lkws, an die nötigen maschinellen Ladehilfen wie Kräne und Förderbänder und an weiträumige Lagerplätze, auf denen die zum Transport vorgesehenen Waren zwischengelagert werden können.

Mit zu den Güterbahnhöfen zählen auch die Hafen-, Industrie- und Containerbahnhöfe, die jedoch stets auf die besonderen Bedürfnisse zugeschnitten sind. So sieht der Ladekai eines Hafenbahnhofs anders aus als die Gleisharfe einer Ölraffinerie, die langgestreckten, in Beton eingegossenen Ladegleise eines Containerbahnhofs oder die zur Ladebühne eines Brechwerkes führenden Ladegleise in einem Steinbruch.

Tipps zur Planung von Betriebsbahnhöfen

Der einfachste Typ eines Betriebsbahnhofs ist der Überholbahnhof oder Ausweichbahnhof. Es gibt dort weder Empfangsgebäude noch Laderampen. Seine Einrichtung besteht zumeist nur aus den Weichen und den zugeordneten Signalen. Da in modernen Überholbahnhöfen die Weichen meist vom nächstgelegenen Dienstbahnhof aus gestellt werden, fehlt heute oft sogar das früher obligate Stellwerk.

Auch die an den Eisenbahnknotenpunkten befindlichen Rangierbahnhöfe mit ihren oft kilometerlangen Gleisanlagen zählen zu den Betriebsbahnhöfen. Da solche Einrichtungen aufgrund ihrer gewaltigen Dimensionen im Modell selbst dann nicht nachvollziehbar sind, wenn sehr viel Platz zur Verfügung steht, soll hier nicht näher darauf eingegangen werden.

Bahnbetriebswerke

Dankbare Motive zum Nachvollzug bieten hingegen die Eisenbahn-Betriebswerke. Auch sie zählen zu den Betriebsbahnhöfen. Je nach der Art von Triebfahrzeugen, die auf diesen Stationen versorgt und gewartet werden, unterscheidet man zwischen Betriebswerken für Diesel-, Elektro- und Dampflokomotiven.

Beim Nachbau eines Betriebswerkes für Elektrolokomotiven reicht meist ein moderner Lokomotivschuppen in Rechteckform, mit den erforderlichen Bereitstellungsgleisen. Nur in größeren Betriebswerken für Elektrolokomotiven ist eine Schiebebühne vorgelagert. Da die anfallenden Inspektions- und Wartungsarbeiten im Inneren der Hallen ausgeführt werden, sind spezielle Einrichtungen wie Bockkräne oder Arbeitsbühnen im äußeren Umfeld der Anlage kaum vorhanden. Gleiches gilt auch für die Wartungsbasen für Diesellokomotiven. Lediglich ein zusätzliches Versorgungsgleis mit Tankstelle verrät, dass in dem betreffenden Betriebswerk auch Dieselloks beheimatet sind.

Interessanter, aber auch aufwendiger im Hinblick auf den Nachvollzug, ist die Gestaltung eines Dampfbetriebswerkes. Die historisch getreue Nachbildung einer solchen Dampflokbasis setzt jedoch einige Kenntnis der Materie voraus.

Verglichen mit den heutigen Diesel- und Elektrolokomotiven war der einstige Dampfbetrieb mit einem erheblich höheren Wartungs- und Versorgungsaufwand verbunden. Entsprechend umfangreich waren auch die Freilandeinrichtungen in den ehemaligen Dampflokbasen. Es mussten spezielle Vorrichtungen zum Bekohlen, zur Rauchkammerreinigung, zum Wassernehmen, zum Ausschlacken und zum Besanden vorhanden sein, neben einer Vielzahl von Zubringer- und Abstellgleisen. Da Schlepptenderlokomotiven nur in Vorausfahrtrichtung Züge führen konnten, war in größeren Dampfbetriebswerken stets auch eine Drehschei-

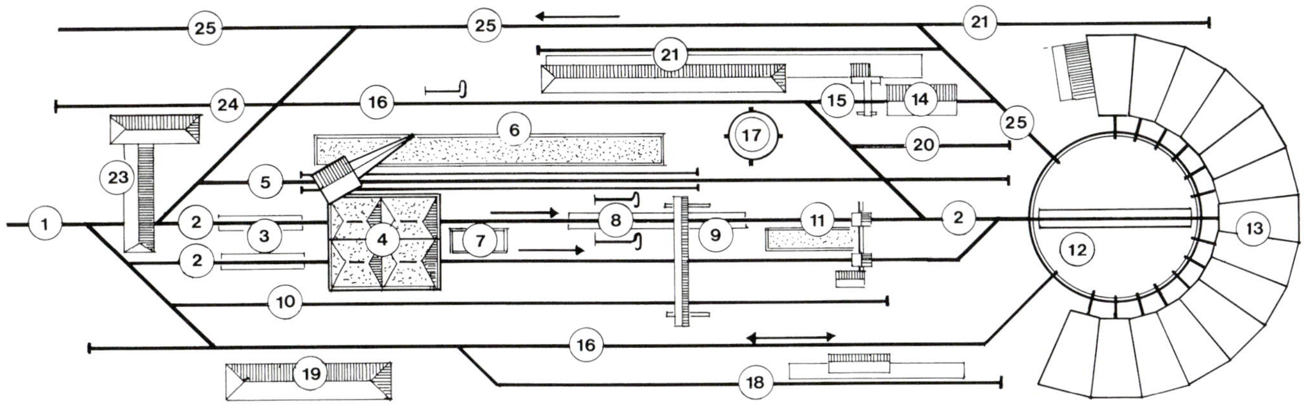

Schematischer Aufbau eines Dampfbetriebswerkes

1 Einfahrgleis
2 Behandlungsgleise
3 Untersuchungsgruben
4 Bekohlungsanlage
5 Kohlenwagengleis
6 Kohlenbanse
7 Löschkasten
8 Wasserkräne
9 Ausschlackgrube
10 Schlackenwagengleis
11 Besandungsanlage
12 Drehscheibe
13 Ringlokschuppen
14 Lokwerkstatt
15 Bockkran
16 Umfahrgleise
17 Wasserturm
18 Dieseltankgleis
19 Betriebsverwaltung
20 Abstellgleise
21 Versorgungsgleis
23 Stellwerk
24 Hilfszug
25 Ausfahrgleis

Abbildung Seite 32:
Viergleisiger Überholbahnhof zwischen Roßstein und Loreley – Ausschnitt aus einer Messeanlage in der Nenngröße Z.

be vorhanden, die in den meisten Fällen gleichzeitig auch zum Verteilen der Lokomotiven auf die Hallengleise im angrenzenden Ringlok-Schuppen genutzt wurde.

Mit der Forderung nach einer möglichst rationellen Abfertigung der vom Zugdienst zurückkehrenden Streckenlokomotiven hat sich in allen größeren Dampfbetriebswerken der meisten europäischen Eisenbahngesellschaften folgende Behandlungsreihenfolge durchgesetzt: Untersuchen, Bekohlen, Löscheziehen (Rauchkammerreinigung), Wassernehmen, Entschlacken, Besanden, Warten (Schmier- und Reinigungsdienst), evtl. Reparatur, Wenden und Bereitstellen. Um möglichst reibungsfreie Betriebsabläufe sicherzustellen, waren die Gleisanlagen dieser Dampfbetriebswerke so angelegt, dass die oben angeführte Behandlungsreihenfolge möglichst im Ein-Richtungs-Betrieb eingehalten werden konnte. Für die Streckenlokomotiven mussten also alle Behandlungsstationen in direktem Durchlauf erreichbar sein. Für die Kurzstreckenlokomotiven im Rangierdienst, die zum Bekohlen und Wassernehmen öfter einfuhren, waren eigene Umfahrgleise vorhanden.

In der Skizze oben sind die Gleisanlagen eines auf Ein-Richtungs-Betrieb

Abbildung unten:
Die Bekohlungsanlage im Dampfbetriebswerk – Ausschnitt einer H0-Messeanlage.

ausgelegten Dampfbetriebswerks schematisch dargestellt. In den parallel geführten Behandlungsgleisen liegen zunächst die Untersuchungsgruben. Hier wurden die Fahrwerke der vom Streckendienst zurückkehrenden Lokomotiven überprüft. Danach erfolgte die Bekohlung unter den Bunkertaschen der Bekohlungsanlage. Nach der Bekohlung wurden die Lokomotiven zum Löscheziehen etwas vorgezogen.

Die nächste Station war dann über der Ausschlackgrube. Der etwas längere Aufenthalt hier wurde gleichzeitig zum Wassernehmen genutzt. Die Gelenkwasserkräne waren deshalb stets in Reichweite neben der Ausschlackgrube angeordnet. Da das Wassernehmen einer Dampflokomotive große Wassermengen erforderte, die ein örtliches Leitungsnetz nicht hätte liefern können, musste das außerdem meist chemisch aufbereitete Speisewasser in Wasserhochbehältern vorrätig gehalten werden. Der Wasserturm war das Wahrzeichen der historischen Dampfbetriebswerke.
Im weiteren Durchlauf wurden dann die Sandvorräte unter der druckluftbetriebenen Besandungsanlage ergänzt. Über die Drehscheibe fuhren die so versorgten Dampflokomotiven anschließend in die zugewiesenen Hallenstände, wo die allfälligen Wartungsarbeiten durchgeführt wurden. Die einsatzbereiten Lokomotiven wurden schließlich auf der Drehscheibe gewendet und bereitgestellt.

Zusammenfassend sind also zur Gestaltung eines Dampfbetriebswerkes im Modell folgende Einrichtungen als Mindestausstattung unverzichtbar: Untersuchungsgrube, Bekohlungsbunker, Bekohlungskran, Kohlenbansen, Gelenkwasserkräne, Speisewasserhochbehälter, Ausschlackvorrichtung, Besandungsanlage, Drehscheibe, Bockkran und Lokschuppen.

Abbildung Mitte:
Entschlackungsanlage mit Wasserkränen – beide Abb. zigen Ausschnitte aus einer H0-Messeanlage.

Abbildung oben:
Das Zentrum des Bahnbetriebswerkes mit Drehscheibe, Lokschuppen und Wasserturm.

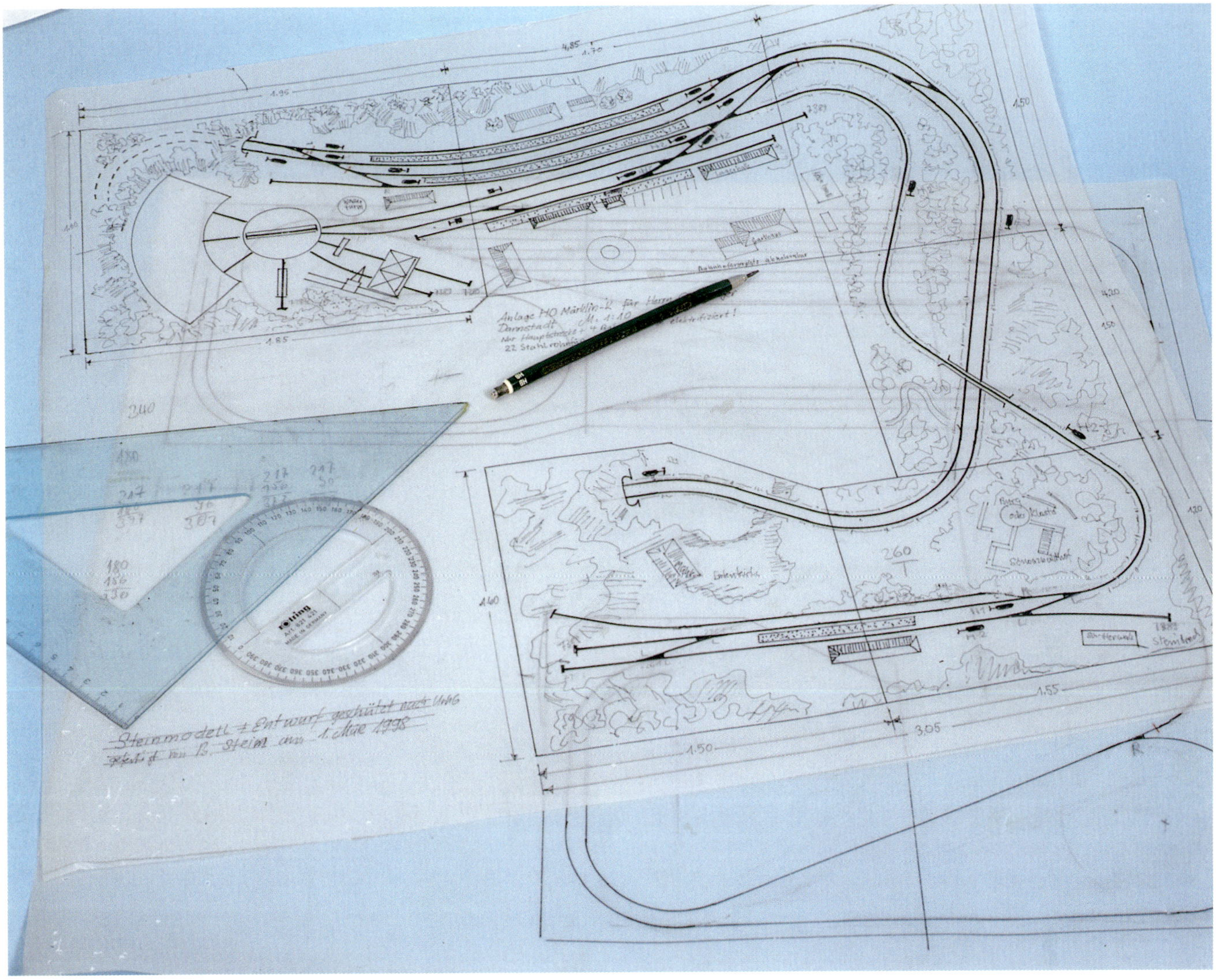

Reinzeichnung des Gleisplans

Unter dem „Reinzeichnen" des Gleisplans versteht man die geometrisch exakte Umsetzung der grob gezeichneten Entwurfsskizze in eine detaillierte Zeichnung, die vom Anlagenrohbau bis zur Endgestaltung als Bauplan dient. Da aus dieser Reinzeichnung auch alle Maße, in den Original-Baumaßstab hochgerechnet, auf die zum Aufriss der Trassen und Spanten unverzichtbare Werkpause übernommen werden, kommt es auf hohe Genauigkeit an.

Wie bei den Skizzen empfiehlt sich auch für die Reinzeichnung von Gleisplänen für Modellbahnen der Nenngrößen H0 und TT der Maßstab 1:10, bei dem das Umrechnen in die Original-Baumaße entfällt. Bei den maßstäblich kleineren Bahnen hingegen wählt man besser den Maßstab 1:5. In dieser maßstäblich größeren Darstellung gelingt es besser, auch die kleineren Details übersichtlich zu zeichnen.

Tipps zum Zeichnen des Gleisplanes auf dem Reißbrett

Als Zeichenhilfen benötigt man ein ausreichend großes Reißbrett, Zirkel, Reißschiene, Winkel, Winkelmesser, flexibles Lineal und einen Bleistift mittlerer Härte. Anstelle des Reißbrettes kann man die Schnellzeichenplatte „rapid" von Rotring mit parallel geführter Zeichenschiene verwenden – siehe Abbildung Seite 36 – die vor allem auch wenig Geübten ein sicheres Zeichnen ermöglicht.

Die Zeichnung wird vorteilhaft auf radierfestem Transparentpapier ausgeführt. Zum Zeichnen der Weichenverbindungen kann auch eine Gleisplanzeichenschablone von Nutzen sein, die es zu jedem der bekannten Gleissysteme gibt. Sie ist außerdem auch beim Ermitteln der Gleisteilungen sehr hilfreich.

Abbildung oben:
Zweiteiliger Gleisplan zu einer H0-Anlage mittlerer Größe, reingezeichnet auf Transparentpapier im Maßstabsverhältnis 1:10.

Doch für die eigentliche Zeichenarbeit sind diese Gleisplanzeichenschablonen zu ungenau. Mit Zirkel und Winkel erzielt man auf alle Fälle das bessere Ergebnis. Damit der fertige Gleisplan auch von anderen gelesen werden kann, empfiehlt sich die Verwendung der auf Seite 36 aufgeführten Gleisplanzeichen so wie sie in Anlehnung an die NEM-Normen üblicherweise in der Branche benutzt werden.

Grundsätzlich sollte man die Reinzeichnung an keiner Stelle ohne die genannten Zeichenhilfen ausführen, keine Krümmung ohne Zirkel und keine Gerade ohne Lineal oder Reißschiene. Für das Zeichnen von weiten Radien oder solchen, bei denen der Zirkel nicht angesetzt werden kann, steht das flexible Lineal als Zeichenhilfe zur Verfügung.

Beim Zeichnen des Gleisplanes beginnt man am besten im Zentrum mit dem Ziehen einer geraden Bezugslinie. Vorteilhafterweise wählt man hierzu ein Durchgangsgleis im Bahnhof. Von dieser Bezugslinie ausgehend werden anschließend die parallelen Abstände der benachbarten Gleise festgelegt, eingezeichnet und die Weichenwinkel abgetragen. Ausgehend von der Bezugslinie und der ersten Weichenverbindung werden danach die Zirkeleinstichpunkte zum Einzeichnen der Radien eingemessen. Es ist empfehlenswert, die Zirkeleinstiche durch Kreuze zu markieren. Auf diese Weise erleichtert man sich das Auffinden dieser wichtigen Messpunkte beim späteren Übertragen des Gleisplanes in die Werkpause.

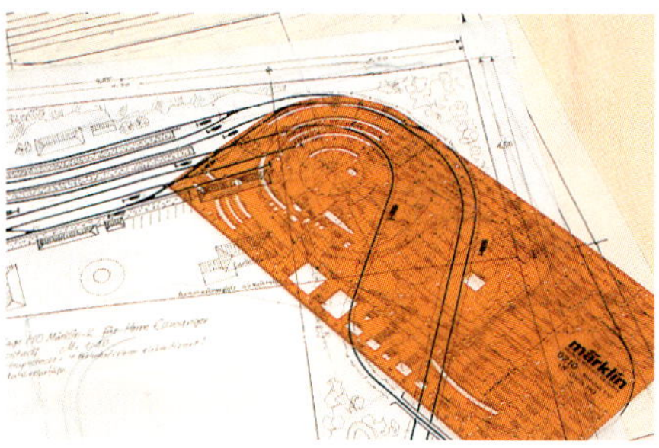

Beim Reinzeichnen des Gleisplanes bilden die systembezogenen Abzweigwinkel der Weichen und Kreuzungen, ebenso wie die sich aus der Gleisgeometrie ergebenden Parallelgleisabstände und Gleisbögen, die Konstruktionsbasis. Alle diese Elemente müssen exakt und mit spitzem Bleistift gezeichnet werden, da schon geringe Abweichungen beim späteren Übertragen in den Baumaßstab zu erheblichen Winkel- oder Maßdifferenzen führen. Deshalb gilt die Regel: Je genauer der Gleisplan, desto verlässlicher die Werkpause.

Die Zeichnung des Gleisbildes erfolgt stets in Form von Linien, die konsequent die auf die Schwellenmitten bezogenen Längsachsen der Gleiskörper darstellen. Diese Linien werden später über die Werkpause im Original-Baumaßstab auf die Werkstücke übertragen und dienen dort als Bezugslinien beim Verlegen der Gleise.

Die im reingezeichneten Gleisplan exakt ermittelten Streckenlängen zwischen den Bahnhöfen sind vor allem dann zur Berechnung und Kontrolle der Trassenneigung wichtig, wenn sich das Gleisbild über mehrere Ebenen hinweg erstreckt. Unter Berücksichtigung ausreichend bemessener Ausrundungen

Gleisplanzeichen

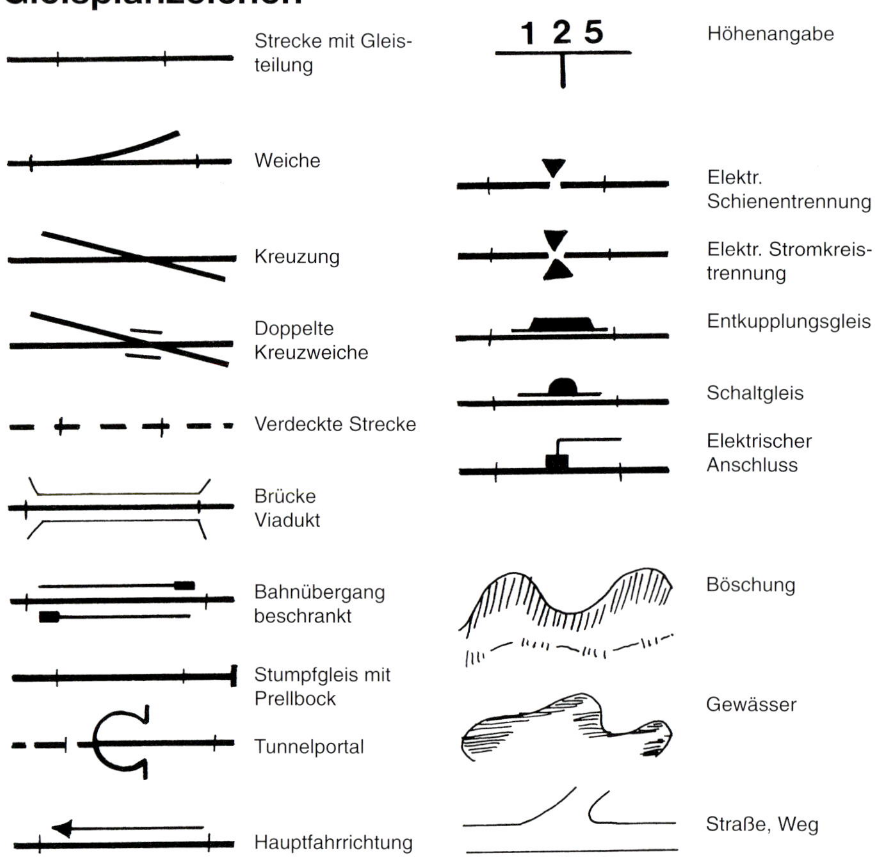

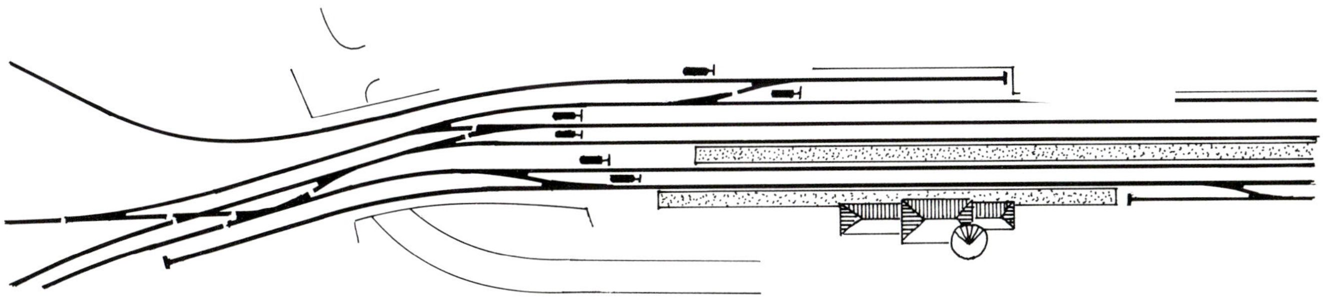

an den Übergängen sollten die Neigungen möglichst unter 2 % liegen, wenn ein Verkehr mit längeren Zügen (mit etwa 12 Schnellzugwagen oder 25 Güterwagen) vorgesehen ist. Aber auch auf kleineren Heimanlagen, auf denen mit kürzeren Zügen gefahren wird, sollte man das Limit von 3 % nicht überschreiten.

Nachdem der eigentliche Gleisplan fertig gestellt ist, wird man auch die wichtigsten Gebäude und Straßenzüge sowie die für die Rohbauarbeit wichtigen Geländedetails ergänzend einzeichnen. Dann wird der zunächst mit spitzem Bleistift aufgerissene Plan mit Tusche nachgezeichnet. Die so vollendete Arbeit sieht nicht nur professioneller aus, der mit Tusche gezeichnete Plan eignet sich auch vortrefflich zum Fotokopieren. Der Profi wird nämlich nicht alle relevanten Daten in den Originalplan übernehmen. Der besseren Übersicht wegen wird man beispielsweise für den elektrischen Schaltplan eine Kopie verwenden.

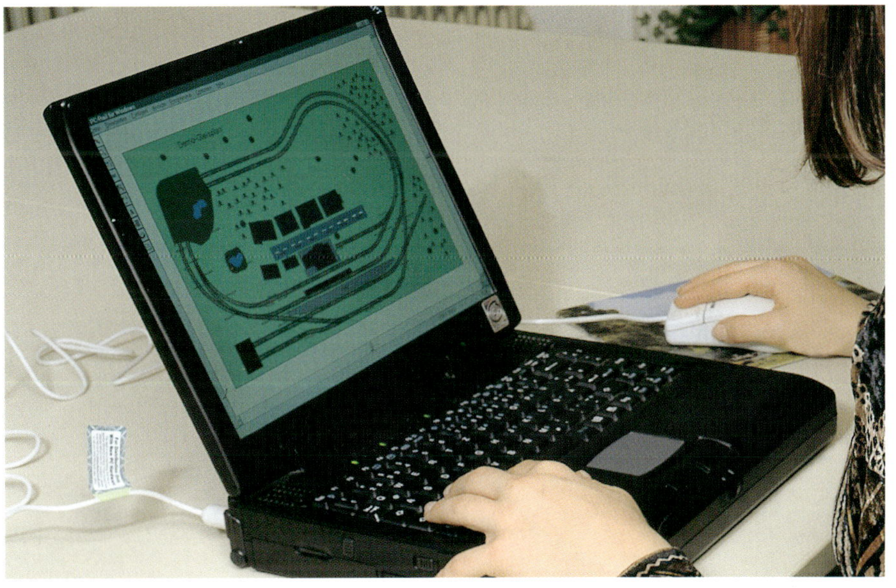

Tipps zum Gleisplanzeichnen mit Computerhilfe

Seit einigen Jahren besteht auch die Möglichkeit, den Gleisplan ohne sonstige Hilfsmittel am Bildschirm zu zeichnen. Neben anderen liefert die Firma Busch aus Viernheim unter der Marke CP-RAIL eine Software für PC, die hier stellvertretend vorgestellt wird. CP-RAIL kann unter folgenden systembezogenen Voraussetzungen eingesetzt werden: mindestens 4 MB RAM, Festplatte mit mind. 5 MB freiem Speicherplatz, CD-ROM-Laufwerk, VGA-Grafik, Windows 3.11 oder Windows 95, Microsoft-Maus oder ein anderes kompatibles Zeigegerät.

CP-RAIL ist ausgelegt auf die Gleiszeichenprogramme folgender Marken: MÄRKLIN H0, Systeme M, K und C, MÄRKLIN miniclub, MÄRKLIN Spur I, FLEISCHMANN H0-Modellgleis, FLEISCHMANN H0-Profigleis, FLEISCHMANN picolo N, ROCO-Line H0, ROCO N, TRIX express H0, MINITRIX N, ARNOLD N, LEHMANN LGB, TILLIG TT, BEMO H0m und H0e, LIONEL 0, ATLAS H0, ATLAS N, PECO H0, PECO N, SHINOHARA H0, SHINOHARA N, außerdem die gängigsten Zubehörteile.

Nachdem das Programm gestartet wurde, beginnt die Arbeit zunächst mit der Systemwahl. Die angeforderten und auf dem Bildschirm dargestellten Gleisteile können dann nach Belieben gedreht und zusammengefügt werden. Die Gleisfiguren sind wahlweise mit oder ohne Schwellen darstellbar. Auch Flexgleise lassen sich zu Gleisbögen formen, kürzen und in die Geometrie einpassen. Der besseren Übersicht wegen können die einzelnen Details auch in verschiedenen Farben auf dem Bildschirm dargestellt werden.

So entsteht Schritt für Schritt durch Einfügen, Drehen und Löschen von Gleisteilen die komplette Anlage, sogar mit Signalen, Gebäuden und Geländemerkmalen. Schließlich lässt sich an den Darstellungen überprüfen, ob die durch Lichtraumprofile festgelegten Mindestabstände von den Gleiskörpern zum Umfeld, wie zum Beispiel in den Kurvenüberhängen oder an den Bahnsteigen, allerorts ausreichen. Anlagenkonzeptionen mit bis zu acht Ebenen sind darstellbar. Die Gleisplanteile können beliebig vergrößert oder verkleinert und auf jedem systemkompatiblen Tintenstrahl- oder Laserdrucker blattweise ausgedruckt werden.

Abbildung oben:
Gleisplanzeichnen auf dem Laptop mit der Software CP-RAIL. Hersteller: Busch, Viernheim.

Abbildung Seite 36 oben:
Reinzeichnen des Gleisplans auf der Rotring-Zeichenplatte „rapid“.

Abbildungen Seite 36 Mitte:
- *Zeichnen der Gleisbögen mit dem Gummilineal.*
- *Gleisplanzeichenschablone*

Die zeitgeschichtlichen Epochen

Bevor man die Anlagenplanung abschließt und mit den Bauarbeiten beginnt, sollte man sich noch einige Gedanken über die zeitgeschichtliche Epoche machen, in der man die Szene darstellen will. Sicherlich gibt es Modellbahnfreunde, die sich nicht auf ein bestimmtes historisches Vorbild festlegen und auf ihrer Anlage sowohl mit modernen als auch mit historischen Zügen fahren wollen. An sich ist dagegen nichts einzuwenden. Nur, bei der Gestaltung der Landschaft und des bahntechnischen Umfeldes muss man sich in Anlehnung an das gewählte Anlagenthema auf eine zeitgeschichtliche Epoche festlegen, wenn man Stilsünden vermeiden will.

Die internationale Eisenbahn-Presse-Vereinigung „ferpress" hat bereits im Jahre 1968 den Versuch unternommen, die Eisenbahngeschichte in Epochen einzuteilen, um den Modellbahnfreunden Richtlinien für die zeitgeschichtliche Zuordnung ihrer Züge zu bieten. Da jedoch die historische Entwicklung des Eisenbahnwesens auch eng mit der nationalen Geschichte eines betreffenden Landes verbunden ist, beschränkt sich die Gültigkeit der von der ferpress erarbeiteten und nachstehend aufgeführten Epocheneinteilung räumlich auf Deutschland und Österreich. Insoweit wurde diese Einteilung sowohl von der Industrie als auch von den meisten Fachautoren übernommen.

Epoche 0 – Von den Anfängen bis 1870

Die ersten Züge, die in Deutschland fuhren, wurden von britischen Lokomotiven mit offenen Führerständen geführt. Das Wort „Bahnhof" erinnert noch an jene Zeit, als die einzelnen Stationen in Anlehnung an die Postkutschentradition aus in sich geschlossenen Gebäudekomplexen (Höfen) bestanden. Weichen gab es damals noch nicht. In den Endbahnhöfen wurden die Lokomotiven mit Hilfe von Drehscheiben umgesetzt. Anstelle der später üblichen Formsignale dienten Körbe oder Ballons, die an Holzmasten hochgezogen wurden, der Streckensicherung. Die Einführung von Weichen und beleuchteten Formsignalen, die das Eisenbahnwesen revolutionierten und einen generellen Umbau aller Bahnhofsanlagen erforderlich machte, ließ bis zum Ende der sechziger Jahre auf sich warten.

Das Angebot an Fahrzeugmodellen nach historischen Vorbildern der Epoche 0 beschränkt sich zur Zeit noch auf den „Adler" und wenige, sehr teuere Kleinserien- und Sondermodelle. Außer einigen handbemalten Figuren in den Nenngrößen H0 und 0 von Preiser gibt es kaum Zubehör, so dass der Modellbahner, der sich für dieses sicherlich interessante Thema entscheidet, die meisten Details selbst herstellen muss. Es ist allerdings zu erwarten, dass die Industrie schon bald versuchen wird, auch diese Marktlücke zu schließen; ein gewisser Trend ist bereits erkennbar.

Epoche 1 – Die Länderbahnzeit 1870 bis 1923

Der Bauboom begann nach dem deutsch-französischen Krieg 1870–71, als ein großer Teil der Reparationszahlungen in den Ausbau der Eisenbahnnetze der Länder des neu gegründeten Zweiten Deutschen Reiches flossen. Neben den privaten Eisenbahngesellschaften hatte also jeder Staat seine eigenen Eisenbahnlinien und seine eigenen Fahrzeuge, die sich nicht nur durch eine Vielfalt von Typen, sondern auch durch ihre bunten Lackierungen voneinander unterschieden.

Abbildung oben:
Ein Stück Eisenbahngeschichte im Modell – Personenzug nach dem Vorbild der Königlich Preußischen Staatseisenbahnen (KPEV) mit vorgespannter Tenderlokomotive 7361 nach Epoche 1.

Abbildung Seite 39:
Elektro-Triebwagenzug ET 90 „Rübezahl" der Deutschen Bundesbahn im Schiefergebirge nach Epoche 3. Ausschnitt aus einer H0-Zweileiter-Gleichstromanlage.

Die Lokomotiven der Großherzoglich Badischen Staatsbahn z. B. waren blau, die Personenwagen grün und die Güterwagen rostrot lackiert. Die Königlich Bayerische Staatseisenbahn fuhr mit mittelgrün lackierten Zügen, und die Personenwagen der Königlich Preußischen Staatsbahnen waren ihren vier Beförderungsklassen entsprechend unterschiedlich farbig bemalt. Diese bunten Züge wurden vorwiegend von Dampflokomotiven geführt. Elektrolokomotiven kamen erst gegen Ende dieser Epoche hinzu und zählten auf den wenigen, damals noch versuchsweise betriebenen Strecken zu den Seltenheiten. Auf den außerhalb der Städte meist nicht ausgebauten Straßen verkehrten nur wenige Autos, und neben den ersten vollgummibereiften Autobussen besorgten immer noch Postkutschen die Zubringerdienste zu den Orten, die nicht an das Eisenbahnnetz angebunden waren.

Nach Vorbildern der Epoche 1 gibt es in allen Nenngrößen ein reiches und nahezu lückenloses Angebot an Fahrzeugmodellen und Zubehör.

Epoche 2 – Alte Reichsbahnzeit 1923 bis 1945

Man bezeichnet diese Epoche als „Alte Reichsbahnzeit". Im Jahre 1923 gingen die Länderbahnen in das Eigentum der „Deutschen Reichsbahn" (DRG später DR) über. Alle Fahrzeuge, die aus den Beständen übernommen wurden, erhielten eine neue Nummerierung und Einheitslackierungen. Die neue Farbenpalette sah für Lokomotiven schwarzen Anstrich mit rotem Fahrgestell vor, für Personenwagen Lackierung in Chromoxidgrün und für Güterwagen in Eisenoxidrot. Außerdem wurde für das gesamte Streckennetz eine einheitliche Signalisierung durch Formsignale festgelegt. Während die neue Nummerierung und die Umlackierung der Fahrzeuge nur wenige Monate in Anspruch nahm, benötigte man für die Umrüstung der Signale viele Jahre, so dass die alten Länderbahnsignale neben den neuen bis in die siebziger Jahre hinein ihre Gültigkeit behielten.

Die „Alte Reichsbahnzeit" war die Blütezeit der großen Dampflokomotiven. Daneben wurden aber auch die ersten Triebwagen mit Verbrennungsmotoren in Dienst gestellt, während die Elektrifizierung der Hauptstrecken nur schleppend vor sich ging.

Auf den Straßen hingegen gewann zunehmend das Automobil die Oberhand, und die Kraftomnibusse verdrängten die letzten Postkutschen aus dem Zubringerverkehr. Das Angebot an Fahrzeugen, Zubehör und Gebäudemodellen ist in allen Nenngrößen reichhaltig und lückenlos.

Epoche 3 – Nachkriegszeit von 1945 bis etwa 1975

Mit dem Ende des Zweiten Weltkrieges und der nachfolgenden politischen Teilung Deutschlands entwickelte sich auch das Eisenbahnwesen unterschiedlich. Im Westen wurde die Deutsche Bundesbahn gegründet, die sich schon bald zu einem modernen Unternehmen entwickelte. Die Elektrifizierung des Streckennetzes wurde mit Elan vorangetrieben, so dass der nur wenig umweltfreundliche Dampfbetrieb bereits Mitte der siebziger Jahre zum Erliegen kam. Damit endete auch der für diese Epoche typische gemischte Verkehr mit Vor- und Nachkriegsmodellen.

Während der Epoche 3 waren die Fahrzeuge noch nach dem alten Nummernschlüssel registriert. Es wurden die neuen Lichtsignale und an den Lokomotiven das Dreispitzenlicht eingeführt. In den Bahnhöfen wurden die Bahnsteigsperren aufgehoben. Die dominanten Erscheinungen waren die gegen Ende dieser Epoche aufkommenden rot/beige lackierten Trans-Europa-Express-Züge (TEE), die auf allen westeuropäischen Magistralen verkehrten.

Im Osten übernahm die DDR für die auf ihrem Streckennetz betriebene Bahn die Bezeichnung „Deutsche Reichsbahn". Streng genommen währte dort die Epoche 3 bis zur politischen Wende im Jahre 1989, da der immer noch in großem Umfang durchgeführte Dampfbetrieb erst danach allmählich aufgegeben wurde. Der Verkehr auf den Gleisen der ehemaligen DDR war vor allem durch gemischten Verkehr von Vorkriegsmodellen und Neuentwicklungen von Diesel- und Elektrolokomotiven östlicher Prägung gekennzeichnet.

Epoche 4 – Von 1975 bis 1990

Am Anfang dieser Epoche wurde der neue computerlesbare UIC-Nummernschlüssel eingeführt. Die meisten Magistralen des eurokontinentalen Streckennetzes sind elektrifiziert, und Dampflokomotiven werden nur noch im Museumsbetrieb eingesetzt. Allerdings waren inzwischen die TEE-Züge, die

während der siebziger Jahre das Bild auf den internationalen Fernstrecken beherrschten, wieder verschwunden. Stattdessen belebten die IC-Fernzüge in großer Farbenvielfalt die Szene. In Konkurrenz mit dem Straßenverkehr war die Bahn zur Rationalisierung und damit zu zahlreichen Streckenstilllegungen gezwungen. Einige der stillgelegten Strecken blieben jedoch als Museumsstrecken erhalten.

Nach Vorbildern dieser Epoche findet sich das reichhaltigste Angebot an Modelleisenbahnfahrzeugen und Zubehör.

Epoche 5 – Von 1990 bis zur Jahrtausendwende

Der Anfang dieser Epoche stand ganz im Zeichen der politischen Wiedervereinigung Deutschlands, die auch die beiden Bahnen zunächst unter dem Dach der Deutschen Bundesbahn zusammenführte. Während nun auch Fahrzeuge aus ehemaligem DDR-Besitz die Typenvielfalt auf dem westlichen Streckennetz noch bereicherten, entstanden neue Schnellfahrtrassen mit neuer Oberleitung und neuer Signaltechnik quer durch Deutschland. Mit dem fahrplanmäßigen Einsatz der ersten ICE-Züge begann auch bei uns das

Abbildung Seite 40:
Modell der Schafberg-Zahnradbahn – H0m – gestaltet nach Epoche 3 – Ausschnitt aus einer Kleinanlage. Bezogen auf ihren Ursprung müsste man jedoch die Fahrzeugmodelle der Epoche 1 zuordnen.

Abbildung Mitte:
Der ICE auf großer Fahrt vor dem Hintergrund eines Kalkschiefergebirges. Im Vordergrund sieht man einen Autobahn-Rastplatz (FALLER-Car-System). Ausschnitt einer H0-Zweileiter-Gleichstromanlage.

Abbildung oben:
H0-Modell des legendären Verbrennungstriebwagens SVT 137, der zur Jahrhundertfeier der Deutschen Eisenbahn im Jahre 1935 in Dienst gestellt wurde. Ausschnitt aus einer Großanlage.

Zeitalter der superschnellen Fernzüge. Kurz nach der Umfirmierung der Deutschen Bundesbahn zur Deutsche Bahn AG wurde ein neues Farbensystem für die Fahrzeuge eingeführt, das auch bunte Werbeschriftungen vorsah. Auf einigen Nebenstrecken verkehrten die ersten Neigetechnik-Züge. Am Ende dieser Epoche, kurz vor der Jahrtausendwende, befindet sich bereits die zweite ICE-Generation im Einsatz.

In allen Nenngrößen gibt es bereits ein breitgefächertes Angebot an Modelleisenbahnfahrzeugen nach Vorbildern der Epoche 5, und alljährlich kommen neue Typen in den aktuellsten Lackierungen hinzu.

Die zeitgeschichtlichen Bahnepochen im benachbarten Ausland

Wie bereits erwähnt, verliefen die zeitgeschichtlichen Entwicklungen der Eisenbahnen in den benachbarten Ländern so unterschiedlich, dass die auf Deutschland bezogene Epocheneinteilung auch ansatzweise nicht übernommen werden kann. In der Schweiz beispielsweise, die durch die allseitige Isolation während des Ersten Weltkrieges keine Kohle einführen konnte, und der in Ermangelung eigener Kohlevorkommen zu jener Zeit der Zusammenbruch des gesamten Bahnbetriebes drohte, wurde bereits auf Elektrotraktion umgestellt, als man in Deutschland über das Versuchsstadium der Streckenelektrifizierung noch nicht hinausgekommen war. Bereits gegen Mitte der dreißiger Jahre waren die Dampflokomotiven auf den eidgenössischen Strecken verschwunden.

In Frankreich hingegen gelang es erst im Jahre 1937, die mächtigen privaten Bahngesellschaften unter dem Dach der SNCF zu verstaatlichen und den Bahnbetrieb zu vereinheitlichen, während in Belgien schon von Anfang an die Hauptbahnen unter der Regie des Staates verkehrten. Auch Italien begann schon im vorigen Jahrhundert damit, die wichtigsten Magistralen in Staatsbesitz zu überführen. Wer also beabsichtigt, seine Anlage nach dem eisenbahntechnischen Vorbild eines benachbarten Staates zu planen, sollte sich also schon vorher über die speziellen Gegebenheiten und nicht zuletzt auch über das Fahrzeug- und Zubehörangebot informieren. Im Allgemeinen ist das Angebot an Modelleisenbahnfahrzeugen in den Nenngrößen H0 und N nach Vorbildern aller europäischen Eisenbahngesellschaften recht umfangreich. Sogar elektrische Fahrleitungen gibt es passend zu

Abbildung oben:
Der Orientexpress (Vorkriegsepoche), geführt von einer französischen Elektrolokomotive vom Typ 5500 der SNCF – Ausschnitt aus einem H0-Messediorama.

den meisten europäischen Vorbildern. Bei allen Überlegungen im Hinblick auf die zeitgeschichtlich richtige Zuordnung der Züge beim Modellbahnbetrieb muss man jedoch berücksichtigen, dass die Übergänge von einer Epoche zur anderen stets fließend waren. Die Umlackierungen und Neubeschriftungen zogen sich oft über Monate, ja sogar Jahre hin. Neben den einheitlich lackierten Prestigezügen auf den internationalen Trassen sah man zu allen Zeiten auch eine Vielzahl bunt zusammengestellter Garnituren im regionalen Dienst. Der öftere Farbschemawechsel in jüngster Zeit hat sogar zur Folge, dass uns bei den untergeordneten Zuggattungen nur selten einmal eine Zusammenstellung begegnet, die in allen Teilen der gültigen Farbordnung entspricht.

Tipps zum Rohbau

Abbildung oben:
Drei Module einer H0-Großanlage in drei verschiedenen Fertigungsstufen.

Für die einfache Modelleisenbahnanlage bis zu einer Grundfläche von etwa 1,5 m² genügt eine Basisplatte, die allerdings verzugsfest sein muss. Ein Brett oder eine dünne Sperrholzplatte ist nicht das Richtige. Besser wählt man eine 16 bis 20 mm starke Tischlerplatte, die man unterseitig durch aufgeleimte Rahmenleisten verstärkt. Völlig ungeeignet sind Hartspanplatten nicht nur ihres hohen Eigengewichtes wegen; sie sind nicht verzugssicher genug und außerdem aufgrund ihrer großen Härte schwieriger zu bearbeiten.

Als standfestes Untergestell bieten sich zwei zusammenklappbare Malerböcke an, wie sie in jedem Baumarkt erhältlich sind. Wer mehr ausgeben will, kann sich auch ein passendes Stahlrohruntergestell herstellen lassen. Doch die erste Lösung bietet den Vorteil, dass Modellbahn und Untergestell mit wenigen Handgriffen weggeräumt und platzsparend aufbewahrt werden können, wenn die Anlage nicht benutzt wird.

Vielfach werden auch Anlagenkonstruktionen empfohlen, die man zur platzsparenden Aufbewahrung hochklappen und in einem Wandschrank verschwinden lassen kann. Sicherlich wäre eine solche Lösung höchstenfalls für eine Modelleisenbahn in den kleineren Nenngrößen N und Z sinnvoll. Die konstruktiv bedingten, stark eingeschränkten Gestaltungsmöglichkeiten dürften jedoch höheren Ansprüchen ebenso wenig genügen wie die einer versenkbar konstruierten oder unter der Deckenvertäfelung verwahrbaren Anlage. Deshalb soll hier auch nicht näher auf solche Sonderkonstruktionen eingegangen werden.

Tipps zur Konstruktion des Anlagenrahmens

Für größere Anlagen mit mehreren Ebenen benötigt man einen stabilen Rahmen als Basis für das tragende Grundgerüst. Er muss nicht nur eine hohe Verwindungsstabilität aufweisen, sondern auch so beschaffen sein, dass allerorts der Zugang von der Anlagenunterseite zu den verdeckt verlegten Strecken gewährleistet ist.

Diese Bedingungen kann nur ein Holzrahmen erfüllen, der durch ein Leistengitter verstärkt ist. In Verbindung mit aufgeleimten Vertikalspanten aus Sperrholz, die sowohl die Bahnkörper-Trassenauflagen als auch das formgebende Gerüst für die plastische Geländemodellierung bilden, entsteht ein solides, weitgehend verzugsfestes und verwindungsstabiles Gerippe. Dieses vom Flugzeug- und Schiffsbau her bekannte Konstruktionsprinzip bietet als einziges die Voraussetzungen für eine millimetergenaue Maßarbeit, so wie sie beim Anlagenbau gehobenen Niveaus – insbesondere im Hinblick auf die spätere Fahrbetriebssicherheit und einen hinreichend befriedigenden Fahrzeuglauf – gefordert sind.

Wie bereits im Abschnitt Planung beschrieben, wird man größere, raumfüllende Anlagen in Segmente unterteilen, um sicherzustellen, dass man sie im Fall eines Standortwechsels auch unbeschadet durch die vor Ort gegebenen Raumöffnungen transportieren kann. Der nötigen Stabilität wegen sollte man die Segmente nie länger planen als 2,50 m. Die Rahmenteile werden unter Verwendung von Maschinenschrauben gegenseitig verschraubt.

Für die Rahmenkonstruktion ist Abachi-Holz am besten geeignet, da es nahezu astfrei ist und höchste Verwindungsstabilität aufweist. Kein anderes Vollholz verfügt in dieser Hinsicht auch nur annähernd über gleich gute Eigenschaften. Abachi-Holz ist beim Holzfachgroßhandel erhältlich. Allerdings kann

Abbildung oben:
Der vom Schreiner nach eigener Zeichnung angefertigte Anlagenrahmen aus Abachi-Holz.

Abbildung Mitte:
So sieht die offene Trennstelle an der fertig gestalteten Anlage aus.

Abbildung links:
Die Überblattungen des inneren Rahmengitters sorgen für hohe Verwindungsstabilität.

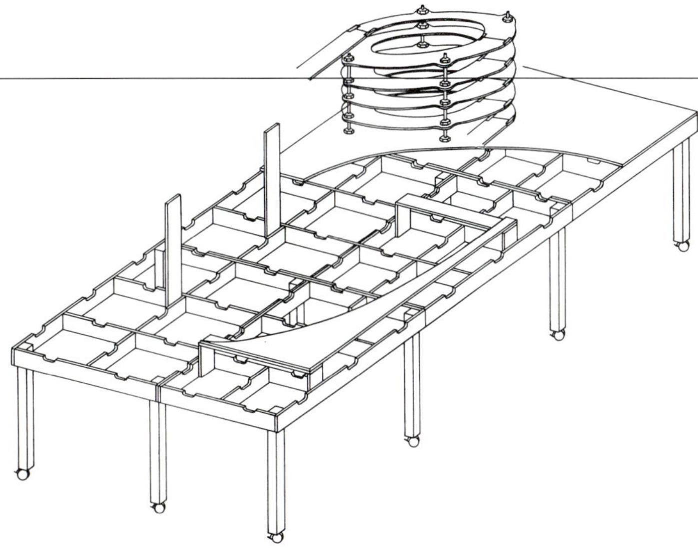

es nur dann eingesetzt werden, wenn am späteren Anlagenstandort ständig gute wohnraumklimatische Verhältnisse herrschen. Bei einer Feuchtigkeitsaufnahme von mehr als 3 % droht dieser Holzart der Befall eines speziellen Schädlings (Liptuskäfer), der mit keinem der heute noch zulässigen Holzschutzmittel wirksam bekämpft werden kann. Befallene Holzkonstruktionen werden unter den genannten Bedingungen innerhalb weniger Monate völlig zerstört. Wird eine Anlage über längere Zeitspannen hinweg in einem unbeheizten Raum oder einer offenen Halle zwischengelagert, empfiehlt es sich, sicherheitshalber auf Fichten- oder Kiefern-Holz erster Wahl auszuweichen. Diese beiden Nadelhölzer sind zwar nicht so verwindungsstabil wie Abachi-Holz, erfüllen aber hinreichend ihren Verwendungszweck, wenn sie sachgemäß gelagert wurden und die Verarbeitung fachgerecht nach den handwerklichen Regeln erfolgt.

Beim Einkauf der Hölzer ist darauf zu achten, dass sie weder von Pilzen noch von Holzschädlingen befallen sind. Vor allem beim Abachi-Holz ist besondere Aufmerksamkeit geboten, da die stecknadeleinstichgroßen Gelegedepots des Liptuskäfers mit dem bloßen Auge kaum zu erkennen sind.

Die hier im Bild gezeigten Basisrahmen entstanden aus 20 mm starkem Abachi-Holz. Die äußere Rahmenhöhe beträgt 120 mm, die Höhe des inneren Leistengitters 100 mm. Bei oberkantenbündiger Verleimung des inneren Leistengitters verbleibt zwischen den Leistenunterkanten und den Außenrahmenunterkanten ein Freiraum von 20 mm, der zur Aufnahme von Kabelkanälen der Elektroinstallation oder aber der Trägerplatten für die Stahlrohrfüße genutzt werden kann.

Die durchgehenden Längs- und Querträger sind an ihren Kreuzverbindungen überblattet – siehe Abbildungen links – und mit Holzleim (z. B. UHU-coll) verleimt. Auch die anderen Rahmenverbindungen sind verleimt und zusätzlich mit je zwei Holzschrauben verschraubt. In diesem Zusammenhang sei darauf hingewiesen, dass beim Modelleisenbahn-Anlagenbau grundsätzlich jede geschraubte, genagelte oder geklammerte Holzverbindung zusätzlich verleimt werden muss. Ungeleimte Holzverbindungen würden sich durch die beim Fahrbetrieb auftretenden Vibrationen mit der Zeit lösen.

Abbildung links oben:
Die Unterkonstruktion kann durch vorgefertigte Wendel-Segmente ergänzt werden.

Isometrische Skizze rechts oben:
Als Alternative gibt es auch Patentrahmen aus vorgefertigten Teilen. Hersteller: Modellplan, Göppingen.

Abbildung Mitte:
Eingeleimte Eckwinkel sorgen für die nötige Verzugsfestigkeit.

Abbildung links:
Wendel aus vorgefertigten Teilen, des kleinen Durchmessers wegen jedoch nur für maßstäblich kleine Bahnen empfohlen. Vertrieb: NOCH Modellbahnzubehör, Wangen/Allgäu.

Abbildung unten:
Detail des fertigen Rohbaugerüstes.

Die Rastermaße des Leistengitters sollte man zwischen 280 mm oder 320 mm einplanen, je nachdem, wie es in Abhängigkeit der Gesamtlänge eines betreffenden Rahmenteils gerade hinreicht. Eine solche Einteilung ermöglicht den unbehinderten Zugang zu den unterführenden Strecken. Da die trassentragenden Spanten auf die Querträger des Leistengitters aufgesetzt werden, sollten die Abstände 320 mm möglichst nicht überschreiten, da ansonsten eine hinreichend verzugssichere Trassenauflage nicht mehr gewährleistet wäre.

Es versteht sich von selbst, dass der Zusammenbau der Rahmenteile winkelgerecht und millimetergenau erfolgen muss, denn nur unter dieser Voraussetzung ist es möglich, auch das aufliegende Unterbaugerüst in der geforderten Präzision herzustellen. Selbst geringe Maßdifferenzen würden sich zwangsläufig auch auf die gesamte Rohbaukonstruktion übertragen. Mit den dem Modelleisenbahn-Anlagenbauer im Allgemeinen zur Verfügung stehenden Heimwerkergeräten gelingen jedoch die Zuschnitte nicht so genau wie mit den Präzisionsmaschinen, wie sie in einem modern ausgestatteten Handwerksbetrieb zu finden sind. Deshalb empfiehlt es sich, die Teile des Basisrahmens nach der maßstäblich exakt gezeichneten Skizze von einem Schreinerbetrieb herstellen zu lassen. Zumindest aber sollte man den Zuschnitt der Rahmenhölzer einem Fachmann überlassen, der über geeignete Maschinen mit den entsprechenden Absaugeeinrichtungen verfügt.

Holzstaub ist gesundheitsschädlich!

In diesem Zusammenhang sei ganz besonders darauf hingewiesen, dass Holzstaub, so wie er bei der Holzbearbeitung auch in kleineren Mengen und beim Einsatz der üblichen Heimwerkergeräte anfällt, gesundheitsschädlich sein kann. Holzstaub reizt nicht nur die Atemwege. Vor allem die flüchtigen Inhaltsstoffe zahlreicher Hölzer, die mit dem Holzstaub über die Atemwege in den Blutkreislauf gelangen, sind nicht selten Auslöser lebensbedrohender Allergien. Konsequentes Tragen eines einfachen Mundschutzes, wie er in jedem Farbenfachgeschäft oder in jedem Baumarkt erhältlich ist, während der Holzbearbeitung stellt bereits eine wirksame Vorbeugungsmaßnahme dar. Zusätzliche Sicherheit bieten Absaugevorrichtungen, wie sie heute auch als Zubehör für die meisten Heimwerkergeräte der bekannten Marken erhältlich sind.

Stahlrohrfüße sorgen für hohe Standfestigkeit

Bei einer größeren, mehrteiligen Modelleisenbahnanlage kommt es nicht nur auf ausreichend gute Standfestigkeit an, sondern auch darauf, dass die ein-

lungsanlagen, die in der Regel auf Erwachsene durchschnittlicher Körpergröße bezogen sind, hat sich eine Bezugsebenenhöhe von 9000 mm durchgesetzt. Eine davorgesetzte Stufe sorgt meistens dafür, dass auch Kinder die Anlage besichtigen können. Unter der „Bezugsebene" versteht man bei mehrstöckigen Anlagen die Ebene, in der sich die hauptsächlichen Bewegungsabläufe abspielen. Wenn, um bei dem Beispiel zu bleiben, der Hauptbahnhof einer Anlage in der zweiten Ebene mit einem Niveau von 9000 mm liegen soll, dann wird man die Stahlrohrfüße in einer der standardisierten Längen von 700 oder 750 mm wählen.

zelnen Module über die gesamte Länge hinweg eine einheitliche Flucht bilden. Schon die Differenz von ein oder zwei Millimetern könnte unschöne Knicke in den Gleisen bewirken und die Laufeigenschaften der Züge beeinträchtigen. Da die am Standort vorhandenen Fußböden meistens Unebenheiten aufweisen, ist ein Untergestell erforderlich, bei dem ein entsprechender Niveauausgleich möglich ist. Vielfach ist es, vor allem bei raumfüllenden Anlagen, außerdem von Vorteil, wenn die Konstruktion auf Lenkrollen steht und im Bedarfsfall, wie zum Beispiel bei Betriebsstörungen, hin und her bewegt werden kann.

Alle diese Forderungen erfüllen am besten die hier vorgestellten Stahlrohrfüße, wie unten abgebildet. Hierbei handelt es sich um 80 mm starke Stahlrohre mit angeschweißtem Flansch. Mit Hilfe einer 20-mm-Trägerplatte aus Sperrholz werden sie an geeigneten Stellen unter die Überblattungen des Rahmen-Leistengitters geleimt und verschraubt.

Stahlrohrfüße dieser Art kann man sich in jeder Bauschlosserei anfertigen lassen. Einige Firmen haben sich bereits auf die Herstellung spezialisiert – siehe Lieferverzeichnis im Anhang. Stahlrohrfüße, wie sie im Atelier Stein entwickelt wurden, werden in verschiedenen Längen und Ausführungen angeboten, wie zum Beispiel mit Niveauausgleichsgewinde und angeschweißten Lenkrollen. Die Stahlrohrfüße mit vollgummibereiften Lenkrollen bieten außerdem einen sehr wirksamen Schallschutz, indem sie die Übertragung der Fahrgeräusche von der Anlage in den Baukörper am Standort verhindern.

Was die richtige Höhe anbetrifft, gibt es keine allgemein gültigen Regeln. Wer den Fahrbetrieb genüsslich vom Sessel aus mitverfolgen will, wird ein niedrigeres Höhenniveau wählen. Bei Ausstel-

Abbildung oben:
Montage der Trägerplatte für den Stahlrohrfuß.

Abbildung Mitte:
Der fertig montierte Stahlrohrfuß mit Lenkrollen und Niveauausgleich.

Zeichnen der Werkpause

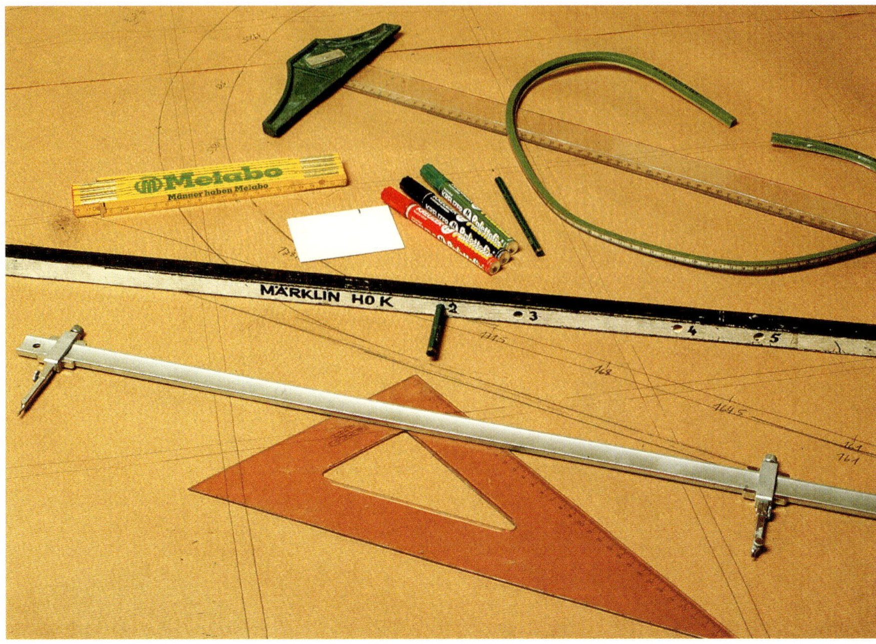

Das Übertragen des im Maßstabsverhältnis 1:10 gezeichneten Gleisplans in den Original-Baumaßstab ist relativ einfach, wenn es sich um eine Anlage handelt, deren Streckenführungen ausschließlich in einer Ebene geplant sind. In diesem Falle gilt es lediglich, die Maße aus dem Plan zu entnehmen und unter Verwendung der üblichen Zeichenhilfen, und um eine Kommastelle nach rechts versetzt, auf die Basisplatte zu projizieren.

Bei größeren, mehrstöckig konzipierten Anlagen ist die Sache nicht so einfach, nicht zuletzt weil man im fortgeschrittenen Stadium der Rohbauarbeiten kaum noch über geeignete Fixpunkte zum Einmessen verfügt. Dieser Umstand verleitet dann oft zum Improvisieren nach der Devise „Probieren geht über studieren". Wer es jedoch schon einmal unternommen hat, eine größere Anlage über mehrere Ebenen hinweg mehr oder weniger „nach Gefühl" aufzubauen, wird irgendwann zur Einsicht gelangen, dass ein handwerklich solides Ergebnis auf diese Weise nicht zu erzielen ist.

Abbildung oben:
Die Geräte zum Zeichnen der Werkpause.

Abbildungen Mitte:
Das Anreißen der Bezugs- und Schnittlinien.

Abbildung links:
Die zum Zuschnitt aufgepauste Trasse.

Abbildung Seite 49 rechts oben:
Das Anreißen eines Gleisbogens mit dem selbst gefertigten Radienzirkel.

Abbildung Seite 49 Mitte links:
Das Nachziehen der Bleistiftstriche mit farbigem Filzstift.

Abbildung Seite 49 Mitte rechts:
Anreißen mit dem Stangenzirkel.

Ohne Werkpause geht es nicht

Ohne Werkpause ist es praktisch nicht möglich, die im Gleisplan dargestellten Streckenführungen geometrisch genau in den Originalbaumaßen in ein Werkstück zu übertragen. Die Werkpause ist also im Prinzip nichts anderes als der in den Original-Baumaßstab auf strapazierfähiges Packpapier übertragene Gleisplan. Das Aufreißen der Werkpause gelingt leicht, indem man den Anlagenrahmen zusammenbaut und die zum Zuschnitt der Trassen vorgesehenen Sperrholzplatten auflegt. Auf diese Weise entsteht ein bequemer Zeichentisch in den genauen Abmessungen der Anlagengrundfläche. Die Platte wird anschließend kantenbündig mit Packpapier belegt, das zuvor ggfs. zusammengeklebt, auf den Anlagengrundriss zugeschnitten wurde.

In die so entstandene Werkpause werden, zunächst mit Bleistift, alle für die Gleisverlegung und den Zuschnitt der gleistragenden Trassen erforderlichen Bezugslinien eingezeichnet. Um Verwechslungen vorzubeugen, empfiehlt es sich, nach erfolgter Übereinstimmungskontrolle mit dem Gleisplan, die aufgezeichneten Linien in verschiedenen Farben mit Filzstift nachzuzeichnen, beispielsweise die Bezugslinien für die Gleisverlegung in Schwarz, die Konturen für den Zuschnitt in Rot, und die Geländemarkierungen in Grün. Die Werkpause ist also nicht nur eine unverzichtbare Orientierungshilfe beim Aufzeichnen der Vertikalspanten, sie dient gleichzeitig, nachdem man Kohlepapier unterlegt hat, auch als Pause beim Übertragen der Konturen auf die zum Zuschnitt der Trassen vorgesehenen Sperrholzplatten. Die mitaufgepausten Verlege-Bezugslinien garantieren also eine mit dem Gleisplan genau übereinstimmende Geometrie unter der Voraussetzung, dass die Trassen exakt nach dem Aufriss der Werkpause montiert und die Gleisteile konsequent mittelachsendeckend nach den Bezugslinien verlegt werden.

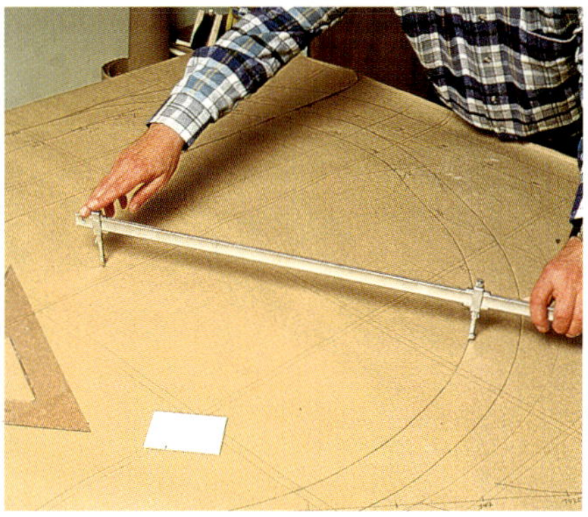

Tipps zum Aufriss der Werkpause

Für die Zeichenarbeit benötigt man einen weichen Bleistift, einen größeren Stahlwinkel, eine Alu-Setzleiste zum Zeichnen längerer Geraden, ein Flexlineal zum Einmessen der Höhenmarkierungen in den Gleisbögen, einen Winkelmesser, einen Stangenzirkel, ein Lineal mit Maßeinteilung, einen Zollstock und einige farbige Marker.

Wer seine Anlage hauptsächlich mit standardisierten Gleisteilen geplant hat, dem kann ein selbst gefertigter Radienzirkel sehr hilfreich sein. Man benötigt dazu eine gerade Leiste aus einer verwindungsstabilen Holzart (Abachi), die etwas länger sein muss als der größte zu zeichnende Radius. Entlang der zuvor eingezeichneten Mittelachse werden dann mehrere Löcher gebohrt, zunächst ein kleines Loch zum Einleimen einer Nagelspitze für den Zirkeleinstich in den Kreismittelpunkt. Die anderen Bohrungen sind größer und dienen zum Einstecken des Bleistiftes. Die jeweils vom Stahlstift auf die Lochmitten bezogenen Maße entsprechen den Standardradien des zum Anlagenbau gewählten Gleissystems. Wenn man außerdem noch an einer Kante dieses so entstandenen Radienzirkels die Längen der in dem betreffenden Gleissortiment vorhandenen geraden Ausgleichsstücke markiert, hat man gleichzeitig eine Skala, die das Einpassen von Gleisstücken in gerade Gleisverbindungen, wie zum Beispiel in Bahnhöfen, erheblich vereinfacht.

Der im Maßstabsverhältnis 1:10 gezeichnete Gleisplan wird dann wie folgt übertragen:

Zuerst sucht man sich im Gleisplan einen geeigneten Fixpunkt, beispielsweise den markierten Zirkeleinstich eines Kreisbogens. Dessen Koordinaten, mit dem Faktor 10 multipliziert, überträgt man dann durch Einmessen auf das Packpapier. Dieser Fixpunkt dient uns in der Werkpause ebenfalls als Zirkeleinstich beim Aufreißen des ersten Gleisbogens in den Originalmaßen. Er bildet die Ausgangsbasis für alle anderen Konstruktionen, so wie sie sich aus dem Gleisplan ergeben.

Bei der zeichnerischen Übertragung vom Gleisplan in die Werkpause muss man jedoch berücksichtigen, dass kleine Maßdifferenzen unumgänglich und auch unerheblich sind, wenn es sich le-

diglich um 1 bis 2 Millimeter handelt. Wird jedoch, wie das bei einem Bahnhof der Fall ist, mehrfach eingemessen, addieren sich diese Maßfehler und führen letztendlich dazu, dass die Gleisverbindungen an Weichen und Kreuzungen nicht mehr exakt zusammenpassen. Da sich solche Differenzen auch auf das Werkstück selbst übertragen und dort zu Ungenauigkeiten bei der Gleisverlegearbeit führen würden, sind in solchen Fällen entsprechende Korrekturen bereits in der Werkpause durchzuführen. Es empfiehlt sich deshalb, zur Kontrolle alle wichtigen Gleisverbindungen mit den entsprechenden Original-Gleisteilen zusammengesteckt auf der Werkpause auszulegen. Wenn sich hierbei die Mittelachsen aller Gleisteile mit den Bezugslinien der gezeichneten Gleisverbindungen konsequent decken, ist die Konstruktion korrekt. Andernfalls ist sie entsprechend zu korrigieren.

Allerdings können beim Zusammenstecken von Weichen und Kreuzungen auch Winkeldifferenzen auftreten, die sich zeichnerisch in Form von nicht mehr tolerierbaren Maßdifferenzen aus-

wirken können, weil eine rein rechnerische Kontrolle nicht immer möglich ist. Deshalb soll man sich beim Aufreißen von Gleisverbindungen nie an der ausgelegten Gleisfigur orientieren, sondern Abzweigwinkel und Kreuzungen sowie aus diesen sich fortsetzende gerade Strecken stets mit Hilfe eines Winkelmessers einmessen. Erst danach wird man durch Überlegen der Gleisteile überprüfen, ob die Zeichnung stimmt, ob die aufgezeichnete Figur mit den rein rechnerisch ermittelten Gleisteilen millimetergenau zusammengefügt werden kann oder ob sich irgendwelche Fehler eingeschlichen haben.

Das Zeichnen von Gleisbögen gelingt am besten mit handelsüblichen Stangenzirkeln oder mit Hilfe des bereits beschriebenen selbstgefertigten Radienzirkels. Zum Zeichnen größerer Gleisbögen verwendet man vorteilhafterweise eine biegsame Holzleiste, die man mit Drahtstiften fixiert.

Erst wenn alle Streckenverbindungen in Form der Verlege-Bezugslinien aufgezeichnet sind, werden, ergänzend zu der aus dem Gleisplan übertragenen Zeichnung, die Konturen für den Trassenzuschnitt in die Werkpause eingezeichnet. Die Verwendung einer parallel zeichnenden Anreißlehre (siehe Abbildung) kann hierbei recht hilfreich sein. Um Verwechslungen mit den schwarz markierten Verlege-Bezugslinien auszuschließen, wird man die Sägeschnittlinien besser mit rotem Filzstift nachziehen.

Wie bereits erwähnt, werden im Zuge der Rohbauarbeiten die Vertikalspanten auf die Querträger des Rahmen-Leistengitters aufgesetzt. Deshalb ist es nötig, auch die Lage dieser Querträger maßgenau in die Werkpause einzuzeichnen.

Wie man die Trassenunterstützungshöhen der geneigten Streckenabschnitte ermittelt

Als Nächstes gilt es, an den Trassenauflagen, an den Schnittpunkten von Spanten und Trassen also, die Unterstützungshöhen zu ermitteln und ebenfalls in die Werkpause einzutragen. Hierbei kommt es auf höchste Genauigkeit an, da sich schon geringe Differenzen negativ auf die Trassenlagen und in letzter Konsequenz auch auf das spätere Laufverhalten der Züge auswirken würden. Die im

Abbildung oben und Mitte links:
Mehr Sicherheit beim Zeichnen der Werkpause bietet das Auslegen der Weichenverbindungen.

Abbildung links unten:
Unentbehrlich ist die Anreißlehre.

Abbildung Seite 50 oben:
Die fertige Werkpause mit unterlegtem Kohlepapier.

Abbildung Seite 50 Mitte links:
Elektronischer Winkelmesser für den Profi.

Abbildung Seite 50 Mitte rechts und beide Abbildungen darunter:
Das Aufzeichnen im Bogen geführter Strecken mit Hilfe einer biegsamen Holzleiste.

Gleisplan errechneten und eingetragenen Höhenmaße können lediglich für die horizontal liegenden Streckenabschnitte übernommen werden. Bei den geneigten Streckenabschnitten muss man die exakten Maße auf der Werkpause ermitteln!

Das Ermitteln der exakten Trassenunterstützungsmaße bei geneigten Streckenabschnitten gelingt am besten nach folgendem Verfahren:

Zuerst werden vom Anfang bis zum Ende aller geneigten Streckenabschnitte die Verlege-Bezugslinien in 10-cm-Längen unterteilt und markiert. An den Bogenstrecken werden diese Zehnermarken mit Hilfe eines flexiblen Gummilineals ermittelt (siehe Abbildung). Bei mehrgleisigen Bögen erfolgt die Markierung am inneren Bogen.

Die neigungsabhängigen Trassenhöhen lassen sich nun exakt ermitteln, indem man bei Steigungen von Markierung zu Markierung den Prozentsatz der Neigung in Millimetern hinzurechnet bzw. bei Gefällstrecken abzieht. Bei einer angenommenen Steigung von 2 % beträgt demnach die Höhendifferenz von Markierung zu Markierung 2 mm. Am Anfang und Ende jeder Neigung sind jedoch entsprechende Maßzugaben für die erforderlichen Ausrundungen einzukalkulieren. Für die Nenngröße H0 beispielsweise sollte man eine Ausrundung berücksichtigen, die einem Radius von 1,25 m entspricht.

Allerdings decken sich die abgetragenen Markierungen nur selten mit den Schnittpunkten der Trassenauflagen am

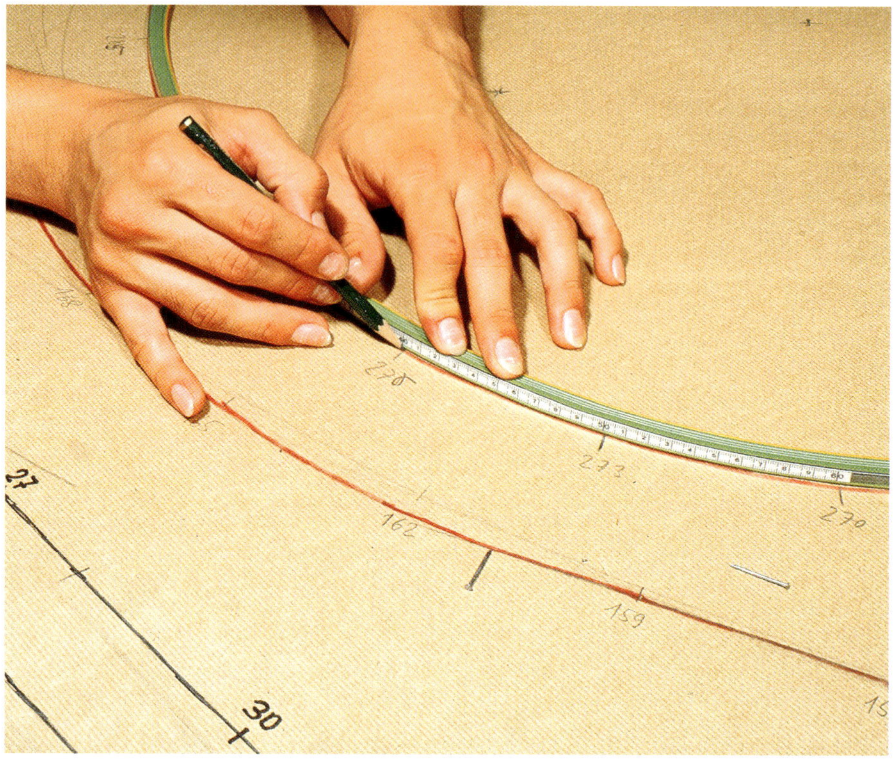

Spant. Aus dem Abstandsverhältnis zwischen den beiden Markierungen lässt sich jedoch das an der Trassenauflage erforderliche Höhenmaß leicht errechnen.

Abschließend werden noch die Konturen der Straßen, Gewässer und ebenen Flächen eingezeichnet. Damit ist die Werkpause fertig. Sie steht uns nun als Pause beim Aufzeichnen der gleistragenden Trassen auf die zum Zuschnitt vorgesehenen Sperrholzplatten und als unverzichtbare Maßunterlage beim Anreißen der Vertikalspanten zur Verfügung. Außerdem ist sie über alle Bauphasen hinweg eine verlässliche Orientierungshilfe.

Das Spantengerüst

Spätestens wenn die fertige Werkpause wie ein bunter Schnittmusterbogen vor ihm liegt, stellt sich demjenigen, der sich das erste Mal mit dieser Bauweise befasst, die Frage, ob ein solcher Aufwand wirklich nötig ist. Sicherlich gibt es eine ganze Reihe Modellbauer, die keine Werkpause verwenden und ihre Anlage irgendwie auch „hinkriegen". Doch auf Modellbahnausstellungen zeigt sich immer wieder deutlich der Unterschied zwischen solchen Anlagen, die in handwerklich solider Arbeit gefertigt und solchen, die mehr improvisiert entstanden sind. Eine größere Anlage in mehreren Ebenen ist nun einmal ein kompliziertes Gebilde und erfordert eine solide, verzugssichere Konstruktion, wenn auf die Dauer ein makellos eleganter und störungsfreier Zugverkehr gewährleistet sein soll. Erstrebt man ein solches Ergebnis, gibt es zu der hier beschriebenen Spantenbauweise keine Alternativ. Aber keine Angst, mit der nun vorliegenden Werkpause und den nachfolgenden Anleitungen und Tipps gelingt auch dem Einsteiger das Vorhaben Schritt für Schritt. Und man sollte sich dabei stets vor Augen halten, dass derjenige, der es mit einer anderen, schnelleren Methode versucht, ein ungleich höheres Risiko eingeht, dass seine Arbeit misslingt.

Abbildung oben:
Ausschnitt aus einer in Spantenbauweise errichteten H0-Schauanlage.

Abbildung links:
Vorderer Teil der gleichen Anlage im Rohbau.

Abbildungen Seite 52 oben und Mitte:
Anbringen der Zehnermarkierungen an einer im Bogen geführten Steigung mit Hilfe eines Gummi-Zeichenlineals.

Abbildung Seite 52 Mitte:
Die zum Durchdrücken der Konturen auf die Sperrholzplatte vorbereitete Werkpause.

Das Aufzeichnen der Vertikalspanten

Der zusammengeschraubte Anlagenrahmen, auf dem die Werkpause aufliegt, dient uns weiterhin beim Aufzeichnen der Vertikalspanten sowie beim Aufpausen der Trassen auf die zum Zuschnitt vorgesehenen Sperrholzplatten als Arbeitstisch. Deshalb empfiehlt es sich, dass man zuerst sämtliche Spanten und Trassen zuschneidet und entsprechend kennzeichnet, bevor man mit dem Aufbau des Spantengerüstes beginnt. Umso flotter geht die Arbeit dann von der Hand.

Für die Vertikalspanten verwenden wir 10 mm starkes Sperrholz, vorzugsweise Gabun oder Limba (Buche ist zu hart und auch zu schwer). Am besten lassen wir uns die Platten dem Bedarf entsprechend in den benötigten Maßen beim Holzlieferanten zuschneiden. Er verfügt über die richtigen Maschinen für einen exakten und vor allem winkelgerechten Zuschnitt, denn nur unter dieser Voraussetzung kann unsererseits ein millimetergenauer Aufriss gelingen. Nur winkelgerechte Schnittkanten ermöglichen ein maßgenaues Anlegen des Stahlwinkels und ein unverfälschtes Abtragen der Maße beim Aufriss.

Zum Aufzeichnen der Hauptspanten, das sind diejenigen, die auf den Querträgern des Rahmen-Leistengitters aufliegen, wird die vorgesehene Sperrholzplatte bündig an die Linie auf der Werkpause angelegt, die die Lage des zugeordneten Querträgers markiert, in der genauen Position also, in der der Spant später aufgeleimt wird. Zuerst werden an der Plattenunterkante alle Schnittpunkte der Strecken-Bezugslinien mit Bleistift markiert. An diesen Markierungen zieht man anschließend mit dem Stahlwinkel vertikale Hilfslinien, auf denen dann die Höhen der jeweiligen Trassenunterstützungen entsprechend den Angaben auf der Werkpause abgetragen werden. Die Breite der Trassenauflage richtet sich nach dem in der Werkpause vorgegebenen Aufriss.

Bei dem hier gezeigten Bildbeispiel besteht das Spantengerüst der Anlage aus 52 Hauptspanten und 21 Hilfsspanten, das sind die längslaufenden Spanten, die zum Beispiel an den Rahmenenden zur Aufnahme der Trassenbögen oder auch nur der Geländeformgebung dienen. Bei allen im späteren sichtbaren

fahrender Züge ist eine im Unterbewusstsein des Menschen tief eingeprägte Erscheinung. Ein Modellbahnzug, der die Kurvenneigung nicht vorbildtreu nachvollzieht, würde dem Auge des Betrachters ein Kippen nach der Bogenaußenseite hin suggerieren und ergäbe ein sehr negatives Bild.
Sind die Trassenauflagen eingezeichnet, gilt es anschließend die Konturen für

Abbildung oben:
Für die Kurvenüberhöhung richtig vorbereiteter Spant.

Abbildung Mitte:
Zur Trassenauflage eingezogene Hilfsspanten.

Beide Abbildungen links unten:
Spantengerüst über dem Schattenbahnhof.

Anlagenbereich liegenden Gleisbögen werden die Trassenauflagen – dem Kreismittelpunkt zu – etwa im Winkel von 3° abgeschrägt, um eine merkliche Kurvenüberhöhung zu erzielen. Bei doppelgleisigen Bögen sind die Überhöhungen so zu gestalten, dass die Längsachsen beider Gleise gleich hoch aufliegen und lediglich die Bettungen geneigt sind.

In diesem Zusammenhang sei erwähnt, dass, im Gegensatz zur Großtechnik, bei der Modelleisenbahn während der Kurvenfahrt nie so hohe Fliehkräfte auftreten, dass eine Gleisbogenerhöhung aus Gründen der Betriebssicherheit erforderlich wäre. Dennoch kann man bei einer anspruchsvolleren Anlage auf die Gleisüberhöhung in den Kurven innerhalb der sichtbaren Anlagenbereiche nicht verzichten. Die Kurvenneigung

Abbildung Seite 54 oben:
Spantengerüst einer komplizierten Großanlage.

Beide Abbildungen Seite 54 Mitte:
Aufzeichnen eines Hauptspants.

Abbildung Seite 54 unten:
Der nach dem Zuschnitt zur Probe aufgestellte Spant.

den Zuschnitt der Geländeform anzureißen. Wer die Anlage selbst entworfen hat, dem wird es jetzt auch nicht schwer fallen, sich die Geländetopographie räumlich vorzustellen. Da, wie bereits erwähnt, das Spantengerüst gleichzeitig auch die Rohform zur Befestigung des Trägergewebes für die Geländemodellierung bildet, muss man das Aufzeichnen der Schnittlinien sorgfältig überlegt angehen.

Die längslaufenden Hilfsspanten muss man allerdings nicht von Anfang an mit einplanen. Sie lassen sich auch noch nachträglich in das Spantengerüst dort einpassen, wo die Trassen aus Gründen ausreichender Verwindungsstabilität zusätzlicher Auflagen bedürfen.

Auch erfordert die Statik der Geländeform oft das Einziehen zusätzlicher Hilfsspanten.
Und nicht zuletzt dienen spezielle Hilfsspanten auch zum Befestigen der aus dem gleichen Sperrholz zugeschnittenen Außenverkleidungen.

Beim Aufpausen der Eisenbahntrassen wird man jedoch nicht nur die Konturen der Schnittlinien auf die zum Zuschnitt vorgesehenen Sperrholzplatten übertragen; genauso wichtig sind die für die spätere Gleisverlegung unverzichtbaren Bezugslinien und selbstverständlich an den geneigten Abschnitten auch die bereits beschriebenen Zehnermarkierungen mit den zugeordneten Höhenangaben. Umso leichter gelingt die exakte Kontrolle der Unterstützungshöhen im Zuge der späteren Montage.

Auch für die Trassen der Straßen und Wege wird man 8 mm starkes Sperrholz wählen, um ausreichende Verzugssicherheit sicherzustellen. Außerdem ist es manchmal unumgänglich, an den Kanten der Bahn- und Straßentrassen das für den Geländebau erforderliche Trägergewebe mit Klammern zu befestigen. Bei schwächer ausgebildeten Sperrholztrassen wäre dies nicht möglich.

Das Aufpausen der Bahn- und Straßentrassen

Zum Herstellen der gleistragenden Eisenbahntrassen empfiehlt sich ebenfalls Sperrholz der beschriebenen Art, jedoch der besseren Biegsamkeit in den Ausrundungen wegen nur 8 mm stark. Dünneres Sperrholz hingegen wäre unabhängig vom gewählten Nachbildungsmaßstab zu wenig verwindungsstabil. Hartspanplatten sind für den Trassenbau ungeeignet. Die Sperrholzplatten für den Trassenbau, die in der Regel in Längen von 2,50 m lieferbar sind, bezieht man in möglichst großen Abmessungen, um beim Zuschnitt so wenig wie möglich ansetzen zu müssen.

Zum Aufpausen der Trassen wird einfach Kohle- oder Graphitpapier unter die Werkpause gelegt und die Konturen mit Hilfe eines Kugelschreibers durchgedrückt. Da sich die Trassen bei mehrstöckigen Anlagen oft überkreuzen, ist es nur in den seltensten Fällen möglich, eine Trasse über das ganze Element hinweg aus einem Stück zu fertigen. Man wird aber mit Hilfe des hier beschriebenen Übertragungsverfahrens die zur Verfügung stehenden Sperrholzplatten optimal ausnützen können. Durch Unterleimen ist das Zusammenfügen der Trassenteile kein Problem. Allerdings muss man die Ansätze in die Werkpause einzeichnen, damit exakte Passgenauigkeit gewährleistet ist.

Abbildung oben:
Der Spantenaufbau einer Schauanlage.

Beide Abbildungen Mitte:
Endkontrollen mit Zollstock und Setzleiste.

Tipps zum Zusammenbau des Spantengerüstes

Wenn alle Spanten und Trassen in der beschriebenen Weise aufgezeichnet wurden, wird man mit dem Zuschnitt beginnen. Man benutzt hierzu eine leistungsfähige Stichsäge in Verbindung mit feingezahnten und speziell für den Bogenschnitt ausgewiesenen Sägeblättern.

Es ist empfehlenswert, aber nicht unbedingt erforderlich, alle zugeschnittenen Spanten sowie die Unterseiten der Trassenteile vor der Montage mit einem Schleifgrund auf Nitrozellulosebasis satt tränkend zu grundieren, um eventuellen Verzugserscheinungen durch eindringende Feuchtigkeit während der Bauphase vorzubeugen. Spezielle Holzschutzmittel mit fungiziden oder insektiziden Wirkstoffen sowie Grundiermittel auf wässriger oder öliger Grundlage (z. B. heißes Leinöl) dürfen grundsätzlich nicht benutzt werden, da sie die Haftung der beim Zusammenbau verwendeten Kleber beeinträchtigen können. Flächen, auf die später Neoprenkleber und Spachtelmassen auf Nitrozellulosebasis aufgetragen werden, darf man überhaupt nicht grundieren. Die in diesen Werkstoffen enthaltenen Lösemittel würden die Grundierung anlösen und die weitere Bearbeitung erheblich erschweren. Dies gilt vor allem für die Oberseiten der Bahn- und Straßentrassen.

So vorbereitet, gibt es dann beim konstruktiven Aufbau des Spantengerüstes keinerlei Probleme. Zuerst werden die nummerierten Spanten auf die jeweils zugeordneten Längsträger des Basisrahmens unter Verwendung von Holzleim (z. B. UHU-coll) geleimt und an den zuvor vertikal angeschlagenen Leisten zusätzlich verschraubt – siehe Abbildungen Seite 54. Wenn alle Spanten sitzen, werden anschließend die vorbereiteten Trassen eingeleimt, wobei an jeder Auflage nochmals zu überprüfen ist, ob die Höhe mit den Maßangaben in der Werkpause auf den Millimeter genau übereinstimmt. Diese Arbeit gilt es besonders gewissenhaft auszuführen, da schon geringe Differenzen die späteren Laufeigenschaften der Züge erheblich beeinträchtigen können. So ist es immer wieder erforderlich, die Flucht der Trassenlagen über mehrere Spanten hinweg unter Verwendung einer Setzlatte nachzukontrollieren, bevor man einleimt.

Im Interesse einer optimalen Laufruhe der Züge sollte man beim Nivellieren der Trassen nicht die geringste Toleranz dulden. In dieser Hinsicht ist das zum Rahmenbau verwendete Abachi-Holz jeder anderen Holzart überlegen. Dennoch kann es vorkommen, dass die Rahmenteile in der Mitte etwas „durchhängen", ein Mangel, der hauptsächlich bei aus Nadelhölzern hergestellten Rahmenelementen auftritt und in der Regel erst dann entdeckt wird, wenn die Spanten sitzen und man die Trassenauflagen mit Hilfe der Alu-Setzlatte nachprüft. Meist handelt es sich dabei um 1 bis 2 mm, die man durch Unterleimen von Pappstreifen leicht ausgleichen kann. Da die Rahmenhölzer zu diesem Zeitpunkt schon weitgehend ausgetrocknet und dem Raumklima angepasst sind, ist mit weiteren Verzugserscheinungen nicht zu rechnen. Man kann aber auch hier vorbeugen, indem man, wo immer möglich, schon während der Spantenmontage durch Einsatz von Schraubzwingen für bestmögliche Klebeverbindungen zu den spantentragenden Querleisten sorgt.

Es ist jedoch nicht in allen Fällen sinnvoll, die vorbeschriebene Reihenfolge einzuhalten. Bei größeren Anlagen mit mehreren Ebenen ist es der ausreichenden Zugänglichkeit wegen oft erforderlich, dass man beispielsweise die Gleise in der unteren Etage fix und fertig verlegt, bevor man die Trassen der oberen Ebenen einleimt. Oder, wenn bei einer H0-Anlage realistischer Autoverkehr vorgesehen ist (z. B. FALLER-Autobahn), gelingt die Arbeit leichter und besser, wenn man die für die Aufnahme des Leitdrahtes erforderliche V-Nut schon auf der Werkbank einfräst, bevor man die Fahrbahnteile in die Konstruktion einfügt.

Abschließend gilt es noch, die angepassten Längs- und Seitenteile rahmenbündig anzuschlagen. Die so entstandene, solide Handwerksarbeit ist nicht nur im Rohbaustadium eine Augenweide, sondern sie bildet das sichere Fundament für einen fachgerechten Bahnkörperbau, der einen störungsfreien und eleganten Zugbetrieb über alle Ebenen hinweg auf lange Zeit sicherstellt.

Abbildung oben:
Das Einfräsen der V-Nut für den Leitdraht in die Fahrbahntrasse der FALLER-Car-System-Autobahn muss vor der Montage erfolgen.

Tipps zur Bahnkörpergestaltung

Neben den Bahnhöfen sind die Bahnkörper die wichtigsten Stilelemente einer nach dem Naturvorbild gestalteten Modelleisenbahnanlage. Der Gesamteindruck des vollendeten Werkes hängt also in hohem Maße davon ab, inwieweit es dem Gestalter gelingt, die speziellen Wesensmerkmale der einzelnen Bahnkörper in die Perspektive seines Landschaftsmodells zu übertragen. Für den Modellbauer ist es daher unumgänglich, dass er sich, möglichst schon bevor er mit der Planung beginnt, über die wichtigsten Gegebenheiten, die beim Bahnkörperaufbau des Vorbildes relevant sind, ausreichend informiert.

Abbildung oben:
Detail eines im Bogen geführten Bahnkörpers an der Schwarzwaldbahn bei Hornberg. Die bogenabhängige Querneigung der Trasse ist am Schlusswagen des bergwärts fahrenden Zuges deutlich zu erkennen.

Der Bahnkörperaufbau des Vorbildes kurz umrissen

Als „Bahnkörper" bezeichnet der Fachmann die Eisenbahntrasse mit allen ihren komplexen technischen und baulichen Einrichtungen. Den Bahnkörper unterteilt er in den „Unterbau" und den „Oberbau".

Zunächst aber unterscheidet man zwischen drei „Bahnkörperformen": dem „Damm", dem „Anschnitt" und dem „Einschnitt" – siehe Schemazeichnung Seite 60. Als Sonderformen gelten Tunnel und Brücken, die der Fachmann als „Kunstbauten" bezeichnet.

Die Eisenbahnschienen, die für die Spurführung der Fahrzeuge verantwortlich sind, müssen gleichzeitig das hohe Gewicht der darüberrollenden Züge aufnehmen. Damit sie diese Last möglichst gleichmäßig auf den Untergrund übertragen können, sind sie an quer untergelegten Schwellen aus Holz, Beton oder Stahl befestigt. Um die Lastverteilung dauerhaft zu gewährleisten, liegen die Schwellen in einer Schotterbettung, die gleichzeitig ein Wandern des Gleiskörpers, hervorgerufen durch die beim Fahrbetrieb auftretenden Anfahr-, Brems- und Fliehkräfte, wirksam verhindert. Die Schotterbettung selbst besteht aus wetterfestem Gestein, wie beispielsweise aus Basalt, Granit oder Porphyr. Sie ist durchschnittlich 30 cm hoch und sorgt außerdem auch dafür, dass die Schwellen trocken liegen. Unter dem Schotterbett befindet sich meist noch eine Schicht aus feinem Sand, die der schnellen Regenwasserversickerung dient und ferner das Aufsteigen von Feuchtigkeit aus dem Erdreich in die Schotterschicht verhindert. Auf diese

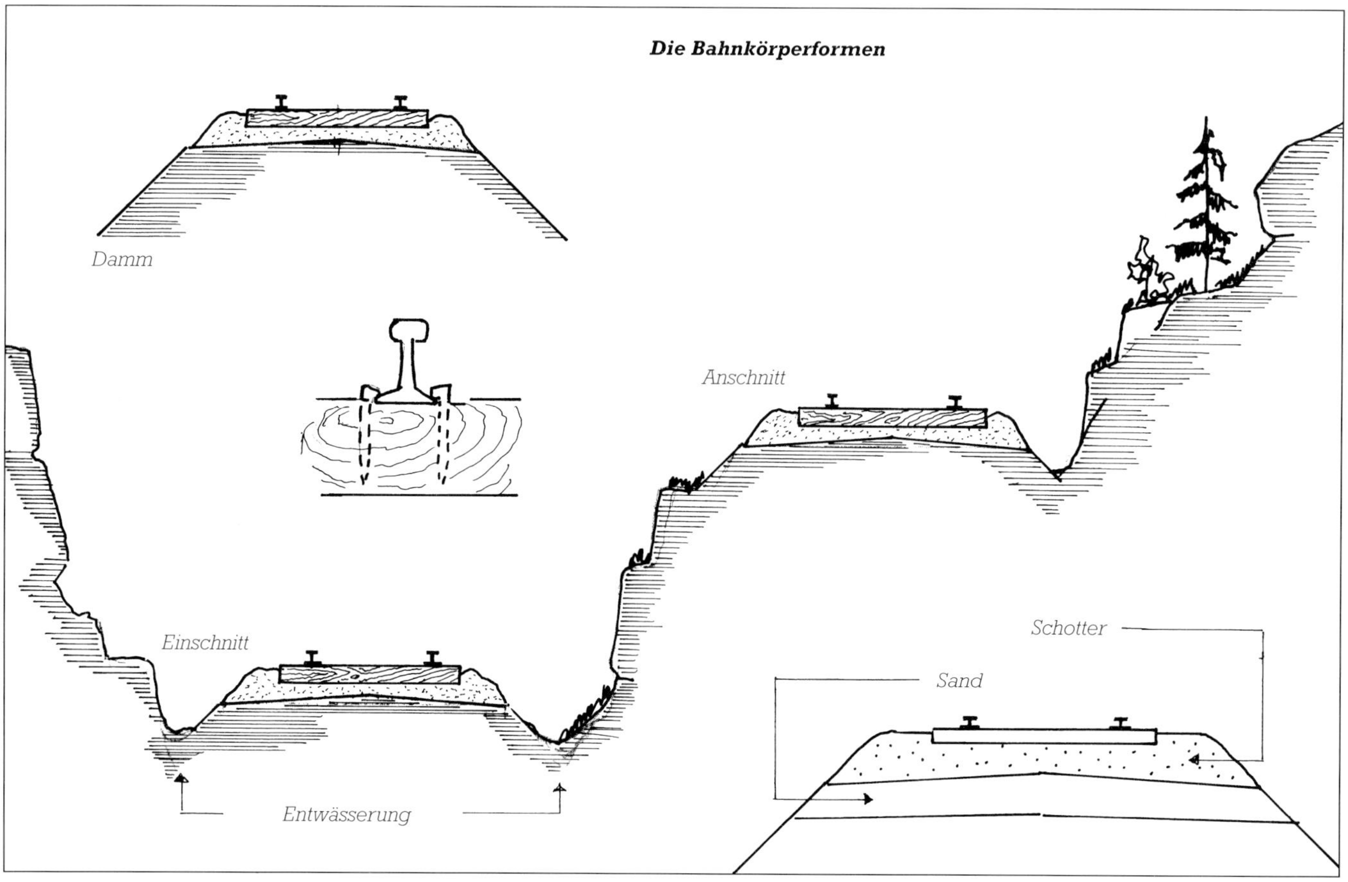

Weise wird gleichzeitig der Bildung einer anwuchsfördernden Humusschicht entgegenwirkt.

Schienen, Schwellen und die dazugehörenden Befestigungsmittel wie Schienennägel, Schrauben und Klammern bilden den „Gleiskörper". Gleiskörper, Schotterbettung und die darunterliegende Sandschutzschicht bilden den „Oberbau" des Bahnkörpers.

Der Unterbau besteht aus dem planierten Erdkörper und den Kunstbauten. Da im Gegensatz zu Straßentrassen die Eisenbahngleise nur bedingt den topografischen Geländeunebenheiten folgen können, dient der Unterbau also in erster Linie dem Geländeausgleich.

Der Oberbau liegt auf der „Unterbaukrone", dem so genannten Planum. Aufgeschüttete Unterbaukonstruktionen sind – der Schmelz- und Regenwasserableitung wegen – im Winkel von 45° dachförmig geneigt. Steilere Böschungen sind stets, sofern sie nicht aus wetterfestem Naturgestein bestehen, durch massives Mauerwerk oder brückenähnliche Betonkonstruktionen gesichert. Offene oder verdolte Gräben, die meist beidseitig an den Bahnkörpern entlangführen, sorgen für einen unbehinderten Regenwasserabfluss und beugen möglichen Unterspülungen vor.

Mit zum Unterbau zählen auch Stützmauern, Lawinenüberbauungen und alle für den Eisenbahnbetrieb erforderlichen technischen Einrichtungen, wie Schranken, Signale, Seilspannwerke, Absperrgeländer und die Masten der elektrischen Fahrleitung (Oberleitung).

Allgemeine Bahnkörpergestaltung

Beim Nachvollzug im Modell sollte man danach trachten, die Bahnkörper möglichst schlank zu gestalten, denn, verglichen mit dem Vorbild, wirken sie unter den beengten Verhältnissen auf der Anlage ohnehin zu massig. So wird man beispielsweise bei eingleisiger Streckenführung die Unterbaukrone nur so breit gestalten, dass die Böschungen von Unterbau und Schotterbettung stets in einer Flucht liegen. Nur der Anfänger neigt manchmal dazu, das Planum so weit zu verbreitern, damit er gleichzeitig auch die Fahrleitungsmasten am Trassenbett befestigen kann. Diese sicherlich einfachere Technik entspricht jedoch nicht der Wirklichkeit. Auch beim Vorbild stehen die Masten nur in seltenen Ausnahmefällen auf dem Planum. Vielmehr sind die Fundamente der Fahrleitungsmasten in die Böschungen eingelassen. Nur so kann der bei der Deutschen Bahn zwischen Mast und Gleismittelachse vorgeschriebene Abstand von 3,50 m eingehalten werden. Auf den Nachbildungsmaßstab im Modell bezogen, dürfte dieses Abstandsverhältnis, der kleineren Radien wegen und dem damit verbundenenen weiteren Ausladen der Fahrzeuge bei der Kurvenfahrt, noch zu gering sein. Umso mehr stellt sich die Forderung, auch im Modell die Fundamente der Streckenmasten in die Böschungsbereiche zu verlegen. Der damit verbundene höhere Arbeitsaufwand zahlt sich jedoch in einer erheblich verbesserten Optik des Bahnkörpers aus.
Vor allem beim Gestalten der doppelgleisig geführten Hauptstrecken kommt es darauf an, die Bahnkörper möglichst schlank auszubilden. In Anbetracht der im Verhältnis zum Vorbild wesentlich kleineren Gleisbögen können allerdings die engen Parallelgleisabstände der Großtechnik nicht maßstabgetreu übernommen werden, da die erforderlichen Sicherheitsabstände zwischen den sich in den Kurven begegnenden Zügen nicht gegeben wären. Wenn man sich

hierbei aber an die an anderer Stelle bereits gegebene Empfehlung hält, die Gleisbogenradien innerhalb der sichtbaren Anlagenbereiche so groß wie möglich zu wählen, dann wird man der besseren Optik wegen auch dort die Strecken außerhalb der Bahnhöfe mit engeren, von der systembezogenen Gleisgeometrie des Herstellers abweichenden Parallelgleisabständen ausführen können.

Dessen ungeachtet muss man jedoch bei der Nachbildung angeschütteter Bahnkörper die Böschungen im Winkel von 45° den allgemeinen Vorschriften entsprechend ausbilden. Wo der Platz hierfür nicht ausreicht, sind Stützmauern oder Betonkonstruktionen vorzusehen. Zu steil ausgebildete Bahnkörperböschungen wirken unnatürlich und beeinträchtigen das Gesamtbild einer Anlage erheblich.

Grafik Seite 60 oben:
Grafische Darstellung der drei Bahnkörperformen Damm, Einschnitt und Anschnitt. Gleichzeitig zeigt das Schaubild die klassische Schienenbefestigung im Querschnitt unter Verwendung von Schienennägeln sowie eine Querschnittskizze vom Bahnkörperaufbau.

Abbildung oben:
Bahnkörper der westlichen Ausfahrt des Bahnhofs Triberg an der Schwarzwaldbahn vor der Modernisierung. Mit dem alten Hebelstellwerk sind auch die schönen Formsignale verschwunden. Die Aufnahme stammt aus dem Jahre 1982.

Abbildung links:
Bahnkörper im Bereich der „Geislinger Steige". Man beachte die in unterschiedlichem Niveau liegenden Gleise. Auch das talseitig angeordnete Lichtsignal hat sein Fundament in der Böschung verankert, da auf dem sehr schmal gehaltenen Planum der Platz nicht ausreichte. Die bergseitig schroff ansteigenden Felswände aus Kalkstein sind vielerorts durch Mauerwerk und Betonübergüsse gegen Abbrüche gesichert.

Die Verwendung der Lichtraumprofilschablone bei der Bahnkörpergestaltung

In der Fachsprache des Eisenbahners versteht man unter dem Begriff „Lichtraumprofil" den festgelegten Bahnkörperumriss, wie er für den gefahrlosen Verkehr mit Schienenfahrzeugen freigehalten werden muss. Dieser Raum darf weder verbaut werden noch dürfen irgendwelche Gegenstände hineinragen.

Wie beim großen Vorbild hat man auch für das Modelleisenbahnwesen Lichtraumprofile ausgearbeitet. Sie sind auf die üblichen Nachbildungsmaßstäbe (Nenngrößen) bezogen und in den Normen Europäischer Modelleisenbahnen (NEM) festgelegt. Wird beim Bahnkörperbau der Raum entsprechend der in der Tabelle aufgeführten Umgrenzungsmaße konsequent freigehalten, können die Züge allerorten auf der fertig gestellten Anlage unbehindert verkehren. Da sich sowohl die Hersteller von Fahrzeugmodellen als auch die Zubehörhersteller an die in den Normen festgelegten Maße halten, hat man bei Beachtung der Lichtraumprofile also die Gewissheit, dass auf der fertig gestellten Anlage weder die Trittbretter der

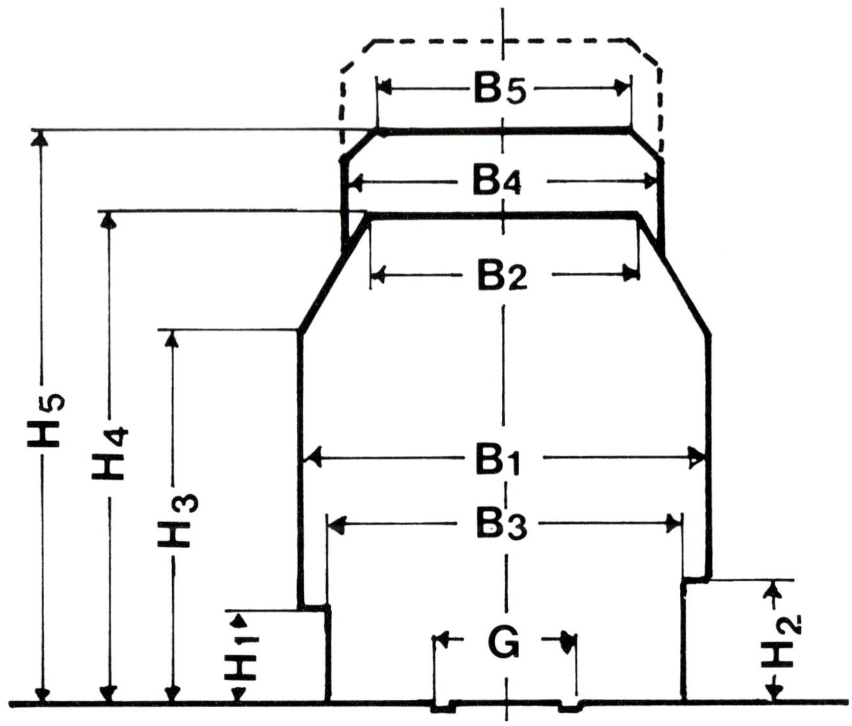

Lichtraumprofil für Vollspurbahnen

Maßtabelle zur Skizze Lichtraumprofil für Vollspurbahn

Nenngröße	G	B_1	B_2	B_3	H_1	H_2	H_3	H_4	bei Fahrleistungsbetrieb		
									B_4	B_5	H_5
Z	6,5	20	14	18	4	6	18	24	16	13	27
N	9,0	27	18	25	6	8	25	33	22	18	37
TT	12,0	36	24	32	8	10	33	43	28	22	48
HO	16,5	48	32	42	11	14	45	59	38	30	65
S	22,5	66	44	57	15	19	60	78	50	38	87
O	32,0	94	63	82	21	27	85	109	68	52	120
I	45,0	130	87	114	30	38	118	150	93	71	165

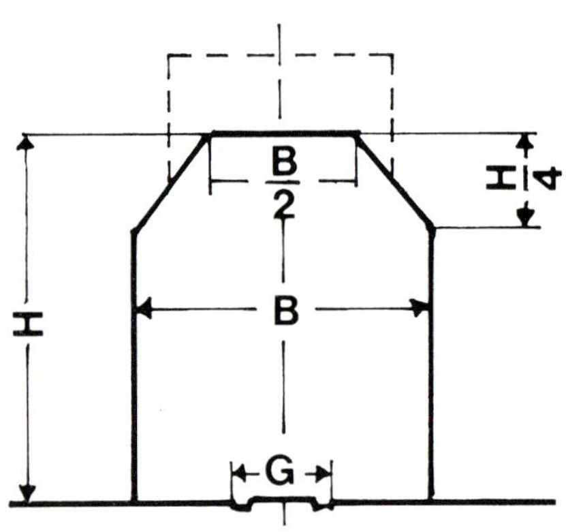

Lichtraumprofil bei Schmalspurbahnen

Maßtabelle zur Skizze Lichtraumprofil für Schmalspurbahnen

Nenngröße	Maßstab	Spur	Höhe	Breite
Nm	1:160	6,5	26	22
TTe	1:120	6,5	32	26
TTm	1:120	9,0	34	28
H0e	1: 87	9,0	36	36
H0m	1: 87	12,0	48	38
0m	1: 45	22,5	90	74
IIm	1: 22,5	45,0	178	146

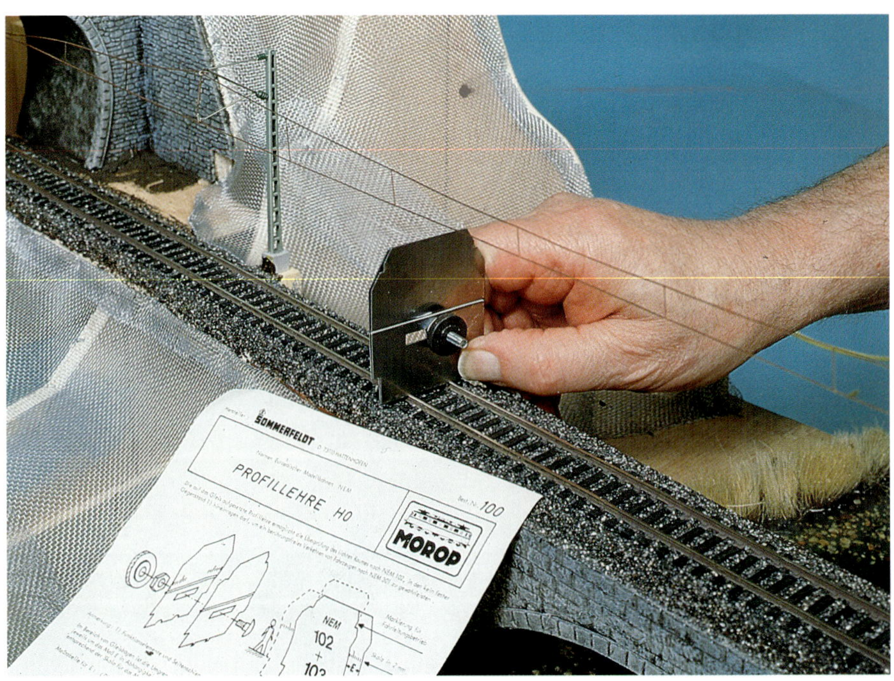

Modellbahnwagen an den Bahnsteigkanten streifen, noch sich die Dachstromabnehmer der Elektrolokomotiven an den Gewölbebögen der Tunneleingänge verhaken.

Am besten fertigt man sich nach den hier dargestellten Skizzen eine Schablone aus Aluminium oder Karton, die man als Lehre beim Bahnkörperaufbau benutzt, wie beispielsweise beim Aufstellen von Signalen oder Fahrleitungsmasten. Speziell für die Nenngröße H0 gibt es auch die hier abgebildete Profillehre, die auf den Gleiskörper aufgesetzt wird. Die seitlichen Profilbegrenzungen sind verstellbar, so dass auch die Lichtraumprofile in den Gleisbögen – und in Abhängigkeit der unterschiedlichen Radien – leicht kontrolliert werden können. Hersteller der H0-Bahnkörper-Profillehre: Sommerfeldt, D-73110 Hattenhofen.

Erläuterungen zu den Abkürzungen in der Skizze und der Tabelle zum Bahnkörper-Lichtraumprofil für Vollspurbahnen:

B 1 = Äußerste Breite des Lichtraumprofils

B 2 = Obere Breite in Dachhöhe

B 3 = Reduzierte Breite für Rampen und Bahnsteige

B 4 = Erweiterte Breite für Fahrzeuge mit Dachstromabnehmer

B 5 = Obere, für die Fahrstromabnahme reduzierte Bügelbreite

H 1 = Lichte Höhe über Schienenoberkante für Bahnsteige

H 2 = Lichte Höhe über Schienenoberkante für Laderampen

H 3 = Lichte Höhe über B 1

H 4 = Lichte Höhe für Schienenfahrzeuge ohne Dachstromabnehmer

H 5 = Lichte Raumbegrenzung bei tiefster Fahrdrahtlage

G = Spurweite

Alle Maßangaben in Millimeter!

Tipps zum Verlegen der Modellgleise

Die nachfolgend gegebenen Empfehlungen für das Verlegen von Modellbahngleisen basieren auf der Annahme, dass eine entsprechend vorbereitete Trasse vorliegt und die Linien der Gleislängsachsen vor dem Zuschnitt der Trassenteile mit aufgepaust wurden. Erfolgt das Verlegen der Gleisteile in der Weise, dass sich allerorts die Schwellenmitten mit diesen Bezugslinien decken, ergibt sich automatisch ein Gleisbild, das exakt mit der im Gleisplan vorgegebenen Geometrie übereinstimmt.

Im Hinblick auf die Verlegetechnik muss man zunächst unterscheiden zwischen Modellbahngleisen, die herstellerseits als komplette Oberbauteile mit angeformten Schotterbettungen angeboten werden, und solchen, die lediglich aus den Gleiskörpern bestehen.

Abbildung Seite 62 unten:
Anwendung der von Sommerfeldt entwickelten H0-Lichtraumprofillehre aus Metall. Sie wird einfach auf die Schienen des Modellgleises aufgesetzt. Die seitlichen Profilbegrenzungen sind verstellbar, so dass auch die Lichtraumprofile in den Gleisbögen leicht kontrolliert werden können.

Abbildung oben:
Vorbildlich gestalteter Bahnkörper in Form eines Anschnittes. Gegen die Bergseite hin ist die Trasse durch eine massive Bruchsteinmauer und Steinschlagwehren gesichert. Bei dem mitabgebildeten Modellbahnzug handelt es sich um die Museumsversion des legendären Orientexpress mit vorgespannter Oldtimer-Elektrolokomotive, Serie 5500, der SCNF.
Ausschnitt aus einer H0-Großanlage.

Allgemeine Tipps zum Verlegen von Modellgleisen mit angeformten Schotterbettungen

Naturgemäß erfordern die Gleisteile mit angeformten Schotterbettungen einen erheblich geringen Arbeitsaufwand beim Verlegen, da man sich um die Schotterbettgestaltung nicht zu kümmern braucht. Die eigentliche Verlegearbeit beschränkt sich auf das fachgerechte Zusammenstecken der vorgefertigten Gleisteile, das Ausrichten nach der aufgepausten Bezugslinie und das Befestigen auf dem Planum der entsprechend vorbereiteten Unterbaukonstruktion. Die Geometrie der Verlegebezugslinien muss allerdings genau stimmen, denn bei den meisten kompletten Oberbauteilen der Gleissysteme mit angeformten Schotterbettungen handelt es sich um starre Formstücke in vorgegebenen Standardlängen. Korrekturen durch Ablängen der Gleisteile sind also hier nicht möglich. Zwangsläufig sind ferner auch die Gleisbogenradien standardisiert. Nur bei wenigen Fabrikaten finden sich auch flexible Gleisteile im Angebot, die neben den vorgegebenen Radien auch die freizügige Gestaltung von Gleisbögen ermöglichen. Durch die beim Biegen von flexiblen Gleisteilen mit angeformten Schotterbettungen zwangsläufig auftretenden Maßveränderungen, gelingt das Einpassen in die bestehende Gleisgeometrie nicht immer optisch befriedigend.

Im Allgemeinen passen die Formteile der vorgefertigten Oberbauteile gut zusammen, und die Gleisbettungen wirken, je nach System und Fabrikat, mitunter recht realistisch. Inwieweit jedoch die seriengefertigten, uniformen Schotterbettungen im Vergleich mit den individuell in Farben und Formen selbst gestalteten Oberbauteilen den persönlichen Ansprüchen genügen, muss dem Urteil des Einzelnen überlassen bleiben.

Die vorgefertigten Formteile starrer Gleissysteme werden vorteilhafterweise den Herstellerempfehlungen entsprechend auf die Trasse geklebt, genagelt oder aufgeschraubt. Man verwendet hierbei möglichst auch die vom Hersteller empfohlenen Befestigungsmittel, die auf die speziellen Erfordernisse des betreffenden Systems abgestimmt sind. Hat man die Wahl, sollte man Schrauben bevorzugen. Ob man nun Schrauben oder Gleisnägel verwendet, es empfiehlt sich aber immer, etwas wasserfreien Kontaktkleber vor dem Einbringen an die Nagel- oder Schraubenspitze zu geben, um zu verhindern, dass sich mit der Zeit die Befestigungsmittel durch die beim Fahrbetrieb auftretenden Vibrationen wieder lösen.

Allgemeine Tipps zum Verlegen von Modellgleisen ohne angeformte Schotterbettungen

Beim Verlegen von Modellbahngleisen ohne angeformte Schotterbettungen obliegt es dem Gestalter, die Gleisbettung selbst herzustellen. Nicht nur im Hinblick auf eine äußerlich möglichst vorbildnahe Optik gilt es hier, die Arbeit besonders gewissenhaft auszuführen. Auch in technischer Hinsicht kommt es sehr darauf an, dass durch präzise, millimetergenaue Verlegearbeit, und vor allem auch unter Verwendung der geeigneten Werkstoffe, ein Bahnkörper entsteht, der einen einwandfreien Lauf der schienengeführten Fahrzeuge sicherstellt.

Zwar gibt es auch für Modellbahngleise ohne angeformte Schotterbettungen vorgefertigte Schotterbett-Imitationen aus geschäumten Kunststoffen oder plastoelastischen Werkstoffen, auf die aber hier nicht näher eingegangen werden soll. Vielmehr sollte man als Basis für die Schotterbettung nur ausreichend feste Materialien wählen, in die sich der Gleiskörper nicht eindrücken kann. Nur eine solche Unterlage bietet die Gewähr für absolute Verwindungsstabilität, so wie sie im Interesse optimaler Zuglaufeigenschaften gefordert wird.

Abbildung oben:
Detail eine H0-Anlage im Rohbau mit bereits verlegtem Schattenbahnhof in der unteren Ebene. Die 8 mm dicke Sperrholzplatte zur Aufnahme der Bahnhofsgleise ist bereits aufgelegt, die Verlegebezugslinien sind aufgepaust und die Drehscheibe ist eingesetzt.

Abbildung oben:
Bevor man mit dem Verlegen der Modellgleise beginnt, gilt es zunächst noch einmal zu überprüfen, ob die aufgezeichneten Parallelgleisabstände mit dem gleisabhängigen Zubehör millimetergenau übereinstimmt. So empfiehlt es sich beispielsweise bei den hier gezeigten Teilen eines Dampfbetriebswerks eine Probeaufstellung vorzunehmen. Sie dient nicht nur der optischen Kontrolle; oft müssen noch an den Korkbettungen Korrekturen vorgenommen werden, die in diesem Stadium noch relativ leicht durchzuführen sind.

Abbildungen rechts:
Die beiden Aufnahmen demonstrieren den Einbau eines zweigleisigen Bahnübergangs mit automatischer Schranke. Zur korrekten Böschungsauflage sind die Korkbettungen entsprechend auszusparen. Und der Zugfaden für die Schrankenmechanik wird mit Hilfe eines Trinkhalmes unter der Bettung hindurchgeführt.

Verlegen der Korkbettungen

Die klassische Basis für die professionelle Schotterbettgestaltung bilden entsprechend zugeschnittene Streifen aus Naturkork. Ungeachtet ihrer guten Flexibilität sind sie ausreichend druckfest und verfügen außerdem unter bestimmten Voraussetzungen auch über sehr gute schalldämmende Eigenschaften.

Im Fachhandel gibt es vorgefertigte Korkgleisbettungen (z. B. unter den Marken FALLER und HEKI) für alle Nenngrößen und Spurweiten von H0 bis Z. Hierbei handelt es sich um 2 bis 4 mm hohe, flexible Korkstreifen, die an einer Seite im Winkel von 45° abgeschrägt sind. Jeweils zwei, mit ihren 90°-Kanten aneinandergefügt, ergeben also die Rohform einer Gleisbettung mit abgeschrägten Böschungen zur Aufnahme des Gleiskörpers.

Hinweis: Für Modellgleise größerer Bahnen kann man sich mit H0-Korkgleisbettstreifen helfen, die man zunächst zur Ausbildung der seitlichen Böschungen benutzt und anschließend die Zwischenräume mit Zuschnitten aus 4-mm-Naturkorkplatten (HEKI) ausfüllt.

Zur Verklebung der Korkbettstreifen auf die entsprechend vorbereiteten Trassen wird vorzugsweise wasserfreier Kontaktkleber auf Neopren-Basis (z. B. UHU-Kraft-Alleskleber) empfohlen. Dieses Material wird unverdünnt mit einer feinen Zahnspachtel auf beide Klebeflächen gleichmäßig dünn aufgetragen, also auf die Trasse und auf die zu verklebende Korkstreifenseite. Nach kurzem Ablüften, das je nach Raumtemperatur 5 bis 10 Minuten in Anspruch nimmt, wird zunächst der eine Korkstreifen, mit seiner 90°-Kante exakt an der aufgezeichneten Verlegebezugslinie entlangführend, auf die Trasse geklebt. Nach nochmaligem Anpressen mit Hilfe einer Hartgummiwalze (Nahtroller) hat die Verklebung ihre Endfestigkeit erreicht, so dass sich der Korkstreifen auch in sehr engen Kurven nicht mehr zurück stellen kann. Danach wird der zweite Korkstreifen in gleicher Weise spiegelbildlich dagegengeklebt, siehe Seite 69.

Vorsicht: Bei Verwendung von Neoprenklebern in Innenräumen ist für gute Durchlüftung zu sorgen (Verpuffungsgefahr). Bei der Bearbeitung von größeren Flächen ist das Tragen von Atemschutzmasken empfehlenswert. Am Verarbeitungsort offen gelagerte Lebensmittel können verderben.

Bei Gleisverzweigungen werden zuerst die Korkstreifen verlegt, die die äußeren Böschungen bilden. Erst danach werden die inneren Böschungen geklebt. Die für die Spreizungen der Verzweigungen erforderlichen Füllstücke werden mit einem scharfen Bastelmesser zugeschnitten und eingepasst.

Grundsätzlich empfiehlt es sich, auch bei größeren Anlagen sämtliche Gleise

Abbildung oben:
Kleberauftrag mit der Zahnspachtel auf den zu verklebenden Untergrund.

Abbildung Mitte links:
Kleberauftrag mit der Zahnspachtel auf die Rückseiten der Korkgleisbettungen.

Abbildung Mitte rechs:
Kleberauftrag entlang der Verlegebezugslinien im Schattenbahnhof.

auf Kork zu legen, also auch diejenigen, die später im Untergurnd verborgen liegen. Nur unter dieser Voraussetzung wird man gleiche Zuglaufeigenschaften und vor allem aber eine angenehm erträgliche und gleichmäßige Fahrgeräuschentwicklung über die gesamte Anlage hinweg erzielen.

Bei den im späteren Sichtbereich der Anlage gelegenen Korkgleisbettungen wird man letztlich noch die produktionstechnisch bedingt scharf ausgebildeten Böschungskanten mit Flintpapier der Körnung 80 überschleifen. Die auf diese Weise etwas ausgerundeten Böschungskanten wirken nicht nur natürlicher, sie lassen sich später auch leichter überschottern.

Man hat die Wahl, Gleisbettungen aus hellem Naturkork oder solche aus hochflexiblem modifiziertem, dunkel gefärbtem und meist auch etwas teurerem Korkwerkstoff zu verwenden. Während die preisgünstigeren hellen Naturkorkgleisbettungen meist dort zur Anwendung kommen, wo die Gleise nachträglich schwellenoberkantenbündig eingeschottert werden, imitieren die

Abbildung oben:
Gegenpressen des inneren Korkstreifens an den äußeren. In diesem speziellen Fall wird der Schattenbahnhof in der unteren Ebene schon installiert, bevor das Spantengerüst entsteht.

dunkelmelierten, modifizierten Korkbettungen die Oberflächencharakteristik eines geschotterten Bahnkörpers so gut, dass man bei geringen Ansprüchen, wie zum Beispiel bei N- oder Z-Gleisen, auf ein nachträgliches Beschottern verzichten kann.

Im Prinzip hat man nun mit den wie beschrieben verlegten Korkgleisbettungen die ideale Basis für eine korrekte Gleisverlegung geschaffen, zumal die Verlegebezugslinien in Form der noch hinreichend gut erkennbaren Korkbettungsfugen erhalten geblieben sind. Wenn eine spätere schwellenoberkantenbündige Einschotterung vorgesehen ist, muss man schon vor dem Verlegen der Modellgleise zumindest die Flächen farblich entsprechend vorbehandeln, die, um Verklebungen zu vermeiden, von der Einschotterung auszunehmen sind, wie beispielsweise die Bewegungsbereiche der Weichenzungen. Ein nachträglicher Farbausgleich ist an diesen Stellen kaum möglich. Es ist außerdem empfehlenswert, alle Korkbettungen im sichtbaren Anlagenbereich, die nach dem Verlegen der Gleise überschottert werden sollen, schon vor dem Verlegen mit Dispersionsfarbe im Grundton der gewählten Gesteinsmischung vorzustreichen. Da die Einbettung des Naturschotters oftmals den Untergrund noch etwas durchscheinen lässt, gelingt vor allem bei der Verwendung von hellen Schottersorten die Arbeit leichter, wenn die Bettung bereits ähnlich gefärbt ist.

Wenn eine dunkle Beschotterung vorgesehen ist, kann man auch die gesamten Korkbettungen unter Verwendung von besonders feinen Korkschotter vorschottern, indem man nach erfolgter Grundierung (z. B. mit 1:1 verdünntem Holzleim) das Material in dick aufgetragene, dunkelbraun gefärbte Dispersionsfarbe einstreut. Das ist zwar nicht unbedingt nötig, doch eine solche Vorschotterung bietet den Vorteil, dass die Anlage schon während der weiteren Ausbauphasen recht natürlich aussieht und eine genauere Farbabstufung der Gleiskörper mit dem Umfeld im Zuge der Landschaftsgestaltung besser gelingt. Darüber hinaus wird die Arbeit des schwimmenden Einschotterns wesentlich erleichtert, da die Bewegungsbereiche unter den Weichen bereits farbgleich vorbehandelt sind und außerdem auch auf den vorgeschotterten Böschungen die Einbettmasse bei der Endbeschotterung besser „stehen" bleibt. Durch nachträgliches Ritzen mit dem Messer, solange die Vorschotterung noch feucht ist, kann man auch die als Verlegebezugslinie nutzbare Korkbettfuge wieder besser erkennbar machen.

Hinweis: Die gute Fahrgeräuschdämmung von Naturkork kann praktisch nur dann genutzt werden, wenn die aufliegenden Modellgleise an keiner Stelle der Anlage direkt mit der aus Sperrholz bestehenden Trasse verbunden sind, wie zum Beispiel durch Schrauben oder Nägel. Auch die nachträglich ausgeführte Beschotterung, die über die Korkböschung hinweg in Kontakt mit dem Trassenbrett gerät und erhärtet, wirkt schallüberbrückend. Wie die Praxis jedoch zeigt, ergeben sich hierbei Fahrgeräusche, die dem natürlichen Rauschen fahrender Züge sehr ähnlich sind und keineswegs störend wirken. Als unangenehm werden diese Fahrgeräusche erst dann empfunden, wenn die Schallwellen von der Anlage auf den Baukörper am Standort übertragen werden, der in solchen Fällen wie ein Resonanzboden wirkt. Wirksamen Schutz gegen die Fahrgeräusche erzielt man also dann, wenn man dafür sorgt, dass die Modelleisenbahnanlage an keiner Stelle in direkten Kontakt mit den Wänden und dem Fußboden gerät. Diese Forderung wird erfüllt, wenn man auf genügende Abstände zwischen Anlagenrahmen und Wänden achtet und auf Konsolenverbindungen verzichtet. Eine ausreichende Schallisolation zum Fußboden erzielt man unter Verwendung der auf Seite 47 beschriebenen Stahlrohrfüße mit vollgummibereiften Lenkrollen. Bei anderen Konstruktionen kann man sich auch durch Unterlegen von Schuhsohlenkrepp (erhältlich beim Schuster) helfen.

Verlegen von Modellgleisen

Am besten wird man mit dem Verlegen der Modellgleise an einem Punkt beginnen, an dem die meisten Gleisverbindungen vorgesehen sind, beispielswei-

Abbildung oben:
Die gut sichtbar aufgepausten Verlegebezugslinien bieten beim Kleben der Bettungsstreifen eine sichere Orientierungshilfe.

Viererblock links von l.n.r:
- *durch die Soforthaftung gelingt auch das Kleben der Bettungsstreifen in den Kurven leicht,*
- *bei Verzweigungen werden erst die äußeren Bettungsstreifen geklebt,*
- *die inneren Streifen werden in die Spreizungen eingepasst,*
- *zum Schluss werden die Bettungen nochmals mit dem Nahtroller angepresst.*

Abbildung Seite 68:
Sieht schon recht gut aus; die Modellbahngleise sind hier lediglich auf die mit feinem Korkschotter vorgeschotterten Bettungen verlegt.

se in einem Bahnhof. Auch unter der Voraussetzung, dass die Korkstreifen streng nach der vorgegebenen Gleisgeometrie exakt verlegt worden sind, gilt es zu überprüfen, ob die Gleisverbindungen millimetergenau zusammenpassen, bevor man mit der endgültigen Montage beginnt. Man wird also zunächst Weichen und Kreuzungen, beispielsweise einer gesamten Bahnhofseinfahrt auslegen, exakt auf der Verlegebezugslinie, soweit sie noch erkennbar ist, ausrichten und mit Stecknadeln fixieren. Als Nächstes ist dann in Abstimmung mit den Planvorgaben festzulegen, wo elektrische Trennstellen und Fahrstromeinspeisungen vorzusehen sind. Je nach Gleissystem und der Art der zu verlegenden Gleisteile ist es mitunter erforderlich, die elektrischen Trennstellen und Fahrstromeinspeisungen schon vor der endgültigen Montage der Gleiskörper zu installieren – siehe Seite 95 im Abschnitt „Tipps zur elektrischen Installation".

Erst wenn man sich davon überzeugt hat, dass alle erforderlichen Trennstellen ausgeführt sind, die Zuleitungen für die Fahrstromeinspeisung, wo erforderlich, ausgeführt, die Schienenverbinder allerorts fest und kontaktsicher sitzen und letztlich die Gleiskörper überall sicher aufliegen, wird man mit dem Befestigen beginnen. Besser, man arbeitet stets abschnittsweise. Mehr als anderthalb Meter sollte man in einem Arbeitsgang nie montieren. Bevor man weitermacht, sollte man nicht nur das Ergebnis auf eventuelle Mängel hin optisch überprüfen, sondern auch elektrisch am besten unter Verwendung eines Messgerätes mit akustischem Durchgangsprüfer, und zwar jeweils ob

a) die Schienen kontaktsicher verbunden sind,

b) kein Kurzschluss vorliegt und

c) die Trennstellen korrekt ausgeführt sind.

Insbesondere beim Verlegen von Mittelleiter-Punktkontaktgleisen kommt es schon einmal vor, dass sich während der Montage eine Verbindungslasche hochbiegt und zur Kurzschlussursache wird oder aber die unterseitige Mittelleitertrennung nicht wirksam ist. Bei Zweileiter-Gleisen hingegen sind es oft überbrückende Fremdkörper innerhalb der Weichenbereiche, die für Ärger sor-

Abbildung Seite 70:
Die Aufnahme zeigt die vorbildlich verlegte und schwimmend eingeschotterte Gleisanlage eins H0-Anschlusbahnhofs, bestehend aus drei Vollspurgleisen und einem Schmalspurgleis.

Abbildung oben:
Der mit Stecknadeln fixierte Strang einer zweigleisigen Magistrale auf vorgeschotterter Korkbettung.

Abbildung links Mitte:
Auftrag der braun eingefärbten Einbettmasse für die Vorschotterung.

Abbildung links unten:
Vorschottern mit fein gemahlenem Korkschotter (HEKI).

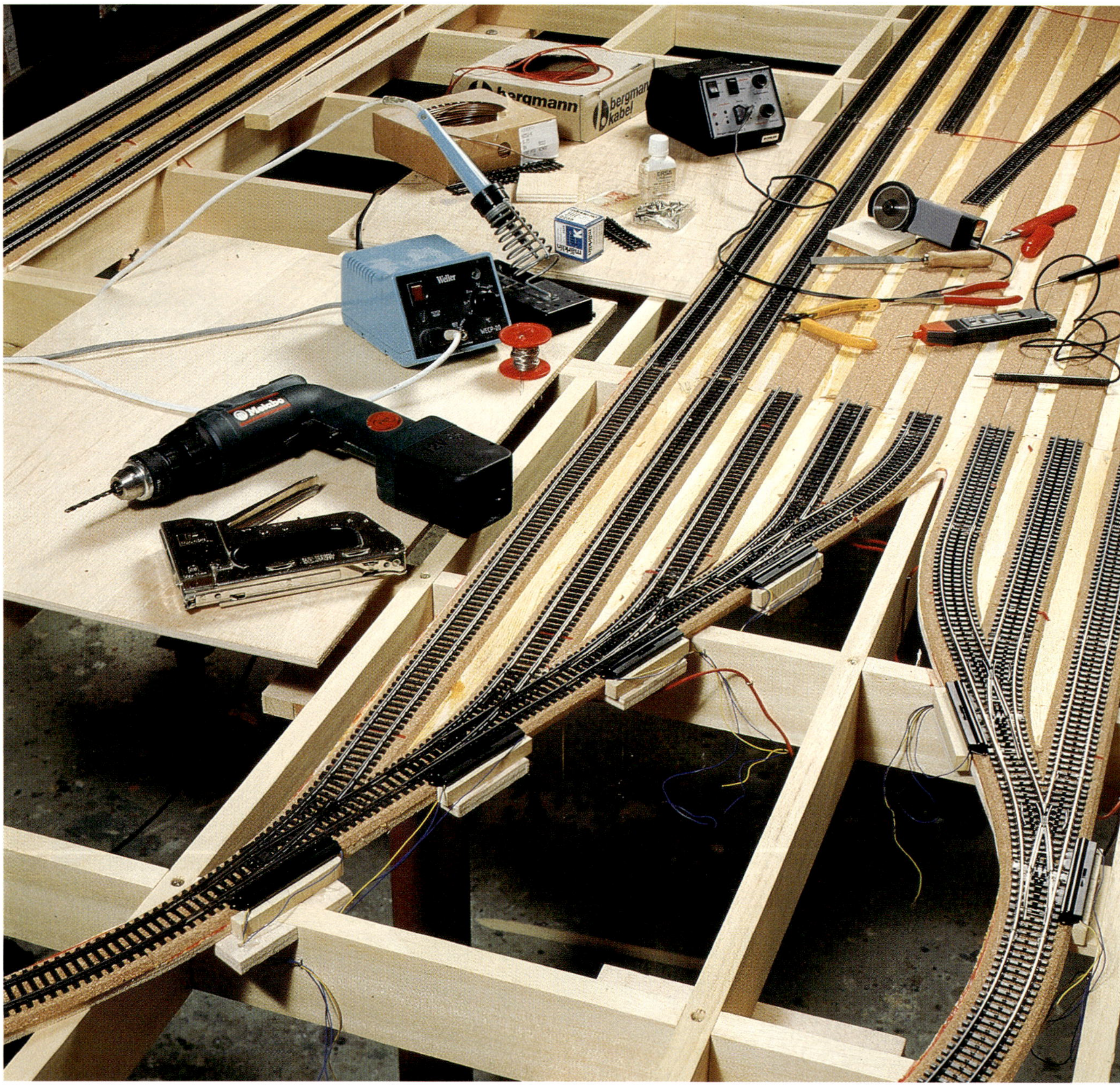

gen. Wenn man jedoch regelmäßig, entsprechend dem Arbeitsfortschritt, in der empfohlenen Weise systematisch kontrolliert, beugt man einer lästigen und oft langwierigen Störungssuche an der fertig verlegten Gleisanlage vor.
Wie bereits beim Verlegen der Gleise mit angeformten Schotterbettungen beschrieben, verwendet man am besten die vom Hersteller empfohlenen Befestigungsmittel, also Schrauben oder Gleisnägel. Innerhalb der unterirdischen Anlagenbereiche sollte man Schrauben bevorzugen, an deren Gewinde man vor dem Eindrehen einen Tropfen wasserfreien Kleber gibt (z. B. UHU-Allplast oder UHU-Kraft-Alleskleber). Auf diese Weise können sich die Schrauben durch die beim Fahrbetrieb zwangsläufig auftretenden Vibrationen nicht mehr lockern. Zum Befestigen der Gleise im sichtbaren Bereich, die nachträglich eingeschottert werden, genügen einfache Gleisnägel, die man, nachdem die Schotterbettung ausgehärtet ist, wieder entfernen kann. Übrigens: Um Beschädigungen am Gleiskörper zu vermeiden, benutzt der Fachmann keinen Hammer, er drückt vielmehr die Gleisnägel mit Hilfe einer Zange in das Gleisbett, was mit einiger Übung auch recht gut gelingt. An Trennstellen und Fahrstromeinspeisungen muss man ferner darauf achten, dass an keiner Stelle Zuleitungen unter den Gleiskörper geklemmt werden, was zu unerwünschten Schienenverwerfungen führen würde. Gegebenenfalls muss man durch Einschnitte in die Korkbettung die nötigen Freiräume für die Zuleitungen schaffen.

Ungeachtet aller Vorsorge im Bemühen, die Gleise möglichst genau nach den beschriebenen Regeln zu verlegen, kommt es immer wieder einmal vor, dass die errechneten Gleisverbindungen nicht exakt zusammenpassen. Über längere Strecken hinweg kann die Ursache sowohl in der Addition herstellungsbedingter Fertigungstoleranzen an den Gleisteilen selbst als auch an möglichen Längenveränderungen liegen, wie sie sich durch Höhendifferenzen beim Verlegen geneigter Streckenabschnitte ergeben. Nicht in allen Fällen lassen sich diese Lücken elegant mit im System vorhandenen Gleisstücken ausgleichen.

Abbildung Seite 72:
Schattenbahnhöfe in der untersten Ebene wird man zweckmäßigerweise erst fix und fertig samt der elektrischen Anschlüsse verlegen, bevor man mit dem Aufleimen des Spantengerüstes beginnt. Die Aufnahme zeigt eine solche „Baustelle" mit den zum Bau benötigten Werkzeugen und Geräten.

Abbildung oben:
Der fertige Rohbau mit bereits vollständig fertig verlegten Gleisen und montierten Oberleitungs-Tragwerken.

Abbildung Mitte links:
Der komplett installierte Schattenbahnhof vor dem Einleimen des Spantengerüstes.

Abbildung unten:
Die vorgeschotterten Korkbettungen mit eingepasster Drehscheibe.

Bei Modellgleisen ohne angeformte Schotterbettungen – z. B. Märklin – kann man die Schienen an jeder beliebigen Stelle mit Hilfe einer Minitrennscheibe relativ leicht trennen. Die so abgelängten Gleisteile kann man in jede Lücke genau einpassen. Dies ist auf alle Fälle besser als ein weniger gut passendes Normgleisteil mit Gewalt einzuzwängen. In diesem Zusammenhang ist es interessant zu wissen, dass auch Modellbahnschienen thermisch bedingten Längenveränderungen unterliegen, die, wie beim Vorbild, unter zu hoher Druckspannung zu lästigen Verwerfungen und damit zu Fahrbetriebsstörungen führen können.

Tipps zum Trennen von Schienenteilen

Zum Trennen der Schienen benutzt man heute vorteilhafterweise einen Mini-Winkelschleifer (z. B. Böhler) mit Diamantscheibe. Auch Korund-Scheiben, die in Kleinbohrmaschinen eingespannt werden, sind geeignet. Ein Trennen von Hand, wie beispielsweise mit einer Bügelsäge, gelingt hingegen kaum befriedigend. Auch die Benutzung eines Seitenschneiders ist unhandwerklich, weil dabei das Schienenprofil zerquetscht wird. Beim Einsatz der empfohlenen Trennscheibe aus Korund oder mit Diamantbesatz muss man die Schnittstellen nachträglich noch sorgfältig entgraten, damit die Schienenverbinder fest klemmend überschoben werden können und eine einwandfreie elektrische Kontaktgabe an der späteren Verbindungsstelle sichergestellt ist.
Es sei an dieser Stelle darauf hingewiesen, dass grundsätzlich alle Schienenverbindungen mit großer Sorgfalt hergestellt werden müssen, so dass ein nahtloser Übergang an den Schienenstößen sichergestellt ist. Unsauber ausgebildete Schienenstöße sind nicht nur Ursachen von unnötigen Leitungsverlusten im Hinblick auf die Fahrstromübertragung, sie bewirken auch einen zu hohen Haftreifenverschleiß an den Fahrzeugrädern.

Nahezu alle Hersteller von Modellgleisen ohne angeformte Schotterbettungen führen auch flexible Gleisteile in ihrem Sortiment. Sie ermöglichen freizügige Streckenführungen, weitgehend unabhängig von der systembedingt vorgegebenen Geometrie. Allerdings sollten solche Flexgleise nur zur Gestaltung von Gleisbögen verwendet werden, deren Radien größer sind als die standardisierten Gleisbogenradien des betreffenden Gleissystems. Werden Flexgleise in zu enge Radien gebogen, können unerwünschte Spurveränderungen auftreten.

Beim Biegen von Flexgleisen verschieben sich die Schienen in ihren Schwellenbefestigungen so, dass beim Einpassen in einen gegebenen Kreisbogen die innere Schiene zu lang wird und gekürzt werden muss. Um die Trennstelle genau zu ermitteln, fixiert man zunächst den ganzen Gleiskörper mit Stecknadeln exakt schwellenmittendeckend über der Bezugslinie. Die Schnittstelle an der ausgewanderten Innenschiene wird dann mittels Feilenstrich markiert.

Alle handelsüblichen Flexgleise verfügen naturgemäß über ein mehr oder weniger stark ausgeprägtes Rückstellvermögen. Man sollte deshalb die Gleisbögen so planen, dass die Schienenverbindungen möglichst außerhalb der Kurven liegen, da insbesondere bei engeren Radien eine perfekte Ausrundung an den Schienenstößen mitunter sehr schwierig herzustellen ist und meist nur durch behutsames Nachbiegen mit einer Präzisionszange gelingt.

An den Verbindungsfugen einer aus mehreren Teilen bestehenden Modelleisenbahnanlage müssen auch die Gleisverbindungen so ausgebildet sein, dass sie jederzeit leicht getrennt und wieder betriebssicher zusammengefügt werden können. Wenn diese Gleisverbindungen genau oder annähernd im Winkel von 90° über der Fuge liegen, lässt sich die vorgenannte Forderung leicht erfüllen, indem man die Schienen exakt über der Fuge trennt. In einem der Gleiskörper – vorzugsweise immer im linken – wird man die Schienenhalterungen in der Tiefe von zwei Schwellen sorgfältig entfernen, so dass die beiden Schienenverbinder im Falle einer Trennung der Elemente ohne Überstände vollkommen in den Gleiskörper hinein-

Abbildung oben:
Trennen der Schiene mit Hilfe einer Diamant-Trennscheibe. Das Gleis wird durch ein aufliegendes Holzklötzchen gehalten.

Abbildung links:
Bei sehr kleinen Gleisteilen empfiehlt es sich, das zu bearbeitende Werkstück mit einer Schraubzwinge einzuspannen.

Abbildung Seite 74 oben:
Werkzeuge und Geräte, wie sie der Profi zum Verlegen der Modellgleise benötigt.

Viererblock Seite 74 v. l. n. r.:
- *Markieren der Schienentrennstelle durch einen Feilenstrich,*
- *Entgraten der Trennstelle mit der Feile,*
- *Entgraten mit der Korundscheibe,*
- *Unterschneiden der Schienenführung, um den Schienenverbinder unterschieben zu können.*

geschoben werden können. Dies ist notwendig, um ein Verbiegen der Schienenverbindungslaschen beim Trennen und späteren Zusammenfügen der Elemente zu vermeiden. Etwas schwieriger wird die Verbindung, wenn die Gleisverbindung diagonal zur Fuge herzustellen ist. In solchen Fällen wird man besser ein betreffendes Gleis jeweils beidseitig von der Fuge, etwa drei bis vier Schwellen entfernt, rechtwinklig ablängen und zur Überbrückung ein ebenfalls rechtwinklig zugeschnittenes Gleisstück einpassen. Wenn man hierbei an einer Seite die Schienenverbinder in den Gleiskörper, wie zuvor beschrieben, ganz einschiebbar ausbildet, kann man das überbrückende Gleisstück, das allerdings nicht eingeschottert werden darf, jederzeit leicht herausnehmen und wieder einfügen. Bei Mittelleiterpunktkontaktgleisen muss jedoch die elektrische Mittelleiterverbindung, über die Trennstelle hinweg, durch eine Steckerverbindung erfolgen.
Hinweis: Bei teilbaren Anlagenkonstruktionen muss man schon bei der Planung an die Zugänglichkeit zu den unterirdischen Gleisverbindungen denken. Nach dem Zusammenfügen der Elemente müssen an allen, von oben nicht zugänglichen Gleisverbindungen die Schienenverbinder mit Hilfe einer gekröpften Spezialzange von Öffnungen in den seitlichen Rahmenblenden aus leicht über die Schienenstöße überschoben werden können.

Wenn die Gleise komplett verlegt sind, gilt es zunächst durch Probefahrten mit verschiedenen Zügen zu überprüfen, ob alles in Ordnung ist. Da zu diesem Zeitpunkt die elektrische Installation noch nicht ausgeführt sein wird, empfiehlt es sich, die Fahrstromeinspeisung zunächst provisorisch vorzunehmen, indem man alle Zuleitungen an einen Trafo anschließt. Das hat vor allem den Vorteil, dass man im Falle eines Falles einen Kurzschluss mit Hilfe des akustischen Durchgangsprüfers leichter orten kann als nach der endgültigen Installation, wenn elektronische Bausteine mit angeschlossen sind und der zahlreichen Querverbindungen wegen eine korrekte Durchgangsprüfung nicht mehr möglich ist. Mit der Probefahrt ist aber auch gleichzeitig das Laufverhalten der Züge zu überprüfen. An keiner Stelle der Anlage dürfen sich die einzelnen Fahrzeuge innerhalb des Zugverbandes bewegen, weder um ihre Hochachsen noch um ihre Längsachsen. Im Hinblick auf die hohe Präzision, die das vorbeschriebene Bauverfahren ermöglicht, muss es gelingen, Strecken mit „Entengang" zu vermeiden. Gefordert wird eine Laufruhe, wie wir sie vom Vorbild her kennen.

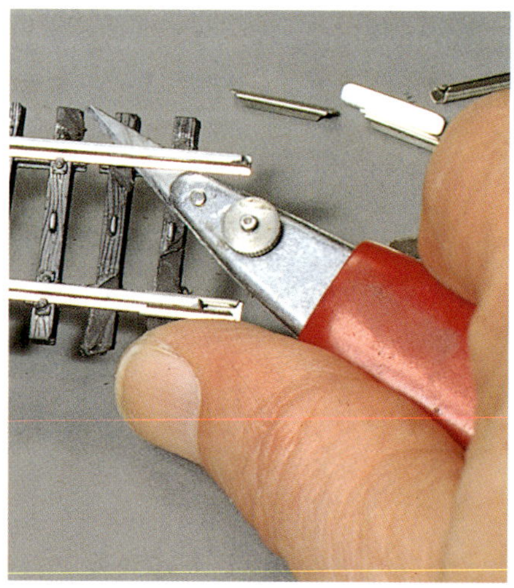

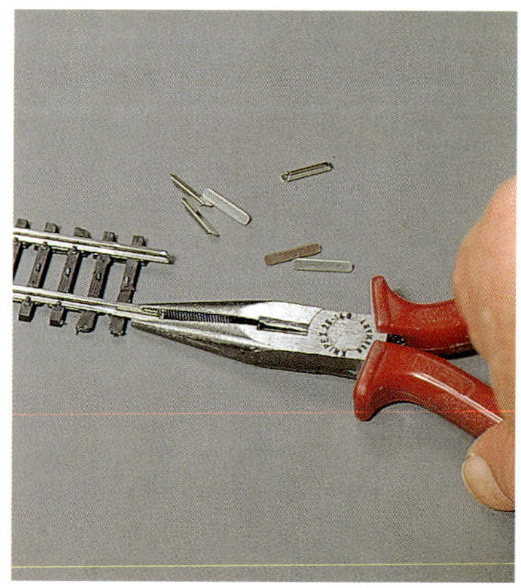

Wo dies nicht der Fall ist, muss man durch Nachbesserung Abhilfe schaffen. Bei mehrteiligen Anlagen kann man unruhigen Lauf an den Schienenstößen über den Fugen ggfs. durch horizontalen Niveauausgleich der Anlagenbasis korrigieren.

Tipps zum Anrosten der Schienen

Nach erfolgreichem Abschluss der Probefahrten ist es nun erforderlich, den blanken, meist aus Neusilber oder Messing gefertigten Schienen der Modellbahngleise eine natürlich wirkende Rostpatina zu verleihen, ein Arbeitsgang, der nicht viel Zeit in Anspruch nimmt und unbedingt noch vor dem Einschottern der Gleise ausgeführt werden sollte. Die Farbkorrektur gelingt am

Abbildung Seite 76 oben:
Ausziehen und Überschieben des Schienenverbinders an einer Anlagentrennstelle.

Abbildung Seite 76 Mitte:
Unterschneiden von zwei Schwellen der Schienenhalterung.

Abbildung Seite 76 Mitte rechts:
Aufstecken des neuen Schienenverbinders, der ganz in den Gleiskörper eingeschoben wird.

Abbildung oben:
Natur oder Wirklichkeit? Der mit Zweileitergleisen fertig gestaltete Vorstadtbahnhof einer H0-Großanlage mit schwellenoberkantenbündig eingeschotterten Gleisen.

Abbildung rechts:
Kurzschlussprüfung am neu verlegten Gleisstrang mit dem elektrischen Messgerät.

besten mit einer lösemittelhaltigen rostbraunen Mattlackfarbe, wie sie von verschiedenen Herstellern angeboten wird und auch in den so genannten Patina-Sets (z. B. von FALLER) enthalten ist. Wasserverdünnbare Farben (Plakat- oder Dispersionsfarben) sind hierfür nicht geeignet.

Vorteilhafterweise wird die Farbe im Airbrush-Verfahren verarbeitet. Der Vorteil bei dieser rationellen Auftragsweise besteht vor allem darin, dass der hauchdünn aufgetragene Farbfilm die beweglichen Teile im Gleiskörper (Weichen, Entkupplerzungen) nicht verkleben kann. Von Nachteil ist hingegen der Umstand, dass im Umfeld des Gleiskörpers genügend Platz zur Führung der Airbrush-Pistole vorhanden sein muss. Wo dies nicht gegeben ist, zum Beispiel innerhalb von Brückenbereichen, am Hang oder in Einschnitten, empfiehlt es sich, die betreffenden Gleiskörper schon vor der Montage zu bearbeiten.

Hinweis: Da es beim Arbeiten an der Anlage hin und wieder einmal vorkommt, dass die Airbrush-Pistole in gekippter Lage geführt werden muss, empfiehlt sich ausschließlich die Verwendung von „Double-Action-Pistolen" mit abgedecktem Farbbecher.

Zum Bemalen der Schienen von Hand wird die Farbe unverdünnt verarbeitet. Man benutzt hierzu am besten einen gut auf Schluss geformten Rindshaarplattpinsel (3/8 Zoll).

Nach beidseitigem Farbauftrag in dem einen oder anderen Verfahren werden zwangsläufig auch die Schienenköpfe mit Farbe erfasst. Man wird sie an solchen Stellen belassen, wo die Schienen im Allgemeinen nicht blank gefahren werden; vor Prellböcken und oder hinter Schutzweichen. In allen anderen Bereichen werden die Schienenköpfe mit einem nicht fasernden Leinenlappen abgewischt, der zuvor mit Isopropylalkohol (erhältlich in der Apotheke) getränkt wurde. Anschließend schleift man die Schienenköpfe mit Wasserschleifpapier der Körnung 360 oder mit einem Schienenrubber blank.

Hinweis: Andere Reinigungsmittel wie Waschbenzin, Terpentin oder Aceton dürfen zum Reinigen von Schienen nie verwendet werden, da die aus Kunststoff bestehenden Gleiskörperteile Schaden nehmen könnten (Ausbrechen der Schienenbefestigungen).

Einschottern der Modellgleise

Über das Herstellen einer natürlich wirkenden Schotterbettung wird viel diskutiert. Speziell für Modellgleise der Nenngrößen H0, TT, H0m und H0e wurde im Atelier des Autors ein Verfahren entwickelt, das nicht nur von allen anderen getesteten optisch die besten Ergebnisse erbrachte, sondern auch unter

Abbildung oben:
Auftrag der Rostfarbe mit der Airbrushpistole.

Abbildung Mitte links:
Auftrag der Rostfarbe mit dem Rindshaarplattpinsel.

Abbildung Mitte:
Blankschleifen der Schienenköpfe.

den üblichen Praxisbedingungen weitgehend risikofrei und rationell ausgeführt werden kann. Es ist hier wie folgt beschrieben:
Zum schwellenoberkantenbündigen Einschottern von Modellgleisen der vorgenannten Typen wird ausschließlich Naturgleisschotter und als Einbettmasse HEKI-Latex 3342 verwendet. Dieser im Atelier Stein entwickelte und von der Firma HEKI vertriebene Werkstoff verfügt über ausgeprägte thixotrope Eigenschaften, das heißt, die pastöse Masse verflüssigt sich nur unmittelbar während

Abbildung oben:
Vorbildlich gestaltete Bahnhofsausfahrt nach Epoche 3 mit eingeschotterten Gleisen.

Abbildung rechts:
Vorbildlich eingeschotterter zweigleisiger Bahnkörper.

der Verarbeitung und stockt sofort wieder mit Eintritt des Ruhezustandes. Daher sackt die zwischen den Schwellen in den Gleiskörper eingebrachte Einbettmasse nicht ein und neigt weder zum Unterkriechen noch zum Ablaufen von den Böschungskanten. Somit besteht keine Gefahr, dass Weichenzungen und andere in den Gleiskörpern hineinragende bewegliche Teile durch unterkriechenden Kleber verkleben, so wie dies bei den früher als Einbettmassen verwendeten, stark verdünnten Holzleimen trotz aller Vorsicht gelegentlich einmal vorkam. Durch die hohe Thixotropie bleibt die empfohlene Latex-Einbettmasse extrem lange bindefähig (ca. 30 Minuten) und bei sachgemäßer Verarbeitung kommt es auch nicht zu der lästigen Muldenbildung zwischen den Schwellen, die stets eine Nacharbeit erforderlich macht.

Die Verarbeitung erfordert zwar am Anfang etwas Übung, wird aber schon bald zur Routine. Die Einbettmasse 3342 wird in einer praktischen Kunststoff-Spritzflasche geliefert, mit der das unverdünnte Material in den Gleiskörper bis knapp unter die Schwellenoberkanten eingebracht wird. Damit die Einbettmasse nicht vorzeitig antrocknet – sie kann

Abbildung oben:
Einbringen der Latex-Einbettmasse in die Schwellenzwischenräume der Gleismitte.

Viererblock links v. l. n. r.:
- *Einbringen der Latex-Einbettmasse in die Schwellenzwischenräume an der Böschung,*
- *Einbringen der Einbettmasse an einem eingleisigen Bahnkörper,*
- *Verteilen der Einbettmasse mit einem Haarpinsel,*
- *Einstreuen des Natursteinschotters.*

Abbildungen Seite 81 unten:
Einschottern eines Gleiskörpers der Lehmann-Bahn.

Abbildung Seite 81 oben:
H0-Bahnhof mit eingeschotterten Gleisen.

nur in feuchtem Zustand Einbettmaterial aufnehmen – arbeitet man stets etappenweise, wobei man möglichst nur etwa einen halben Meter vorarbeiten sollte. Zuerst füllt man die Schwellenzwischenräume in der Mitte des Gleiskörpers und anschließend die äußeren Schwellenzwischenräume mit den Böschungen. An den Böschungskanten verteilt man schließlich das zu viel aufgebrachte Material gleichmäßig mit einem weichen Schulmalpinsel.

Selbstverständlich sind die Zungen- und Gestängebewegungsbereiche in den Weichen und Entkupplergleisen von der Beschotterung auszunehmen, um Verklebungen zu verhindern. Durch die bereits an anderer Stelle empfohlene farbliche Vorbehandlung fallen diese Bereiche kaum auf.

Das Einschottern selbst erfolgt durch vorsichtiges Einstreuen des Naturschotters bis zur Sättigung des Kleberbettes. Da die Einbettmasse dem kapillarischen Prinzip entsprechend auch in die über den Schwellen liegenden Schotterhäufchen einzieht und diese erhärtet, muss man darauf achten, dass nicht mehr Schotter in den Gleiskörper als nötig eingebracht wird.

Zur Schotterung ist ausschließlich Naturstein-Gleisschotter geeignet, wie ihn verschiedene Firmen (HEKI und ROCO) in entsprechend geeigneter Körnung speziell für dieses Verfahren anbieten. Korkschotter, künstlich eingefärbte Granulate oder Sande sind ungeeignet.

Mit fortschreitendem Trocknungsprozess, der 24 bis 36 Stunden in Anspruch nimmt, verliert die Schotterbettung durch die mit der Wasserverdunstung einhergehende, veränderte Lichtbrechung ihren anfänglich milchigen Schleier und erhält ihre natürliche Optik.

Überschüssiges Schottermaterial kann ggfs. mit Hilfe einer Handwaschbürste abgeschrubbt und mit dem Staubsauger aufgefangen werden. Sollte sich hie und da ein Körnchen an den Schwellenoberseiten oder am Schienenprofil festgeklebt haben, lässt es sich mit einem Bastelmesser leicht entfernen.

Gleise der Nenngrößen N werden in der gleichen Weise eingeschottert, nur wird man in diesem Falle einen etwas feineren Gleisschotter verwenden und die zuvor ein wenig mit Wasser ver-

Abbildung links:
Vorbildlich gestaltete Schnellfahrtrasse einer H0-Großanlage.

Abbildung unten:
Dunkel geschotterte Gleise einer mit Dampflokomotiven befahrenen Anlage.

Abbildung Seite 83 oben:
Auch der aus Mauerwerk und Beton gestaltete Unterbau der Bahnhofstrasse zählt zu den Kunstbauten.

Abbildung Seite 83 unten:
Tunnel mit Lawinenfänger, Detail einer H0-Anlage nach historischem Vorbild.

dünnte Einbettmasse mit Hilfe einer Einwegspritze (erhältlich in der Apotheke) in den Gleiskörper einbringen. Bei Z-Gleisen lohnt sich die Arbeit des schwellenoberkantenbündigen Einschotterns kaum. Hier wird eher das Verlegen der Gleise in die bereits mit feinem Korkschotter vorgeschotterte Bettung empfohlen.

Ein anderes Verfahren empfiehlt sich für die maßstäblich größeren Modellbahngleise der Nenngrößen 0, I und II. Auch hierbei wird der Gleiskörper auf die vorbereitete Korkbettung verlegt – siehe Seite 81. Danach wird der Gleiskörper mit gröberem Natursteinschotter zunächst trocken eingeschottert und anschließend durch Übergießen mit 1:1 wasserverdünnter Latex-Einbettmasse verfestigt. Im Gegensatz zu den Modellbahngleisen kleinerer Spurweiten gelingt es bei diesen maßstäblich großen Gleisen leicht, die Bewegungsbereiche im Gleiskörper von der Beschotterung freizuhalten.

Bahnkunstbauten

Unter dem Begriff „Bahnkunstbauten" oder „Bahnkunstbauwerke" versteht der Fachmann alle innerhalb der Bahnkörperbereiche liegenden Hochbauarchitekturen, wie zum Beispiel Stützmauern, Tunnels und Brücken. Das Wort „Kunst" ist ein Hinweis auf das hohe

Können, das den Bahningenieuren von jeher bei der Planung und beim Bau der Objekte abverlangt wurde, die der Bahnkörpersicherung oder aber der Überwindung von Streckenhindernissen dienten. Bahnkunstbauten sind nämlich nicht nur reine Zweckarchitekturen, sie müssen sich auch als besonders markant hervortretende Details harmonisch in das landschaftliche Umfeld des betreffenden Bahnkörpers einfügen. Und dies gilt erst recht für die komprimierte Landschaft im Modell, deren Gesamteindruck durch die Bahnkörperarchitekturen stark mitgeprägt wird.

Bahnkörpersicherungsanlagen

Wie bereits an anderer Stelle vermerkt, müssen natürlich überwachsene Böschungen im Winkel von 45° ausgebildet sein, um einen hinreichenden Regenwasserablauf sicherzustellen. Steilere Böschungen sind, sofern es sich dabei nicht um natürlichen Fels handelt, durch spezielle, dem Gelände angepasste Stützmauern zu sichern.

Als Zubehör gibt es bereits eine große Auswahl an Mauerplatten aus PVC in allen gängigen Versionen, mit und ohne Arkaden und für alle Modellbahn-Nenngrößen. Nichts spricht gegen deren Verwendung, nur muss man schon während der Rohbauphase durch geeignete Unterkonstruktionen für die nötigen Befestigungspunkte sorgen. Ggfs. kann man sich auch durch Kleben von Holzklötzchen unter die Trasse mit Heißkleber helfen. Bei längeren, mit vorgefertigten PVC-Mauerplatten gestalteten Flächen stellt sich jedoch das Problem mit den Stoßfugen, die man am besten in Form von vorgesetzten Mauerstützen kaschiert.

Eine weitere Möglichkeit der Gestaltung von Stützmauern besteht darin, die betreffenden Flächen, wie beim Geländebau beschrieben, unter Verwendung einer breiten Japanspachtel mit Modellgips zu glätten. Ohne weitere Strukturierung gelingt es nach erfolgter Austrocknung leicht, diese Oberflächen mit grauer Dispersionsfarbe lasierend zu behandeln. Auf diese Weise lässt sich Sichtbeton sehr eindrucksvoll imitieren. Man kann stattdessen den geglätteten Untergrund nach entsprechender Vorbehandlung aber auch mit flexiblen Mauerplatten (z. B. HEKI-dur) bekleben, wie auf Seite 139 beschrieben. Mit dieser einfachen Technik ist es leicht möglich, ansatzfreie Mauern in allen nur

Abbildung oben:
Basaltfelsen mit Betonstützmauer und Lawinenfänger aus Eisenbahnschienen und Schwellenhölzern. Detail aus einem H0-Messediorama.

Abbildung links:
Eilzug im Stil der Sechzigerjahre umrundet ein Kalkschiefergebirge. Detail einer H0-Großanlage im Rhein-Main-Modellbahnzentrum, Mühlheim/Main.

denkbaren Konstruktionsarten auszuführen.

Stützmauern, die der Erdreichsicherung dienen, sind meistens von der Bergseite her durch Wasserdruck gefährdet. Besonders auffällig sind daher die zur Wasserableitung vorhandenen Drainagerohre, die sich auch im Modell durch Einleimen von Trinkhalmen in entsprechend vorbereitete Bohrungen sehr vorbildtreu nachbilden lassen. Die Imitation der typischen weißen Fahnen unterhalb der schräg aus dem Mauerwerk herausragenden Rohrstutzen, die in der Natur durch auskristallisierenden Kalk entstehen, gelingen mit weißer Plakatfarbe. Sie wird leicht verdünnt mit spitzem Pinsel punktweise aufgetragen und anschließend mit der Fingerkuppe – nach unten ziehend – verwischt.

Wichtige Details im Bahnkörperbereich sind die meist gut dem natürlichen Umfeld angepassten und daher weniger auffälligen Vorrichtungen bergseits der Trasse, wie sie beim Vorbild vorhanden sind, um die Gleisanlagen gegen Steinschlag, Erdrutsche und Felsstürze zu sichern. Vielfach werden zum Bau dieser Zäune und Fangwehren auch Materialien verwendet, die zum Gleisbau benutzt werden, wie zum Beispiel Schienenstücke und Schwellenhölzer – siehe Abbildungen Seite 83 und 84.

Besonders schwere Konstruktionen werden auch mit Baumstämmen ausgeführt. Ähnlich verfährt man auch beim Nachvollzug im Modell. Schienenstücke, wie sie beim Zuschnitt der Flexgleise anfallen, Zahnstocher und dünne Ahornzweige sind die idealen Materialien.

Interessante Überbauungen findet man auch an Gebirgsstrecken, die durch Geröll- und Schneelawinen gefährdet sind. Diese Konstruktionen gelingen im Modell unter Verwendung von unstrukturierten Modellbauplatten auf der Basis dichtgeschäumten Polystyrols.

Abbildung oben:
Detail einer Hochgebirgsanlage nach dem Vorbild der Rhätischen Bahn.

Tunnelbau

Der hohen Kosten wegen werden sich die Eisenbahningenieure nur dann zum Bau eines Tunnels entschließen, wenn die Weiterführung einer betreffenden Strecke in einer offenen Bahnkörperform technisch nicht möglich oder aber zu riskant ist. Es kann allerdings auch einmal vorkommen, dass eine kleinere Felsnase aus landschaftspflegerischen Gründen untertunnelt wird.

Ein Tunnel auf der Modelleisenbahnanlage wird also in Anlehnung an das Vorbild nur dann natürlich wirken, wenn die Geländetopografie den Zwang zur Untertunnelung eines Hindernisses eindeutig erkennen lässt. Auf einen Tunnel, der nur als dekoratives Element in die Landschaft hineingesetzt wird, sollte man hingegen besser verzichten. Er wirkt stets kitschig.

Beim Vorbild besteht ein Tunnel aus den beiden Portalen und der Tunnelröhre. Es gibt aber auch moderne Tunnel, die lediglich aus einer Betonröhre bestehen und deren aus dem Berg herausragende Teile nur mit Erdreich angeschüttet sind. Allgemein bevorzugt man für die Röhre die runde, nach unten sich verbreiternde Gewölbeform, die den innerhalb der Gebirge auftretenden Gesteinsdrücken am besten standhält.

Beim Nachvollzug im Modell wird man die Tunnelröhre nie von Portal zu Portal durchführen und nur so weit in den Berg bauen, wie die Sicht von außen hineinreicht. Im Allgemeinen genügt es, wenn man die Röhrenansätze etwa 5 cm tief ausbildet. Eine solche Bauweise ist schon deshalb zwingend, damit die Zugänglichkeit zu den im Berg verlegten Gleisen allein schon der allfälligen Reinigungsarbeiten wegen erhalten bleibt.

Die Tunnelportale sollte man möglichst nicht in Gleisbögen einplanen, eine Forderung, die sicherlich nicht in allen Fällen erfüllbar ist. Insbesondere bei kleineren Radien müsste man die Portalöffnungen unnatürlich breit gestalten, um zu vermeiden, dass die ausladenden Fahrzeuge anstoßen – siehe Anwendung der Lichtraumprofillehre Seite 62. Außerdem müsste man den Röhrenansatz in Segmente unterteilt dem Gleisbogen folgend konstruieren.

An sich bieten die Zubehörhersteller ein vielfältiges Programm an Tunnelportalen

Auch für die Tunnelröhrenansätze sind die erwähnten, gut biegsamen Modellbauplatten sehr gut geeignet. Man kann aber auch an ihrer Stelle dünne Naturkorkplatten verwenden.

In der modernen Beton-Technologie baut man Tunnelröhren aus einem Guss. Dabei wird der Beton unter hohem Druck hinter die mit dem Vortrieb wandernde Schalung gepresst. An den Eingängen ragen nur die Röhrenenden aus der Böschung heraus. Im Modell gelingen solche Röhrenansätze gut mit den leicht formbaren 3-mm-Naturkorkplatten, die in entsprechend vorbereitete Holzkonstruktionen eingeklebt und mit grauer Dispersionsfarbe bemalt werden. Für die Nenngrößen H0 und N werden auch Betonröhrenelemente als Bausätze angeboten (z. B. von NOCH).

für alle Modellbahn-Nenngrößen. Allerdings sind die Öffnungen der seriengefertigten Tunnelportale meist zu groß, da sie auch zum Einbau über die standardisiert engen Gleisbögen konzipiert und bei den zweigleisigen Versionen auch auf die weitesten Parallelgleisabstände ausgelegt sind. Außerdem passen die Architekturen stilistisch nicht immer in das vorgegebene Gestaltungskonzept.

Viele Modellbauer fertigen deshalb ihre Tunnelportale selbst an. Vorteilhaft hierbei ist, dass die Architekturen individuell auf die vorgegebene Landschaftscharakteristik abgestimmt und die Portalöffnungen an das Lichtraumprofil der verkehrenden Fahrzeuge angepasst werden können. Im Hinblick auf eine harmonisch wirkende, gefällige Architektur ist es wichtig, dass man die Gewölbeform fachgerecht – am besten nach einem guten Vorbildfoto – gestaltet und nicht wesentlich größer ausführt als es der unbehinderte Verkehr mit den auf der betreffenden Strecke zum Einsatz kommenden Fahrzeugen erfordert. Eine zu große Tunnelröhre wirkt immer unnatürlich.

Für die individuelle Gestaltung von Tunnelportalen sind die oberflächenstrukturierten, 3 mm starken HEKI-dur-Modellbauplatten sehr gut geeignet, wie die Bildbeispiele zeigen. Allerdings sind diese aus dichtgeschäumtem Polystyrol hergestellten und leicht bearbeitbaren Modellbauplatten für tragende Konstruktionen in sich nicht fest genug. Speziell bei der Anfertigung von Tunnelportalen wird deshalb ein stabiler Unterbau aus Sperrholz empfohlen, wie hier im Bild gezeigt. Die Platten werden in diesem Falle zur Verkleidung benutzt. Die Verklebung erfolgt unter Verwendung von UHU-Por-Kontaktkleber. Der tragende Holzunterbau dient gleichzeitig als Halterung für die Tunnelröhrenansätze. Auch die Oberleitungsverspannung findet an dieser Konstruktion einen sicheren Halt. Und schließlich kann sie auch noch als stabiles Gerüst zur Befestigung des formgebenden Aluminiumgewebes beim Aufbau der Gebirgsstruktur mit Modellgips benutzt werden. Übrigens: Auch bei der Verwendung standardisierter Tunnelportale aus PVC empfiehlt sich eine solche Unterkonstruktion. In diesem Fall wird das Portal mit UHU-Allplast-Spezialkleber vorgeklebt.

Abbildung oben:
Mit HEKI-dur kunstvoll gestaltetes Tunnelportal (Gestalter: Fischer).

Abbildung Mitte:
Felsentunnel ohne Vormauerung (H0).

Abbildung Seite 86 oben:
Glasträgertunnel an der Schwarzwaldbahn.

Abbildung Seite 86 Mitte links:
Tunnelportalrohbau für Gleisbogen.

Abbildung Seite 86 Mitte rechts:
Tunnelportalrohbau mir OL-Bügelfänger.

Abbildung Seite 86 unten:
Tunnelbau mit HEKI-dur-Modellbauplatten.

Brücken und Viadukte

Im Verkehrswesen dienen Brücken und Viadukte zum Überwinden von Geländehindernissen wie zum Beispiel von Tälern, Wasserläufen oder kreuzenden Verkehrswegen. Auch auf der Modelleisenbahnanlage erfüllen diese Kunstbauten die gleichen Aufgaben. Deshalb wirken Sie nur dann harmonisch im Gesamtbild der gestalteten Landschaft, wenn sie in Größe und Bauart ihrem Umfeld bestmöglich angepasst sind.

Wie beim Vorbild bestimmt also auch im Modell das zu überwindende Hindernis Höhe und Stützweite einer Brücke oder eines Viaduktes mit Ausnahme der beweglichen Brücken, die bei nicht ausreichender Höhe durch Drehen, Heben, Verschieben oder Wegfahren den Weg freigeben. Wie das Bildbeispiel mit der Pontonbrücke Seite 129 zeigt, lassen sich solche Sonderkonstruktionen auch auf der Anlage mit relativ einfachen Gestaltungsmitteln recht eindrucksvoll verwirklichen.

Bei den starren Brücken unterscheidet man nach der Konstruktionsart zwischen Kasten-, Bogen-, Bogenfachwerk-, Rahmen-, Hänge- und Schrägseilbrücken. Nach dem verwendeten Werkstoff unterscheidet man zwischen Brücken und Viadukten aus Holz, Stein, Stahl, Stahlbeton und Spannbeton. Die Wahl eines Brückensystems richtet sich in erster Linie nach dem Geländeprofil und nach den geologischen Voraussetzungen, während im Hinblick auf die Architektur auch landschaftspflegerische und künstlerische Gesichtspunkte eine Rolle spielen. Speziell bei der Modelleisenbahn muss man außerdem auch noch die zeitgeschichtliche Epoche berücksichtigen. So passt beispielsweise eine moderne Schrägseil-Pylonbrücke ebenso wenig in das Konzept einer Anlage, die man im Stil der Dreißigerjahre gestaltet, wie eine genietete Stahlträger-Fachwerkbrücke aus der Jahrhundertwende in die Schnellfahrtrasse des ICE.

Das Richtmaß beim Brückenbau ist die „Stützweite", man versteht darunter die Weite zwischen den Auflagern. Wichtig für die Planung sind ferner Durchfahrtshöhe und Durchfahrtsbreite. Beide sind für den unterführenden Verkehr von Bedeutung. Die Spannweite hingegen gibt Auskunft über die Gesamtlänge einer Brücke.

Stählerne Vollwandträgerbrücken, die auch als sogenannte „Rampenteile" als Bausatzmodelle in verschiedenen Nenngrößen angeboten werden, sind nicht für den Bau größerer Brücken geeignet. Beim Vorbild sind diese Konstruktionen auf 30 m beschränkt, ein Umstand, den man auch beim Planen einer Modelleisenbahnanlage berücksichtigen sollte. Am häufigsten finden sich Fachwerkträgerbrücken und Stahlfachwerk-Bogenbrücken im Bausatzangebot der bekannten Hersteller. Diese Brückenteile können zu zahlreichen Varianten kombiniert werden und ergeben mitunter recht eindrucksvolle Großkonstruktionen. Auch beim Vorbild sieht man oft größere Stahlbrücken, die aus mehreren unterschiedlichen Konstruktionseinheiten bestehen. Die einzelnen Elemente ruhen dann auf Brückenpfeilern, die mit Zwischenauflagern ausgestattet sind, während die Endteile in Widerlagern punktförmig aufliegen. Damit sich die Konstruktionsteile im Rahmen der thermisch bedingten Längenveränderungen bewegen können, sind die Auflager mit Walzen ausgestattet. Beim Zusammenbau von solchen Brückensystemen ist darauf zu achten, dass auch diese Details technisch korrekt nachgebildet werden.

Hinweis: Die meisten im Handel erhältlichen Brückenbausatzmodelle sind ihren Vorbildern entsprechend für den Einbau in Horizontallage konzipiert. Sie dürfen deshalb nicht geneigt eingebaut werden. Dies gilt insbesondere für Gitter- und Fachwerkkonstruktionen und selbstverständlich auch für gemauerte Brückenteile und Viadukte. Selbst eine

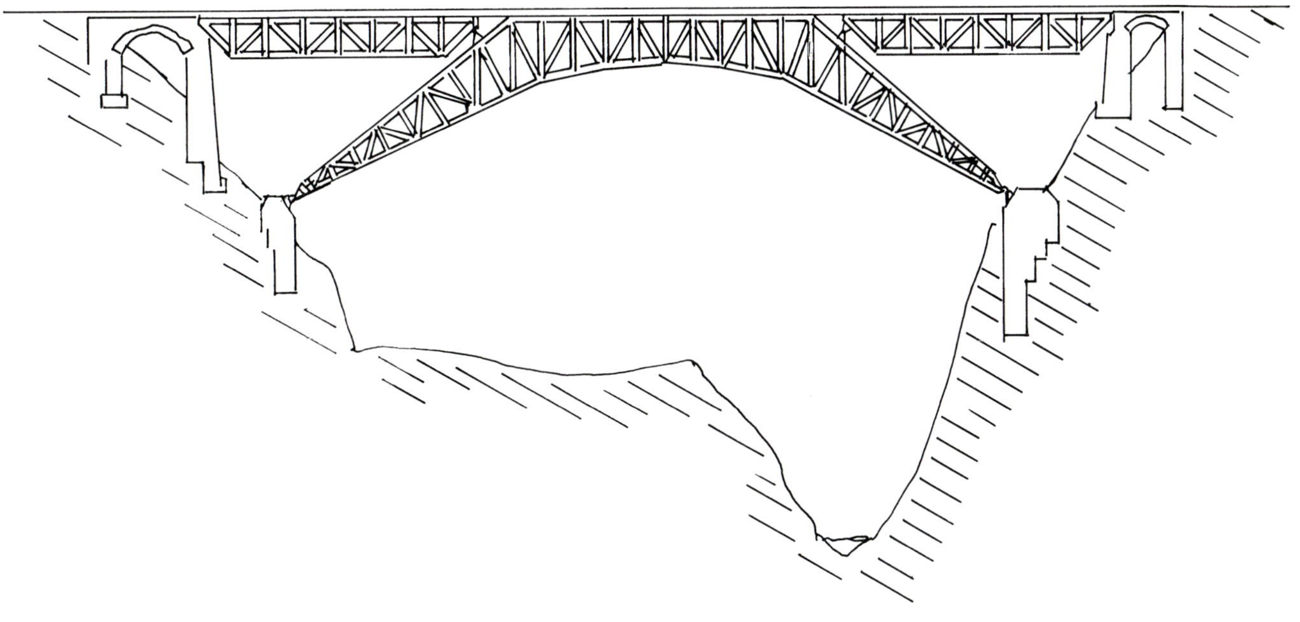

Abbildungen Seite 88 und diese Seite: Die hier gezeigte Nachbildung der Bietschtalbrücke zählt mit zu den schönsten H0-Bausatz-Modellen aus dem FALLER-Programm. Das 136 Meter lange Vorbild mit einer Bogenstützweite von 95 Metern befindet sich an der Lötschberg-Südrampe zwischen Goppenstein und Brig (Schweiz).

Schräglage von 1 bis 2° wäre hier ein unverzeihlicher Stilbruch. Wenn das zu überspannende Hindernis innerhalb eines geneigten Streckenabschnitts vorgesehen und die Horizontallage nicht möglich ist, wird man sich mit Stahlblech-Rampenteilen helfen müssen, die auch beim Vorbild für den geneigten Einbau vorgesehen sind. Solche Stahlblechkonstruktionen sind jedoch nur für kleinere Brücken mit maximal vier Stützpfeilern sinnvoll. Für größere Viadukte mit geneigter Trasse wird man besser ein gemauertes Bauwerk wählen, dessen Konstruktionselemente, also Gewölbe und Stoßfugen, streng vertikal und die Lagerfugen des Mauerwerks streng horizontal ausgerichtet sein müssen. Solche Bauwerke finden sich allerdings nicht im Bausatzangebot und müssten nach eigenen Plänen entstehen.

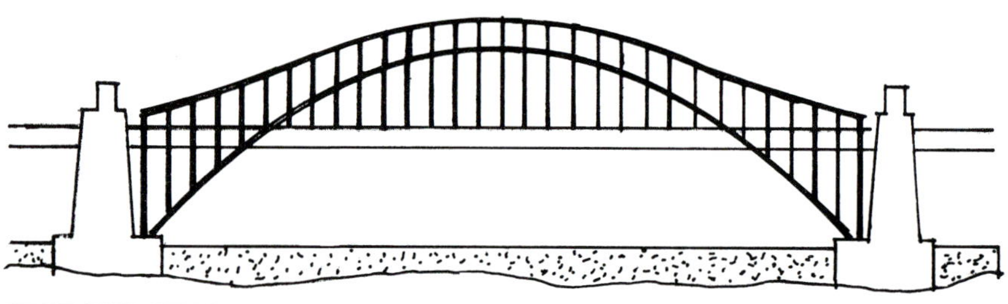

Stahlbogenbrücke

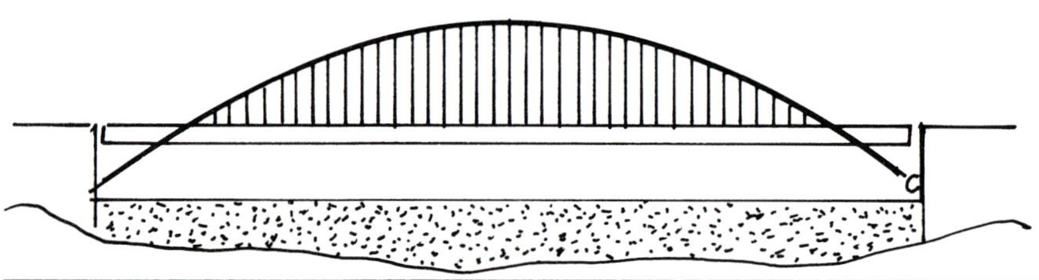

Beton-Stahlbogenbrücke

Größere Viadukte werden heute vorzugsweise in der Spannbetonbauweise erbaut. Diese kühnen und dennoch aus wenigen und relativ einfach konzipierten Architekturelementen bestehenden Brücken und Viadukte kann man unter Verwendung von Sperrholz und Reinzeichnungskarton leicht selbst nachbilden. Ähnliches gilt auch für gemauerte Viadukte, die zwar heute aus Kostengründen nicht mehr gebaut, wohl aber ihrer hohen Beständigkeit wegen immer noch genutzt werden und vielerorts das Bild der Eisenbahnlandschaften im Gebirge beherrschen. Zwar gibt es hier ein reiches Bausatzangebot, die seriengefertigten Modelle, die vorrangig auf die Bedürfnisse der standardisierten Modellbahngleisteile ausgelegt sind, wirken jedoch meist in der realistisch gestalteten Landschaft einer größeren Anlage etwas zu dürftig.

Der tragende Unterbau eines gemauerten Viadukts könnte, wie mit der Bildfolge gezeigt, aus Sperrholz (6 bis 8 mm) und stabilem Zeichenkarton entstehen. Zur Verkleidung werden auch hier die bereits beim Tunnelbau erwähnten, 3 mm starken, strukturierten HEKI-dur-Modellbauplatten empfohlen. Der erfahrene Modellbauer wird die Planung zu einem solchen Brückenmodell immer auf dem Reißbrett vornehmen und die Details im Original-Baumaßstab auf Transparentpapier übertragen. Mit unterlegtem Kohle- oder Graphitpapier lassen sich anschließend die Schnittlinien sowohl auf das Sperrholz oder den Zeichenkarton der Unterkonstruktion als

auch auf die glatten Rückseiten der Polystyrolplatten leicht übertragen. Bei sich mehrfach wiederholenden Formen, wie zum Beispiel bei Gewölbesegmenten, empfiehlt sich die Anfertigung einer Schablone aus dünnem Aluminiumblech, die auch beim Zuschnitt der Platten immer wieder verwendet werden kann und die geforderte Einheitlichkeit garantiert.

Bei dem hier im Bild gezeigten Eisenbahnviadukt nach dem Vorbild der RhB handelt es sich um eine im Bogen geführte Konstruktion einer 1000-mm-Schmalspurtrasse. Das Bauwerk setzt sich aus mehreren, gleichen Gewölbesegmenten zusammen, deren trapezförmige Körper, sinngemäß aneinandergefügt, die Auflage des Gleisbogens bilden. Die Unterkonstruktion des Modells besteht aus den durch Stege verbundenen Seitenteilen aus 6-mm-Sperrholz. Die Auskleidung der Gewölbebögen und konischen Nischenwände erfolgte mit Zeichenkarton, der zusätzlich mit Nitrosperrgrund (Clou-Schnellschleifgrund) verfestigt wurde. Zur Befestigung der Oberleitungsmasten wurden vorgebohrte Holzklötzchen an die betreffenden Seitenteile geleimt.

Abbildung Seite 90 oben:
Mit HEKI-dur-Modellbauplatten gestaltete Flußbrücke.

Abbildung Seite 90 unten:
Einbau einer Fischbaubrücke.

Abbildungen dieser Seite:
Nachvollzug des bekannten Landwasser-Viaduktes in der Schweiz mit HEKI-dur-Modellbauplatten.

Oberleitung

Es gibt wohl kaum einen eklatanteren Stilbruch als eine Modelleisenbahnanlage ohne elektrische Fahrleitung, auf der Elektrolokomotiven mit abgesenkten Dachstromabnehmern verkehren. Eine andere Frage ist es, ob diese Oberleitung, wie sie umgangssprachlich auch bezeichnet wird, funktionsfähig, also stromführend, oder lediglich als Attrappe installiert wird. Tatsächlich sind die meisten Modellbahn-Elektrolokomotiven mit Dachstromabnehmern auf echten Oberleitungsfahrbetrieb umschaltbar, und fast alle am Markt vertretenen Modellbahn-Oberleitungen sind für die Fahrstromeinspeisung vorgerichtet. So sollte man meinen, dass die Modelleisenbahner, die mit der stromführenden Oberleitung gebotene Möglichkeit, zwei Züge über zwei verschiedene Fahrregler auf ein und demselben Gleis zu steuern, mehrheitlich auch nutzen.

Allerdings gibt es eine ganze Reihe stichhaltiger Argumente, die gegen eine stromführende Oberleitung sprechen. Zunächst dürfte es der erheblich höhere Kosten- und Arbeitsaufwand sein, der einmal aus dem Umstand resultiert, dass bei einer stromführenden Oberleitung alle von den elektrischen Triebfahrzeugen befahrenen Strecken, also auch die in den nicht sichtbaren Anlagenbereichen, überspannt werden müssen. Zum Zweiten schlägt aber auch der höhere Schaltungsaufwand zu Buche, da beim echten Zweizugbetrieb jeder Haltebereich über zwei voneinander unabhängige Relais gesteuert werden muss, ganz abgesehen von der Mehrarbeit, die sich durch die Fahrdrahttrennungen und die damit verbundenen, zusätzlichen Verkabelungen ergibt. Da bei einer Modelleisenbahnanlage, von der man über längere Zeiträume hinweg einen störungsfreien Betrieb erwartet, die Schienen öfters auch von Hand gereinigt werden müssen, ist außerdem die „unterirdische Oberleitung" vor allem bei maßstäblich kleineren Bahnen ein lästiges Hindernis, insbesondere wenn Gleiswendel oder größere Schattenbahnhöfe vorhanden sind.

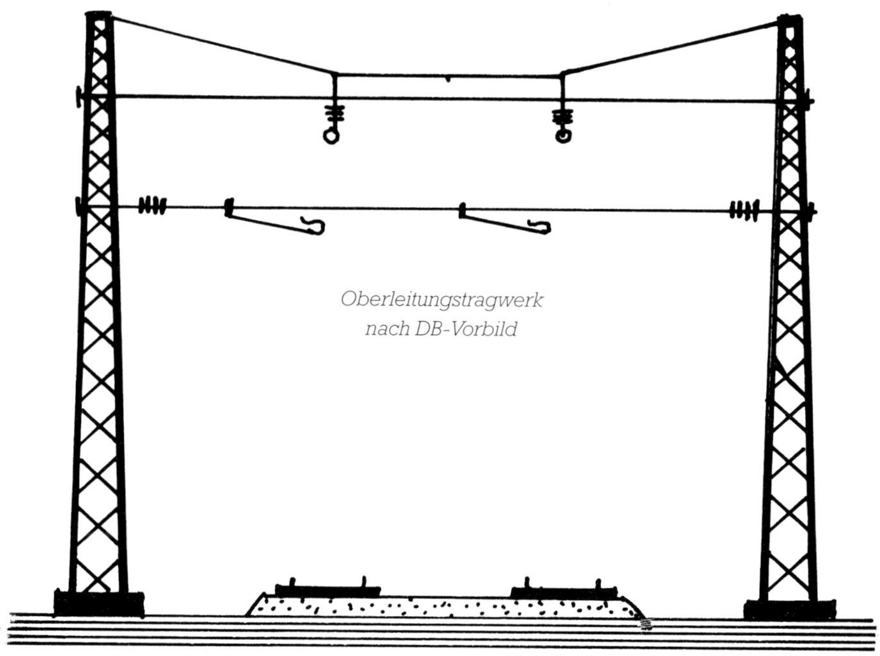

Oberleitungstragwerk nach DB-Vorbild

Nicht zuletzt die Einsicht, dass sowohl beim digitalen Fahrbetrieb als auch unter Nutzung elektronischer Schaltungen der traditionelle Zweizugbetrieb auf einem Gleis heute kaum noch nennenswerte Vorteile bietet, dürfte die genannten Nachteile die meisten Modelleisenbahner davon abhalten, die Oberleitung stromführend zu installieren. Nach Auskunft eines bekannten Herstellers von Modellbahnoberleitungen sind es kaum mehr als 10 %, die sich für die funktionsfähige Oberleitung entscheiden.

Bei einer nicht funktionsfähigen Oberleitung kann man nämlich auf die Fahrdrahtüberspannungen innerhalb der nicht einsehbaren Anlagenbereiche im Untergrund verzichten. In solchen Fällen werden die Dachstromabnehmer der ausfahrenden Elektrolokomotiven durch spezielle, an den Tunnelportalen rückseitig angebrachte Fangbügel – siehe Abbildung Seite 86 – sanft auf das allgemeine Fahrdrahtniveau heruntergedrückt. Solche Fangbügel kann man leicht herstellen, indem man ein speziell vorbereitetes Fahrdrahtstück über eine an der Rückseite der Portalkonstruktion befestigte Holzkufe führt und an einem Ausleger oder aber am nächstliegenden Vertikalspant unter zusätzlicher Verwendung einer Spiralfeder verspannt.

Hinweis: Da Elektrolokomotiven bei fehlender Fahrdrahtüberspannung innerhalb der nicht einsehbaren Anlagenbereiche im Untergrund mit voll ausgefahrenen Dachstromabnehmern verkehren, muss man schon bei der Planung entsprechend erweiterte Mindestdurchfahrtshöhen einkalkulieren. Bei unnatürlich weit ausladenden Dachstromabnehmern wird man ggfs. die Ausscherhöhe durch einen konstruktiven Eingriff in die Mechanik begrenzen müssen.

Im internationalen Zubehörangebot finden sich Modellbahnoberleitungen mit starr über den Gleismittelachsen angeordneten Fahrdrähten und solche, die auf vorbildtreue Zickzackverspannung ausgelegt sind (z. B. System Sommerfeldt). Bei den erstgenannten Systemen steht dem Vorzug der einfachen Montage der Nachteil gegenüber, dass die Fahrdrähte in den Kurven vorbildwidrig den Kreisbogenradien der Gleise folgend gebogen werden müssen. Vorbildtreuer wirkt die unter Verwendung von realistisch dünnen Fahrdrähten im Zickzack verspannte Oberleitung, die allerdings einen entsprechend höheren Installationsaufwand erfordert und auch ein wenig handwerkliche Erfahrung voraussetzt. Außerdem erfordert die Zickzack-Oberleitung eine solide Unterkonstruktion – wie in diesem Buch empfohlen –, da die Fahrdrahtverspannung eine relativ hohe Zugbelastung auf die Masten ausübt. Aus dem gleichen Grund wird an die-ser Stelle empfohlen, zur Installation von verspannten Oberleitungen nur Masten aus Metall zu verwenden. Die Fahrdrahtverspannung erfolgt durch spezielle Federzugspannwerke, die den Seilspannwerken des Vorbildes weitgehend nachempfunden sind.

Auf Zickzackverspannung ausgelegte Modellbahnoberleitungen gibt es für jede Nenngröße und nach Vorbildern zahlreicher Bahnverwaltungen. Eine Ausnahme bildet die Z-Spur, für die der Hersteller MÄRKLIN ein eigenes Oberleitungssystem anbietet.

Hinweis: Auf die spezielle Installationstechnik der einzelnen Modellbahnoberleitungen soll hier nicht eingegangen werden, zumal jeder Hersteller über eigene ausführliche Anleitungen verfügt. Vielmehr beschränken sich die nachfolgend gegebenen Tipps auf allgemeine Ratschläge, die auf eigenen Erfahrungen des Autors in Verbindung mit verspannten Modellbahnoberleitungen der Marke Sommerfeldt beruhen.

Grundsätzlich muss man beim Modellbahnbau davon ausgehen, dass die Installation der Oberleitung schon von Anfang an in das Konzept mit einzubeziehen ist. Dies gilt nicht nur für die Mindestmaße der Tunnelportale und Unterführungshöhen bei Brücken sowie der sich im Untergrund kreuzenden Trassen, sondern auch für die Standorte der Strecken-, Turm- und Abspannmasten. Insbesondere für die Streckenmasten sind die Fundamente schon während der Rohbauphase vorzubereiten. Mit Ausnahme der Verspannungen innerhalb der Tunnelportale, einschließlich der jeweils ersten Masten davor, ist es empfehlenswert, die eigentliche Installa-

Speziell im Hinblick auf die Standortwahl für die Streckenmasten sollte man außerdem noch berücksichtigen, dass diese bei eingleisigen Strecken stets am Außenbogen, bei Gebirgsstrecken jedoch auf alle Fälle an der Bergseite aufzustellen sind. Bei zweigleisigen Strecken sollte man die Masten aus optischen Gründen möglichst konsequent paarweise im Winkel von 90° zur Gleislängsachse einander gegenüberliegend aufstellen.

Wie bereits an anderer Stelle beschrieben, ist es nicht zuletzt aus optischen Gründen erforderlich, dass die Fundamente für die Streckenmasten an die Böschungen gesetzt werden. Ein aus Abachi-Holz gefertigter Holzsteg mit vorbereiteter Bohrung – siehe Abbildung – wird zu diesem Zweck am vorgesehenen Standort mit Schmelzkleber unter die Trasse geklebt. Bei geneigten

tionsarbeit erst nach vollendeter Geländegestaltung auszuführen, da die Fahrdrahtverspannung nachfolgende Arbeiten erheblich behindern würde.

Im Hinblick auf die Standortwahl der Streckenmasten gilt es, folgende Punkte zu berücksichtigen:

die Befestigung des Fahrdrahtes am Ausleger muss innerhalb der systembezogenen und für die sichere Fahrstromabnahme festgelegten Maßtoleranz gegeben sein,

der Abstand vom Gleis ist so zu wählen, dass eine Berührung durch die verkehrenden Fahrzeuge auszuschließen ist, und bezogen auf die Gleismittelachse sind die Abstände von Mast zu Mast so zu wählen, dass die gleisführungsabhängige Fahrdrahtverspannung eine sichere Fahrstromabnahme durch die Dachstromabnehmer der verkehrenden Fahrzeuge ermöglicht. Für die Anwendungspraxis bedeutet dies, dass das Festlegen der Maststandorte und das Setzen der Fundamente für die Streckenmasten unmittelbar nach dem Verlegen der Modellgleise erfolgen muss. Das Ermitteln der korrekten Mastabstände vom Gleis, erfolgt am besten unter Verwendung einer Schablone, die es für die Nenngrößen H0 und N gibt (Sommerfeldt). Wie die Abbildungen zeigen, gelingt es damit leicht, die geforderten Maße zu ermitteln. Die festgelegten Abstände von Mast zu Mast richten sich bei geraden Strecken nach den maximalen Fahrdrahtlängen. Bei Gleisbögen ermittelt man die Mastabstände am besten mit Hilfe eines Messdrahtes und zwei der genannten Maßschablonen – siehe Zeichnung unten. Ein sicherer Fahrbetrieb mit anliegendem Dachstromabnehmer ist gewährleistet, wenn der Messdraht die Schieneninnenkanten an keiner Stelle berührt.

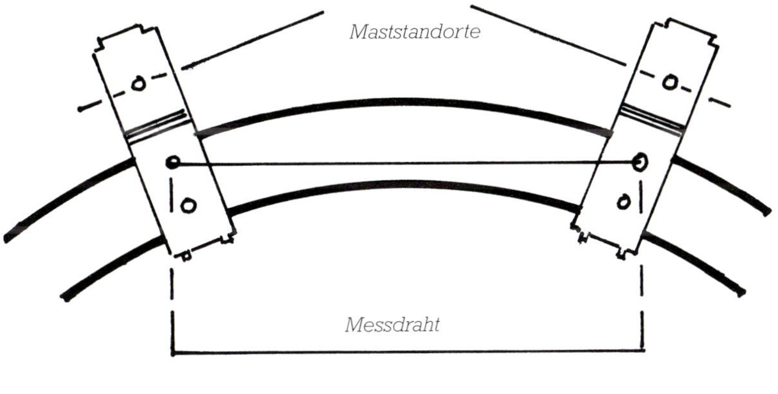

Abbildung oben:
Sechsgleisiger Bahnhof einer H0-Großanlage, überspannt mit der Sommerfeldt-Oberleitung.

Abbildung Mitte:
Anwendung der OL-Fahrdrahtschablone.

Abbildung unten:
Der Holzsteg zur Befestigung des Streckenmastes unter dem Trassenbrett.

Trassen ist es durch zusätzliche Bearbeitung mit der Holzraspel möglich, die Klebefläche am Steg im gegenläufigen Winkel zur Neigung auszubilden, so dass die Waagerechtlage der Mastfundamente stets sichergestellt ist. Grundsätzlich müssen die Streckenmasten der Oberleitung auch an geneigten Trassen senkrecht stehen. Im Neigungswinkel der Trasse aufgestellte Oberleitungsmasten ergeben ein äußerst negatives Bild und dürfen auf keiner Anlage toleriert werden.

Sollen mehr als zwei parallel geführte Gleise mit Fahrdrähten der Oberleitung überspannt werden, empfiehlt sich die Verwendung von Tragwerken. Mit Hilfe von Tragwerken, die jeweils aus zwei Turmmasten und einer im Winkel von 90° zu den Gleisen querziehenden Fahrdrahtaufhängung bestehen – siehe Abbildung Seite 93 oben –, können im Prinzip beliebig viele Gleise eines Bahnhofs mit Fahrdrähten überspannt werden. Allerdings erfordert die korrekte Fahrdrahtüberspannung eines größeren Bahnhofs eine sorgfältige Auswahl der Maststandorte, in Abhängigkeit der durch die Gleisverzweigungen vorgegebenen Abspannmöglichkeiten.

In der Praxis gelingt dies am einfachsten, indem man über die gesamten Gleise des betreffenden Bahnhofs, also von der ersten bis zur letzten Gleisverzweigung, ein Transparentpapier spannt und mit Reißzwecken fixiert. Weichenlaternen, Signale und dergl. dürfen zu diesem Zeitpunkt noch nicht montiert sein, damit der Transparentpapierbogen möglichst eben aufliegt. Dann fertigt man sich ein Holzklötzchen, das man unterseitig mit einem weichen Bleistift schwärzt. Mit der Unterseite des auf diese Weise gefärbten Klötzchens fährt man anschließend mit mäßigem Druck mehrmals über die unterlegten Gleise, wobei sich deren Schienen auf der Oberfläche des Transparentpapiers markieren. Der so entstandene Streckenführungsplan wird anschließend abgenommen und auf einer glatten Unterlage, wie zum Beispiel auf einem Tapeziertisch ausgebreitet. Jetzt gelingt es leicht, in diese ,,Oberleitungs-Werkpause" sowohl die Lage der Tragwerke als auch die Fahrdrahtverspannungen einschließlich der erforderlichen Abspannmasten einzumessen und letztlich auch einzuzeichnen. Danach benutzt man die Oberleitungs-Werkpause zunächst um die ermittelten Bohrungen für die Turm- und Abspannmasten auf die Anlage zu übertragen. Anschließend dient sie als Schablone beim Zusammenbau der Tragwerke.

Zur Sicherheit kann man sich nochmals für jedes einzelne Tragwerk eine Montageschablone herstellen, was den Zusammenbau erheblich erleichtert. Eine ausführliche Bauanleitung liegt den Bausätzen bei.

Zum Schluss sei noch erwähnt, dass es bestimmte Gleise gibt, die nicht mit einer elektrischen Fahrleitung überspannt werden dürfen. Dazu zählen beispielsweise alle Ladegleise mit Kran- und Schüttverladung, alle Ladegleise im Bereich von Tankanlagen, Raffinerien und Chemiebetrieben, Ladegleise in Steinbrüchen und Schotterwerken sowie alle Gleise innerhalb von Containerbahnhöfen. Die Überspannung solcher Gleise wäre auf einer vorbildorientiert gestalteten Modelleisenbahnanlage eine unverzeihliche Stilsünde.

Abbildung oben:
Die ausgelegte Werkpause für die Oberleitungsverspannung eines H0-Bahnhofs mit den zum Einbau vorbereiteten Tragwerken.

Abbildung Mitte:
Bahnkörper mit korrekt an der Böschung aufgestellten Streckenmasten. Detail einer H0-Großanlage im Rhein-Main-Modellbahnzentrum in Mühlheim/Main.

Tipps zur elektrischen Installation

Wenn die Gleise verlegt sind, empfiehlt es sich, zuerst die elektrischen Installationsarbeiten durchzuführen, bevor man mit dem Geländebau beginnt. Da in diesem Stadium sowohl die Trassenunterseiten als auch die Zwischenräume der tragenden Holzkonstruktion noch relativ leicht zugänglich sind, hat man es mit der Verkabelungsarbeit einfacher.

Bei den in diesem Abschnitt gegebenen Empfehlungen handelt es sich um praktische Ratschläge zur elektrischen Installation von Modelleisenbahnanlagen, die auf persönlichen Erfahrungen des Autors beruhen. Zusammengefasst bieten sie allerdings keine komplette Anleitung. Hier wird auf die jeweils systembezogenen Installationsanweisungen der einzelnen Hersteller verwiesen. Vielmehr sollen die weitgehend systemübergreifenden, allgemeinen Tips helfen, die Anschlussarbeiten zu rationalisieren und mögliche Fehlinvestitionen zu vermeiden.

Der elektrische Schaltplan

Bevor man mit der elektrischen Anschlussarbeit beginnt, sollte man sich alle Details gründlich überlegen, und, damit man sie nicht mehr vergisst, schriftlich fixieren, indem man sich einen Schaltplan zeichnet. Dieser „elektrische Schaltplan" muss so ausgeführt sein, dass er auch noch viele Monate nach seiner Fertigstellung nicht nur vom Urheber selbst eindeutig gelesen und verstanden werden kann, sondern auch von Dritten. Deshalb bedient sich der Fachmann bestimmter Zeichen und Symbole, die international genormt sind. Auch bei den wenigen Schaltplänen und Skizzen in diesem Buch werden diese Zeichen und Symbole verwendet. Von den über 500 internationalen Schaltzeichen sind es allerdings kaum mehr als zwei Dutzend, die der Modellbahner zum Zeichnen seiner Pläne benötigt und die er kennen muß. Sie sind in nebenstehender Tabelle aufgeführt.

Wenn man sich also diese wenigen Zeichen und Symbole einprägt, ist das Lesen eines elektrischen Schaltplanes kinderleicht, so verwirrend ein solcher auch dem Laien auf den ersten Blick erscheinen mag. An den in Form von einfachen Linien dargestellten Leitungen kann man die einzelnen Verbindungen von Anschluß zu Anschluß verfolgen. Wenn man sich dann noch merkt, daß die sich lediglich kreuzenden Linien auch kreuzende, also nicht miteinander verbundene Leitungen darstellen und die mit einem Knoten versehenen Überkreuzungen Leitungsverbindungen symbolisieren, hat man die Sache bereits verstanden.

Elektrische Spannung und Stromstärke

Wie durch die bei Kurzschlüssen auftretende Wärmeentwicklung bewiesen, ist im Stromfluss vom negativen zum positiven Pol einer Spannungsquelle ein Energiepotential vorhanden, vergleichbar mit Wasser, das ebenfalls nutzbare Energie liefern kann, wenn ein Gefälle

Elektrische Schaltzeichen

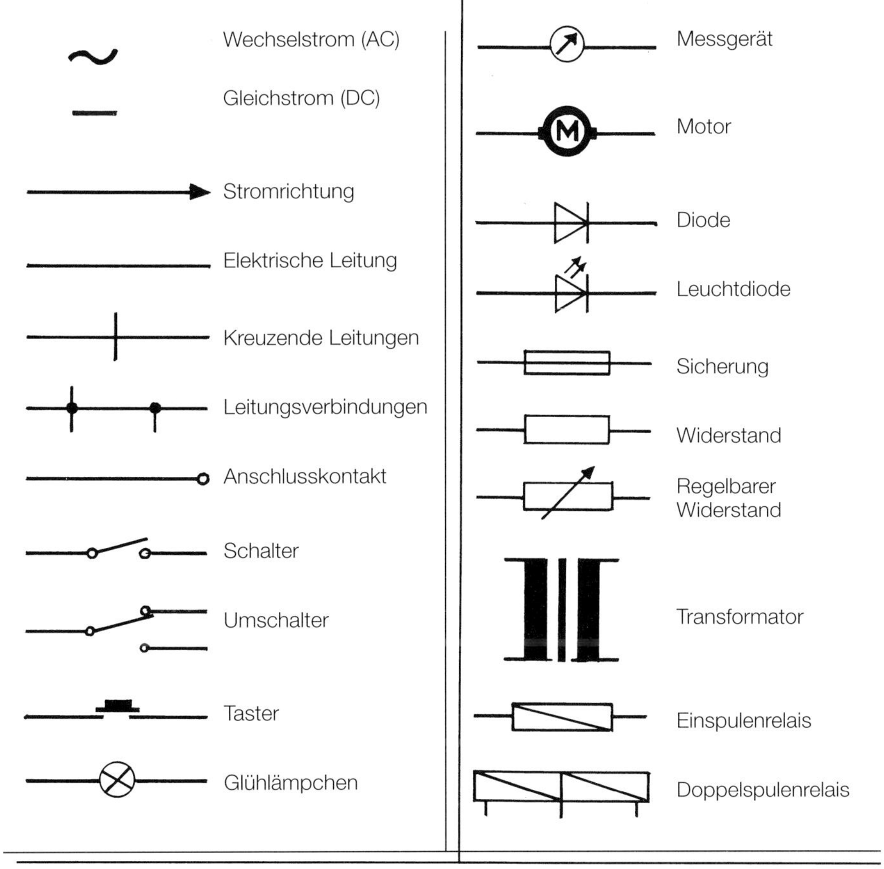

vorhanden ist. Die in einer Ladung vorhandene Energie bezeichnet man als „elektrische Spannung". Sie wird in Volt (V) gemessen. Für die elektrische Spannung benutzt der Wissenschaftler das Formelzeichen U.

Wie beim Wasserfall das Energiepotential nicht nur von der Menge, sondern von der Gefällhöhe abhängig ist, richtet sich die Höhe der elektrischen Spannung nach dem Potential des Ladungsausgleichs. Elektrische Freileitungen beispielsweise transportieren Spannungen bis zu 380 000 Volt. Der übliche Haushaltsstrom wird in Spannungen von 110 bis 220 Volt geliefert, und die maximalen Betriebsspannungen für Modellbahnen liegen zwischen 9 und 24 Volt.

Zum Messen der elektrischen Spannung wird das Voltmeter an die beiden Pole der betreffenden Spannungsquelle angelegt. Diese Schaltung bezeichnet man als „Parallelschaltung".

Die elektrische Spannung alleine sagt aber noch nichts über die Arbeit aus, die ein elektrischer Strom zu leisten vermag; ebenso wie beim Wasserfall, dessen Gefälle alleine nicht entscheidend dafür ist, ob die Energie ausreicht, um beispielsweise ein Wasserrad anzutreiben. Beim elektrischen Strom ist die Menge der im Leiter fließenden Elektronen eine messbare Größe, die man als „Stromstärke" bezeichnet.

Die Stromstärke wird in Ampere (A) gemessen. 1 Ampere ist die Menge von 6 Trillionen Elektronen, die in einer Sekunde durch einen Leiter wandert. Vergleichsweise werden mehrere Ampere benötigt, um die Heizplatte in einem Küchenherd zu erwärmen.

Die Stromstärke wird mit dem Amperemeter gemessen, indem das Messgerät in Serie zum Stromverbraucher in den Stromkreis geschaltet wird. Der Fachmann bezeichnet diese Schaltung als „Serien- oder Reihenschaltung". Zur Angabe der elektrischen Spannung steht das Formelzeichen I.

Die elektrische Leistung

Von praktischem Nutzen für den Modelleisenbahner ist die Kenntnis der „elektrischen Leistung". Sie ergibt sich aus den beiden Größen der elektrischen Spannung und der Stromstärke nach der Formel Volt x Ampere (V x A). Die elektrische Leistung wird in Watt (W) angegeben, bei Wechselstrom auch in Voltampere (VA). Für die elektrische Leistung steht das Formelzeichen N.

Berechnungsbeispiel: Bei einer H0-Gleichstromlokomotive messen wir einen Stromdurchgang von 0,7 A bei einer maximalen Fahrspannung von 14 V. Wie hoch ist die elektrische Leistungsaufnahme?

Die Lösung: N = 0,7 A x 14 V = 9,8 W

Bei einer Wechselstromlokomotive wären es 9,8 VA.

Der elektrische Widerstand

Bei der Übertragung des elektrischen Stroms ist letztlich auch noch der „elektrische Widerstand" eine zu berücksichtigende Größe. Auch hier kann man das Wasser nochmals zum Vergleich heranziehen. Wird dieses durch Röhren geleitet, treten im Hinblick auf die nutzbare Leistung durch Reibung und Kompression Übertragungsverluste ein, die sich in dem Maße erhöhen, wie sich der Leitungsquerschnitt verkleinert.

Zum Übertragen des elektrischen Stroms benutzt man Leiter aus mehr oder weniger leitfähigen Metallen. Bei der Modelleisenbahn nutzen wir neben den verschiedenen Zuleitungen die Schienen der Modellbahngleise, die Fahrzeugräder und die Fahrzeugachsen zur Fahrstromübertragung. Doch, wie die Röhren beim Wasser, leisten auch beim elektrischen Strom die Leitungen dem Elektronenfluss Widerstand. Somit geht also ein Teil von der am Trafo zur Verfügung stehenden Energie auf dem Übertragungsweg verloren. Dieser elektrische Widerstand ist hauptsächlich abhängig von der Länge, dem Querschnitt und der metallurgischen Beschaffenheit des betreffenden Leiters. Ggfs. spielt auch noch die Temperatur eine Rolle.

Für den elektrischen Widerstand steht das Formelzeichen R. Die Widerstände der verschiedenen Leiter werden in Ohm (Ω) angegeben. Ein Leiter hat den elektrischen Widerstand von 1 Ohm, wenn er zwischen seinen Enden einen Strom von 1 Ampere Stärke fließen lässt.

Nach dem „Ohmschen Gesetz" lässt eine gegebene Spannung umso mehr Strom durch einen Leiter fließen, je geringer sein elektrischer Widerstand ist. Das Ohmsche Gesetz bringt also die mathematischen Beziehungen der drei Größen Spannung (U), Stromstärke (I) und elektrischer Widerstand (R)zum Ausdruck nach den Formeln:

U = R x I, I = U : R und R = U : I.

Für die Modellbahnpraxis von Bedeutung ist der Widerstand in den vorerwähnten Leitern, die wir üblicherweise zum Übertragen der Betriebsströme nutzen. Es ist logisch, dass das Potential an Leistungsenergie, das durch den Widerstand im Leiter einer Zuleitung verloren geht, am Ort des Bedarfs nicht mehr verfügbar ist.

Oberstes Gebot beim Bau von Modelleisenbahnanlagen muss es also sein, dass man alle technischen Möglichkeiten nutzt, die Leitungsverluste auf niedrigstem Niveau zu halten. Theoretisch gibt es bei den Schienen der Modellbahngleise, die ja hauptsächlich als Leiter für die Fahrstromübertragung genutzt werden, kaum Probleme; die Fahrschienen und Mittelleiter-Kontaktbänder sind aus gut leitfähigen Metallverbindungen hergestellt und verfügen außerdem über verhältnismäßig große Querschnitte. Die meist als Klemmverbindungen ausgebildeten Schienenstöße sind hingegen nicht immer kontaktsicher genug, so dass sich bei längeren Strecken die dort auftretenden Widerstände zu merklich hohen Spannungsverlusten addieren können.

Besondere Aufmerksamkeit gilt den Zuleitungen. Üblicherweise verwendet man zur Betriebsstromübertragung vom Trafo zu den Schienen oder sonstigen Verbrauchern flexible Drahtlitzen (Kabel). Hier ist es wichtig zu wissen, dass der Widerstand in diesen Leitungen dem Ohmschen Gesetz entsprechend nicht nur vom Querschnitt, sondern auch von der metallurgischen Beschaffenheit der „Seele" abhängig ist. Auch die Temperatur spielt ggfs. eine Rolle. Wenn sich zum Beispiel zu dünne Leitungen oder innerhalb des Stromkreises befindliche Spulen erwärmen, wächst der Widerstand in der Quadratpotenz zur Stromstärke.

Der Gesamtwiderstand einer Zuleitung lässt sich leicht errechnen, wenn die metallurgische Beschaffenheit, der Querschnitt der zu verwendenden Litze und deren Gesamtlänge bekannt ist. Anhaltspunkte für die Widerstandsberechnungen von elektrischen Leitern bietet die nachstehende Tabelle, deren Werte sich auf eine Temperatur von 21 °C beziehen.

Material	Spez. Widerstand in Ohm je mm²-Querschnitt und 1 Meter Länge
Kupfer	0,018
Zink	0,0638
Messing	0,085
Stahl	0,190
Neusilber	0,300
Zinn	0,125

Die Berechnung des elektrischen Widerstandes einer Leitung gelingt nun, indem wir den aus der Tabelle entnommenen Wert zunächst mit der doppelten Länge des Leiters (der Elektronenrückfluss muss mitberechnet werden) multiplizieren und den erhaltenen Wert durch den Leitungsquerschnitt dividieren. Die beiden folgenden Berechnungsbeispiele verdeutlichen, wie hoch die Leitungsverluste bei Verwendung einer zu dünnen Litze anzusetzen sind.

$$R = \frac{0{,}018\ \text{Ohm/mm}^2\text{/m} \times 15\ \text{m} \times 2}{0{,}12} = 4{,}5\ \text{Ohm}$$

$$R = \frac{0{,}018\ \text{Ohm/mm}^2\text{/m} \times 15\ \text{m} \times 2}{0{,}25} = 2{,}2\ \text{Ohm}$$

Mit den nun folgenden Berechnungsbeispielen werden die tatsächlichen Spannungsverluste unter der Annahme ermittelt, dass es sich bei der 15 m langen Litze um eine Fahrstromzuleitung handelt und auf dem zu versorgenden Streckenabschnitt ein Triebfahrzeug mit einer Stromaufnahme von 0,8 Ampere verkehrt.

U = 4,5 Ohm x 0,8 Ampere = 3,6 Volt
U = 2,2 Ohm x 0,8 Ampere = 1,8 Volt

Nach diesen Berechnungsbeispielen wird jedem Modelleisenbahner klar, dass die von den Herstellern im Allgemeinen vertriebenen und vom Fachhandel angebotenen „Modellbahnkabel" mit dem üblichen Leitungsquerschnitt von 0,14 mm² für die Übertragungen von Betriebsströmen zumindest bei größeren Anlagen zu dünn sind.

Leitungsverluste minimieren

Bedingt durch die zahlreichen Widerstände und unterschiedlich beschaffenen Zuleitungen sind auch bei der Modelleisenbahn Verluste beim Übertragen der Betriebsströme nicht zu vermeiden. Man kann allerdings Einiges unternehmen, um sie niedrig zu halten, beispielsweise indem man darauf achtet, dass die Verbindungslaschen an den Schienenstößen allerorts fest klemmen, die Leitungsquerschnitte der Zuleitungen ausreichend dimensioniert sind und man unvermeidbare Kontaktbrücken möglichst widerstandsarm ausbildet. Auch die Installation widerstandsarmer Sammelschienen unter der Anlage für die Betriebsströme, und öftere Fahrstromeinspeisungen in die Modellbahngleise, etwa alle zwei Meter, helfen mit, die Betriebsströme weitgehend verlustlos zu übertragen.

Tipps zur rationellen Verkabelung

Die generelle Verwendung von Litzen mit einem Querschnitt von 0,75 mm² für die gesamte Modellbahnverkabelung wäre allerdings unsinnig. Dieser hohe Leitungsquerschnitt wird nur für Leitungen gefordert, die zur Übertragung höherer Strompotentiale vorgesehen sind, wie zum Beispiel bei den Zuleitungen der Fahr- und Lichtstromkreise und für die Masseleitungen. Man bezeichnet sie als „Versorgungsleitungen". Für alle anderen Leitungen, und diese sind mit Abstand in der Überzahl, genügen die handelsüblichen Modellbahnlitzen mit einem Leitungsquerschnitt von 0,14 mm². Diese bezeichnet man als „Steuerleitungen", da sie lediglich zum Übertragen von Steuerimpulsen, zur Speisung von einzelnen Signallämpchen oder als Leitungen für Ruheströme mit geringem Potential dienen.

Zur Unterscheidung, und außerdem auch um Verwechslungen vorzubeugen, wird die Übernahme des nachfolgend aufgeführten Farbschemas für die Verkabelung empfohlen.

Rot = Alle Fahrstromzuleitungen bei Wechselstrombahnen, Fahrstrom-Plus-Leitungen bei Gleichstrombahnen.

Schwarz = Fahrstrom-Minus-Leitungen bei Gleichstrombahnen.

Gelb = Licht (Versorgungsspannung)

Braun = Masseleitungen (0)

Blau = Steuerleitungen

Die hier aufgeführten Kabelfarben geben gleichzeitig Auskunft über den Leitungsquerschnitt; für alle Versorgungskabel (Rot, Schwarz, Gelb und Braun) 0,50 bis 0,75 mm², für alle Steuerleitungen 0,14 mm².

Hinweis: Modellbahnlitzen bis 0,5 mm² sind beim Fachhandel erhältlich. Kupferlitzen mit größeren Querschnitten hält der Elektrogroßhandel vorrätig, sind dort allerdings nur in 100-m-Ringen zu haben.

Tipps zur Herstellung kontaktsicherer Leitungsverbindungen

Insbesondere bei größeren Anlagen sind lässig ausgeführte Leitungsverbindungen die Hauptursachen von lästigen Fahrbetriebstörungen. Die beim Modellbahnzubehör auch heute noch immer üblichen Federklemmanschlüsse beispielsweise sind zwar praktisch für diejenigen, die es eilig haben, jedoch bei Verwendung von flexibler Litze keineswegs dauerhaft kontaktsicher. Dies gilt auch für Schraubenklemmen und die handelsüblichen Bananenstecker. Die denkbar schlechtesten Verbindungen ergeben jedoch die lediglich an ihren Enden zusammengedrehten und miteinander verdrillten Litzen. Unsichere Leitungsverbindungen führen oft durch Erwärmung zum Anstieg des elektrischen Widerstandes.

Die kontaktsicherste Leitungsverbindung ist die fachgerecht ausgeführte Verlötung. Allerdings scheuen sich viele Anfänger davor, einen Lötkolben oder eine Lötpistole in die Hand zu nehmen. Deshalb ist auch heute noch der größte Teil des elektrischen Modellbahnzubehörs mit Klemm- und Steckanschlüssen ausgestattet. In diesem Zusammenhang bedarf es allerdings des Hinweises, dass nur die wirklich fachgerecht ausgeführte Lötverbindung dauerhaft optimale Kontaktsicherheit bieten kann. Unsachgemäß ausgeführte, sog. „kalte Lötstellen" sind hingegen nicht sicher und häufig die Ursachen lästiger Funktionsstörungen.

Kontaktsichere Leitungsverbindungen sind vor allem dort wichtig, wo Fahrstrom in die Schienen eingespeist wird. Die Modellbahnprofis löten deshalb die Zuleitungen direkt an die Schienen und verzichten auf die Verwendung von speziellen Anschlussgleisen oder Anschlussklemmen.

In der Regel werden die Leitungen unter der Anlage verlegt, indem man sie in Stränge zusammenfasst und diese durch im Anlagenrahmen vorbereitete Bohrungen führt. Auch Ringösenschrauben oder Kabelkanäle aus Kunststoff sind zur Aufnahme dieser „Kabelbäume" geeignet. Dabei ist jedoch darauf zu achten, dass sowohl diese Kabelstränge als auch die von ihnen abzweigenden Einzelkabel stets an den Rahmengitterleisten entlanggeführt werden. Keinesfalls dürfen einzelne Litzen quer durch die Rasterfelder oder Spantenzwischenräume gezogen werden, da diese den Zugang zu den unterführenden Gleisen behindern würden.

Hinweis: Als Kabelverbindungen von einem Anlagenelement zum anderen über die Trennfugen hinweg werden für die blauen Steuerleitungen 50-adrige Flachbandkabel (0,16 mm) mit handelsüblichen Computer-Steckkupplungen empfohlen. Zur Verbindung der Versorgungsleitungen haben sich handelsübliche Lüsterklemmen (BRAWA) ausgezeichnet bewährt. Es ist von großem Vorteil, wenn man an jeder elektrisch durch Steckverbindungen trennbar ausgebildeten Anlagenfuge die Kabelbäume auffiedert, auf eine Lötleiste legt, und jede einzelne Leitung nach einem entsprechenden Schlüssel kennzeichnet. Diese Mehrarbeit macht sich jedoch bezahlt durch die Zeitersparnis bei der Fehlersuche in Störungsfällen, da jedes einzelne Kabel an der Schnittstelle mit dem Messgerät überprüft werden kann.

Richtiges Löten

Für jeden Modelleisenbahner, der sein Hobby ernst nimmt, sollte es auch selbstverständlich sein, dass er die Löttechnik beherrscht, denn, wie bereits mehrfach darauf hingewiesen, gibt es hierzu im Hinblick auf Kontaktsicherheit bei den Anschlussleitungsverbindungen keine bessere Alternative. Dem Einsteiger können die nachfolgenden Tipps beim Erlernen dieser keineswegs schwierigen Kunst recht hilfreich sein.

Um die Löttechnik fachgerecht ausführen zu können, benötigt man einen Lötkolben oder eine Lötpistole, Lötzinn, Flussmittel und ein feuchtes Schwämmchen zum gelegentlichen Reinigen der Lötspitze.
Die Frage ist zunächst: Lötkolben oder Lötpistole? Nun, wer außer den Lötarbeiten, die bei den Anschlussarbeiten beim Modellbahnbau anfallen, auch noch feinere Dinge löten will, wie zum Beispiel elektronische Bauteile an Leiterplatten, der wählt am besten einen Lötkolben. Er sollte auf eine Leistung von mindestens 40 W ausgelegt und mit einer zunderfreien Dauerlotspitze ausgestattet sein. Besser, aber auch etwas teurer, sind die so genannten Lötstationen, wie oben abgebildet, bei denen die Betriebstemperatur vorwählbar ist. Ein in der Lötspitze befindliches Thermoelement sorgt dafür, dass die eingestellte Arbeitstemperatur konstant eingehalten wird. Im Gegensatz zur Lötpistole bleibt der Lötkolben über die ganze Arbeitszeit hinweg eingeschaltet, wenn Lötarbeiten in kürzeren Zeitabständen anfallen. Dem Vorteil der ständigen Betriebsbereitschaft steht allerdings als Nachteil die Gefahr der ständig heißen Lötspitze gegenüber, die dieses Arbeitsmittel auf oder gar unter der Anlage in sich birgt. Innerhalb des Anlagenbereichs ist der Einsatz einer Lötpistole vorteilhafter, da sich bei ihr die Lötspitze nur erwärmt, wenn man den im Pistolengriff befindlichen Schalter betätigt. Bei einem Markengerät wird die erforderliche Betriebstemperatur innerhalb von 10 Sekunden erreicht.

Als Lötzinn verwendet man vorteilhaft das in jedem Elektronikfachgeschäft erhältliche Radiolot, ein dünner Zinndraht, der Flussmittel enthält. Sobald sich dieses Material mit dem Erreichen der Arbeitstemperatur verflüssigt, sorgt das gleichzeitig freigesetzte Flussmittel für die zur intensiven Verbindung erforderliche Oxidation der zu verlötenden Metalloberfläche.

Nicht alle Metalle sind für die Lötverbindung geeignet. Von den Metallen, mit denen der Modelleisenbahner zu tun hat, sind Kupfer, Messing, Zinn und Neusilber gut lötbar. Man kann also davon ausgehen, dass alle handelsüblichen Litzen, ebenso wie die zur Lötverbindung vorgesehenen Kontakte an den einzelnen Geräten, leicht zu löten sind.

Die zu verlötenden Stellen sind unmittelbar vor der Bearbeitung sorgfältig zu entfetten und außerdem auch von eventuellen Zunderschichten durch Blankschleifen mit Flintpapier zu befreien. Auch Fingerschweiß wirkt als Trennschicht, die eine einwandfreie Verbindung verhindern kann. Das Entfetten erfolgt am besten mit Isopropylalkohol (erhältlich in der Apotheke).

Beim eigentlichen Lötvorgang kommt es darauf an, dass die Lötspitze im Regelfall die richtige Betriebstemperatur von

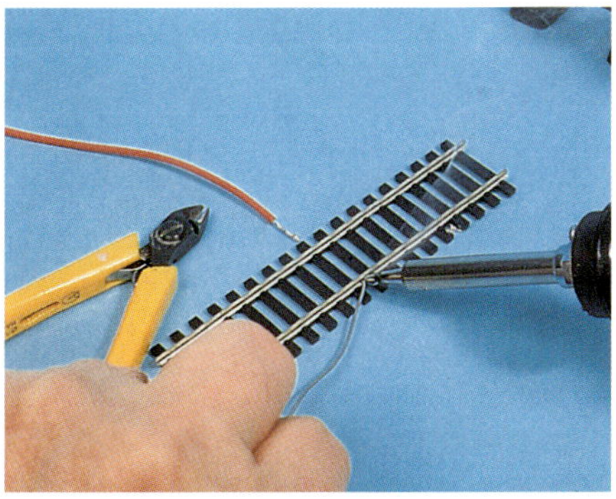

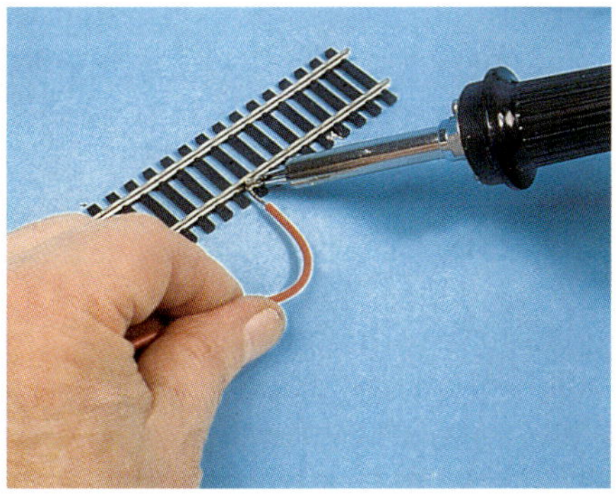

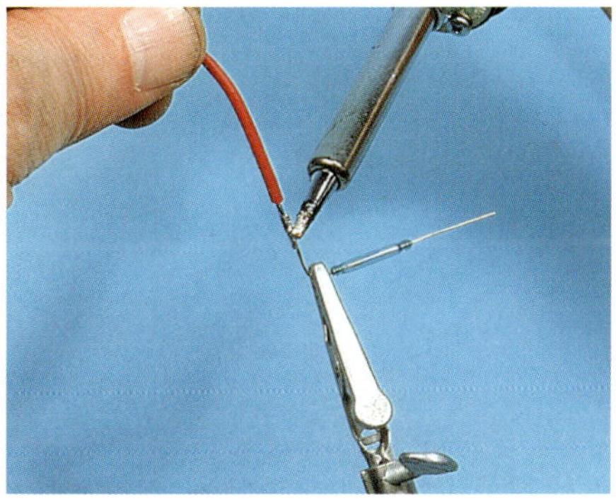

Viererblock links von l.n.r.:
- *Verzinnen der Lötstelle an der Neusilberschiene des Modellgleises,*
- *Anlöten des zuvor ebenfalls verzinnten Endes der Fahrstromzuleitung.*
- *Vorbereiten der Lötstelle am Mittelleiterkontaktband eines Märklin-K-Gleises unter Verwendung von Lötwasser.*
- *Feinlöten an einem Rauchgasschutzkontakt mit Wärmeableitung durch Krokodilklemme.*

Abbildung Seite 98: Vollautomatische Lötstation von WELLER mit Lötkolben, Lötzinn und Lötwasser.

280 °C erreicht. Zuerst werden die beiden zu verlötenden Stellen gut verzinnt, wobei das Radiolot durch Zusammenbringen mit der Lötspitze erst unmittelbar am Objekt verflüssigt wird, damit das Zinn gleichzeitig mit dem freigesetzten Flussmittel auf die zu verlötende Stelle gelangt. Falsch hingegen ist die oft praktizierte Methode, bei der zuerst das verflüssigte Zinn auf die Lötspitze genommen und dann erst auf die zu verbindende Stelle gebracht wird.

Erst wenn die zu verlötenden Stellen an beiden Objekten in der beschriebenen Weise verzinnt worden sind, so dass sie schön silbern glänzen, werden sie zusammengebracht und nochmals kurz mit der Lötspitze erwärmt, bis sie miteinander verschmelzen. Etwas abweichend hiervon verfährt man beim Zusammenlöten flexibler Litzen, deren abisolierte Enden man zunächst gut verdrillt und danach verzinnt.

Schon beim Vorverzinnen muss man auch das Metall an den zu verlötenden Stellen mit erwärmen, um eine intensive Verbindung sicherzustellen. Doch sollte man dies nicht länger als nötig tun, da Metalle ja bekanntlich auch gute Wärmeleiter sind und bei Überwärmung benachbarte Elektronikbausteine oder wärmeempfindliche Kunststoffe leicht Schaden nehmen können. Bei besonders kritischen Objekten, wie beispielsweise beim Einlöten von Elektronikbauteilen in Leiterplatten oder beim Anlöten von Zuleitungen an Reedkontakte, empfiehlt es sich, das betreffende Objekt zwischen der Lötstelle und dem wärmeempfindlichen Teil mit einer Zange zu halten, deren massiver Metallkörper einen großen Teil der sich ausbreitenden Wärmeenergie ableitet. Bei den meisten lötfreundlichen Metallverbindungen genügen ein bis zwei Sekunden zum Vorverzinnen bei einer eingestellten Mindesttemperatur von 280 °C.

Beim Löten von Modellbahnschienen aus Messing und Neusilber kann man der größeren Masse wegen mit einer Temperatur bis zu 400 °C arbeiten. Allerdings gibt es eine Reihe Modellbahnschienen, die aus weniger lötfreundlichen Metallen bestehen. Dies trifft beispielsweise auf die brünierten Schienen der Modellgleise von Arnold und Bemo zu.
Bei beiden bestehen jedoch die Schienenverbinder aus einem gut lötbarem Metall, so dass man die Anschlüsse ohne Schwierigkeiten dort anlöten kann. Dies gilt auch für die Fahrschienen des Märklin-K-Gleises, die ebenfalls aus einem wenig lötfreundlichem Metall bestehen. Bei dem Mittelleiterkontaktband dieses Gleises, aus gleichfalls nur schwer zu lötendem Material, hat man die Möglichkeit, die Zuleitungen in der üblichen Weise an die unterseitigen, verkupferten Kontaktzungen anzulöten. Spezialisten gelingen hingegen auch ausgezeichnete Lötverbindungen an diesem stählernen Band nach erfolgtem Blankschleifen unter Verwendung von Lötwasser. In Verbindung mit diesem lassen sich auch an die Fahrschienen der Märklin-K-Gleise die Anschlüsse anlöten; bei einer Mindesttemperatur von 450 °C. Hohlprofilschienen älterer Modellbahngleise wie z. B. bei den Märklin-M-Gleisen oder denen der Marke Kleinbahn sind in dem hier beschriebenen Weichlötverfahren nicht lötbar.

Hinweis: Wo an Modellbahngleisen mit Lötfett oder Lötwasser gearbeitet wurde, sind die Lötstellen nachher sorgfältig mit Isopropylalkohol zu reinigen, um Oxidationen zu verhindern. Dies gilt vor allem für Gleisteile, z. B. am Mittelleiter des Märklin-K-Gleises, die später nicht mehr zugänglich sind.

Die einwandfrei und kontaktsicher ausgeführte Lötstelle erkennt man am ungetrübt silbernen Glanz. Eine mangelhaft ausgeführte Verlötung, die man in der Fachsprache auch als „kalte Lötstelle" bezeichnet, ist matt und zeigt eine poröse Oberfläche.

Wichtige Hinweise: Beim Löten entstehende Säuredämpfe wirken ätzend auf die Schleimhäute der Augen und Atemwege; das Einatmen ist unbedingt zu vermeiden. Empfehlenswert ist ein Tischventilator am Arbeitsplatz, der für einen wirksamen Abzug der Dämpfe sorgt. Bei Lötarbeiten unter der Anlage ist das Tragen einer Schutzbrille zwingend.

Transformatoren und Regelgeräte

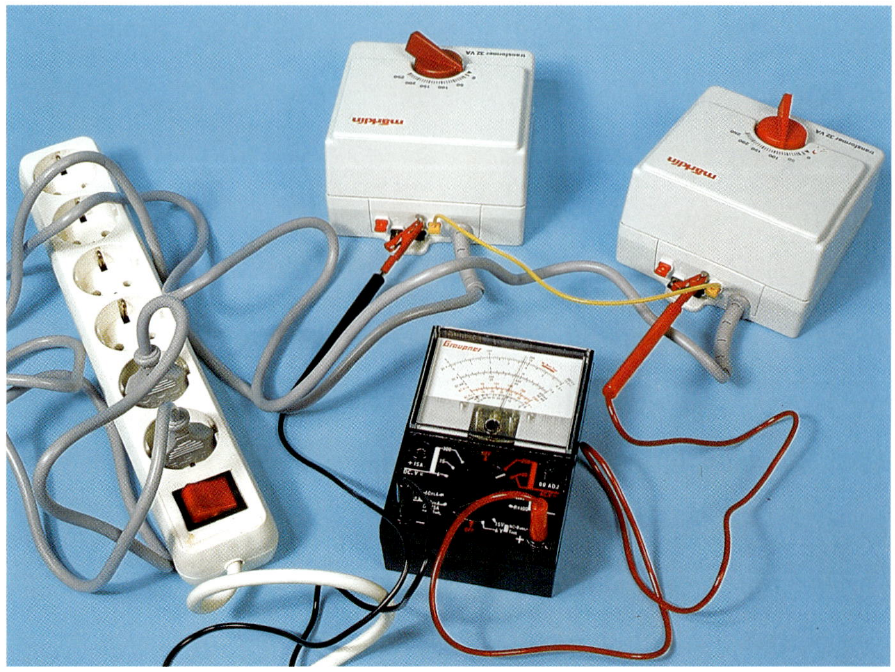

Unter einem Modellbahntransformator, auch als Trafo bezeichnet, versteht man ein Gerät, das den üblichen Hausnetzstrom von 220 bzw. 110 Volt in ungefährliche Niederspannung verwandelt, so wie wir ihn zum Betrieb der elektrischen Modelleisenbahn benötigen. Die eigentliche Fahrstromregelung erfolgt entweder durch angeschlossene Regelgeräte oder aber über einen im Transformatorengehäuse eingebauten Regler. Diese so genannten „Modellbahnfahrgeräte" gibt es für Gleich- und Wechselstromfahrbetrieb.
Die meisten Modellbahnfahrgeräte haben zwei getrennte Ausgänge: den Lichtausgang und den Fahrstromausgang. Mit nur wenigen Ausnahmen wird das übliche elektrische Modellbahnzubehör, wie Beleuchtungs- oder magnetspulenangetriebene Artikel, mit einer Wechselspannung von 14 bis 16 Volt betrieben, die am so genannten Lichtausgang entnommen wird. Am Fahrstromausgang steht die regelbare Fahrspannung zur Verfügung.

Bei größeren Anlagen, die in mehrere Fahr- und Lichtstromkreise unterteilt sind und über mehrere Fahrgeräte gesteuert werden, ist es üblich – bei elektronisch gesteuertem Fahrbetrieb außerdem unverzichtbar – dass die Lichtausgänge aller beteiligten Geräte an eine gemeinsam Masseleitung angeschlossen werden (gemeinsamer Nullleiter). Nicht zuletzt aus Sicherheitsgründen ist es dann erforderlich, dass alle auf diese Weise miteinander verbundenen Fahrgeräte und Lichttransformatoren elektrisch gleich zu polen sind. Ungleich gepolte Fahrgeräte sind oft die Ursache lästiger Betriebsstörungen, insbesondere dann, wenn fahrstromabhängig arbeitende, elektronische Geräte, wie zum Beispiel elektronische Gleisschaltkontakte oder Gleisbesetztmelder, angeschlossen sind.

Die Polarität elektrisch miteinander verbundener Modellbahnfahrgeräte und Lichttransformatoren wird wie folgt überprüft: Die ersten beiden Fahrgeräte werden an das Hausnetz angeschlossen. Dann werden die Wechselstromausgänge an beiden Geräten über jeweils eine der Massebuchsen durch eine Drahtbrücke miteinander verbunden. An den beiden anderen, noch freien Buchsen wird ein Messgerät angeschlossen. Wird dabei keine oder nur geringe Spannung angezeigt, ist die Polung korrekt. Wird hingegen die doppelte Sollspannung angezeigt, ist die Polung falsch. In diesem letzteren Fall muss der Netzstecker eines der beiden Geräte gezogen und um 180° gedreht wieder in die Steckdose eingeführt werden. Bei jedem weiteren anzuschließenden Fahrgerät oder Lichttransformator ist in gleicher Weise zu verfahren. Damit die Prozedur der Polaritätsprüfung nicht jedes Mal mit Inbetriebnahme der Bahn wiederholt werden muss, empfiehlt sich die Verwendung einer handelsüblichen Mehrfachsteckerleiste mit Ein- und Ausschalter – siehe Abbildung oben.

Tipps zur Wahl des richtigen Trafos

Wichtigstes Merkmal der Modellbahnfahrgeräte ist die an den Anschlussbuchsen der Licht- und Fahrstromausgänge zur Verfügung stehende Leistung, die bei Wechselstrom in Voltampere (VA) und bei Gleichstrom in Watt (W) angegeben wird. Bei Gleichstromfahrgeräten wird manchmal auch die Spannung vor dem Gleichrichter in VA angegeben. Im allgemeinen verfügen die am Markt gängigen Modellbahnfahrgeräte, die auch von Kindern gefahrlos bedient werden können, über eine Leistung von 15 bis 40 VA. Es gibt aber auch spezielle Profigeräte mit Leistungen bis zu 100 VA. Geräte mit höheren Ausgangsleistungen sind der Brandgefahr wegen für den Modellbahnbetrieb nicht empfehlenswert.

Beim Einkauf von Modellbahntransformatoren und Fahrreglern sollte man besonders auf die Sicherheit achten. Moderne, sicherheitstechnisch geprüfte Geräte tragen das GS-Prüfsiegel, die älterer Bauart zumindest das VDE-Prüfzeichen. Bei Gleichstromfahrgeräten sollen Licht- und Fahrstromausgänge galvanisch getrennt sein. Zum Schutz vor Störungen im Funkverkehr, also auch beim Rundfunk- und Fernsehempfang, ist bei Importgeräten ferner eine Zulassung für den Betrieb in Deutschland (FTZ-Nummer) erforderlich. Fahrgeräte, Transformatoren und im Übrigen auch Modellbahn-Triebfahrzeuge, die über keine FTZ-Nummer verfügen, dürfen in Deutschland nicht betrieben werden. Dies gilt beispielsweise für eine Reihe von importierten Modelleisenbahnfahrzeugen aus fernöstlicher Produktion. Erwerb und Besitz von importierten Sammlerstücken ohne FTZ-Nummer ist zwar nicht strafbar, doch dürfen sie auf der Anlage nicht eingesetzt werden.

Zum Mindest-Sicherheitsstandard aller Modellbahnfahrgräte und Transformatoren zählt die elektrische Thermosicherung, die einen entsprechenden Stromkreis im Falle eines Kurzschlusses oder einer Überlastung unterbricht. Nicht immer von Vorteil ist bei diesen Thermosicherungen, dass sich im Störungsfall das erkaltende Thermoelement immer wieder von selbst einschaltet, auch dann, wenn die Störungsursache noch nicht beseitigt wurde, um nach kurzer Zeit, nach abermaliger Erwärmung abzuschalten. In der Praxis können diese

Abbildung oben:
Der selbstgefertigte Stelltisch aus Vierkantstahlrohr mit Gleisbildstellwerk System HEKI.

Abbildung unten:
Die Lötleisten für die Kabelabgänge, Trafos und Relais befinden sich leicht zugänglich unter der klappbaren Stelltischplatte.

Abbildung Seite 100:
Die Polungskontrolle von zwei Modellbahnfahrgeräten mit Hilfe eines Messgerätes.

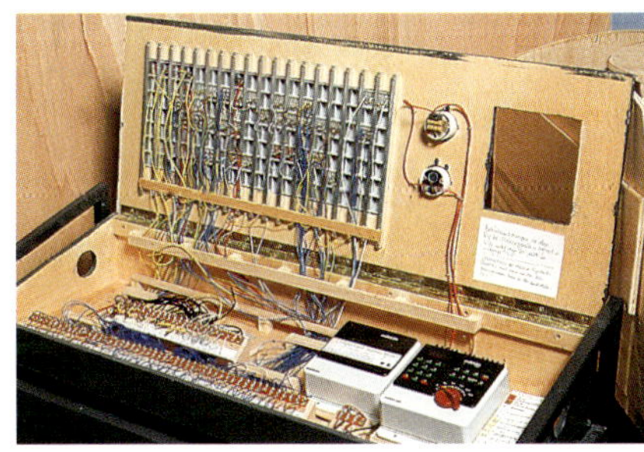

sich ständig wiederholenden Zuschaltungen, insbesondere bei Verwendung leistungsstärkerer Geräte, deren Sicherungen entsprechend träger reagieren, Kabelbrände oder Materialzerstörungen an den Fahrzeugen verursachen. Modellbahntransformatoren mit einer Leistung über 60 VA sollten aus diesem Grund nicht mit automatisch selbsteinschaltenden Thermosicherungen ausgestattet sein. Empfehlenswert sind hier Sicherungsautomaten mit Einschaltknopf, wie sie im Elektronikfachhandel erhältlich sind und ggfs. auch nicht in dieser Weise gesicherten Geräten vorgeschaltet werden können.

Steuerzentrale

Sinnvollerweise wird man von da aus die Anlage steuern, wo man die beste Übersicht hat. Dort wird man möglichst alle Bedienungselemente wie Fahrregler, Weichen- und Signalschalter auf möglichst kleiner Fläche konzentriert, bequem zugänglich und übersichtlich angeordnet, installieren. Für eine kleine Anlage genügt in der Regel ein am Anlagenrahmen befestigtes Schaltbrett.

Für größere Anlagen ist ein Gleisbildstellwerk praktischer. Speziell zur Steuerung von Modelleisenbahnanlagen werden Gleisbildstellwerke in Baukastenform von verschiedenen Herstellern angeboten. Wie beim großen Vorbild bietet das Gleisbildstellwerk auch bei der Modelleisenbahn höchsten Bedienungskomfort und eine optimale Übersicht über die gesamten Fahrbetriebsabläufe einschließlich jener Anlagenteile, die vom Stelltisch aus nicht einsehbar sind, wie zum Beispiel innerhalb der Bereiche von Schattenbahnhöfen und verdeckt verlegten Strecken.
Der Fachmann versteht unter der Bezeichnung „Gleisbildstellwerk" einen Stelltisch in Form eines grafisch dargestellten Spurplans zum Steuern und Kontrollieren einer schienengeführten Verkehrsanlage. Die Bedienung erfolgt in der Regel über Drucktaster, und die Kontrolle der eingestellten und durch Fahrzeuge belegten Fahrwege in Verbindung mit den Signalstellungsanzeigen durch entsprechende Ausleuchtungen.
Bei der Auswahl eines Modellbahn-Gleisbildstellwerks sollte man darauf achten, dass das System die folgenden drei Mindestforderungen erfüllt:

Schalten der Weichen mit weichenstellungsabhängiger Überwachung durch entsprechende Ausleuchtung,

Stellen der Signale mit stellungssynchroner Rückmeldung durch entsprechende Ausleuchtung,

Gleisbesetztmeldeanzeige durch Ausleuchtung der durch Fahrzeuge belegten Gleisabschnitte.

Die stellungssynchronen Rückmeldungen der Weichen und Signale erfolgen unabhängig vom Fahrstrom, über die geräteeigenen Schalter und über parallel geschaltete Relais. Die zuverlässige Überwachung der Gleise gelingt jedoch nur mit Hilfe der Elektronik, unter Verwendung von fahrstromabhängig arbeitenden Gleisbesetztmeldern, die auf Stromverbraucher oder auf elektrisch leitende Achsen reagieren, die sich innerhalb der zu überwachenden Streckenabschnitte befinden.

Darüber hinaus sollte ein Gleisbildstellwerk möglichst einfach im Aufbau, funktionssicher und auf der Basis der genannten drei Grundforderungen noch weiter ausbaufähig sein. Mit den zur Verfügung stehenden Bauteilen sollten auch Fahrstraßenschaltungen möglich sein. Unter einer Fahrstraßenschaltung versteht man das Einstellen und Überwachen eines bestimmten Fahrweges innerhalb eines Bahnhofsbereichs. Die Fahrstraße wird eingestellt durch gleichzeitiges Betätigen eines Start- und Zieltasters. Der Starttaster ist vor dem Startsignal und der Zieltaster vor dem Zielsignal des betreffenden Fahrweges im Gleisbild angeordnet. Die dabei ausgelösten Schaltimpulse werden in einem speziellen Zusatzgerät verarbeitet, das alle beteiligten Weichen in Richtung des festgelegten Fahrweges, alle zugeordneten Signale auf „Fahrt" und alle „feindlichen Signale" (die Flanken-Deckungssignale) auf „Halt" stellt. Im Gleisbild selbst erfolgt die Ausleuchtung des freigegebenen Fahrweges in Form einer weißen Lichterkette. Die Zugfahrt hingegen wird durch rot ausgeleuchtete Streckensymbole optisch verfolgt. Sobald der Zug sein Ziel erreicht hat, wird die Fahrstraßenschaltung automatisch aufgelöst und die betreffenden Strecken wieder für den allgemeinen Verkehr freigegeben.

Automatische Zugsteuerung

Unter einer automatischen Zugsteuerung versteht man bestimmte elektrisch oder elektronisch arbeitende Schaltungen für programmierten Fahrbetrieb.

Bei der klassischen automatischen Schaltung werden die erforderlichen Schaltfunktionen, wie zum Beispiel das Schalten von Weichen oder Signalen, durch die fahrenden Züge über spezielle Schienenkontakte ausgelöst.

Bei vollautomatisch gesteuertem Fahrbetrieb läuft die Anlage ohne manuellen Eingriff. Der Zugverkehr wird entweder über die erwähnten Gleisschaltkontakte und Relais gesteuert oder aber durch elektronische Informationsübertragungen, die in Steuergeräten ausgewertet werden. Solche perfekten Steuerungen, die nicht für den manuellen Fahrbetrieb konzipiert sind, wird man allerdings nur für Schau- und Ausstellungsanlagen planen.

Der Hobby-Modellbahner wird eher den halbautomatisch gesteuerten Fahrbetrieb bevorzugen. Man versteht darunter eine Schaltung, die den manuell vom Fahrpult (Gleisbildstellwerk) aus gesteuerten Verkehr durch eine sinnvolle Automatik unterstützt. So zählt es heute schon zum selbstverständlichen Standard, daß sich beispielsweise der auf Zweileiter-Gleisen verkehrende Zug beim Durchfahren einer Kehrschleife seinen Fahrstrom in der Stammstrecke automatisch umpolt, oder daß der aus dem Bahnhof ausfahrende Zug das Ausfahrtsignal wieder auf „Halt" stellt, sobald er die letzte Weiche überfahren hat. Auch die automatisch gesteuerte Schattenbahnhofsteuerung, die die ankommenden Züge in die freien Gleise leitet, zählt ebenso zur Halbautomatik wie das automatisch gesteuerte Anfahren und Bremsen und nicht zuletzt auch die über Start- und Zieltaster ausgelöste Serienschaltung einer Fahrstraße.

Tipps zur Wahl der Gleisschaltkontakte

Ein optimales zuggesteuertes Schalten bei gleichzeitig höchster Zuverlässigkeit bieten die modernen elektronischen Gleisschaltkontakte. Stellvertretend für diese Geräte, die unter verschiedenen Marken angeboten werden, ist hier die Funktion der im Atelier Stein mitentwickelten HEKI-Gleisschaltkontakte 9103 und 9104 beschrieben. Beide Geräte sind für Gleich- und Wechselstromfahrbetrieb sowie für digitalen Fahrbetrieb konzipiert. Sie können also auf allen Modelleisenbahnanlagen unabhängig von System und Nenngröße eingesetzt werden.

Der HEKI-Gleisschaltkontakt 9103 wird an ein elektrisch getrenntes Schienenstück angeschlossen, das mindestens so lang sein sollte, wie das stromabnehmende Fahrwerk einer großen Lokomotive. Bei Gleichstromfahrbetrieb erfolgt der Anschluss an der der Masseschiene gegenüberliegenden Steuerschiene (siehe Anschlussschema DC), bei Wechselstromfahrbetrieb am Mittelleiter (siehe Anschlussschema AC).
Das Gerät arbeitet „fahrtrichtungsunabhängig", das heißt, dass jedes stromabnehmende Fahrzeug, unabhängig von seiner Fahrtrichtung, den Schaltimpuls auslöst. Nach Abgabe des Schaltimpulses ist das Gerät endabgeschaltet und solange funktionslos, wie sich das stromabnehmende Fahrzeug noch auf dem Schienenabschnitt befindet. Erst wenn das Fahrzeug den Schienenabschnitt verlassen hat, wird die Impulsabgabe wieder aktiviert. Bei dieser „Endabschaltung" ist von praktischer Bedeutung, dass im Zug nachfolgende Stromverbraucher, wie zum Beispiel eine Zweitlokomotive oder beleuchtete Wagen, den Schaltvorgang nicht wiederholen können. Außerdem können, beabsichtigt oder unbeabsichtigt, innerhalb der Schaltstrecke anhaltende, stromabnehmende Fahrzeuge, z. B. in Bahnhöfen, keine Dauerkontakte auslösen.

Der HEKI-Gleisschaltkontakt 9104 ist für „fahrtrichtungsabhängiges" Schalten konzipiert. Die aus beiden Richtungen kommenden Züge können sowohl bei Gleichstromfahrbetrieb als auch bei Wechselstromfahrbetrieb unterschiedliche Schaltfunktionen auslösen.
Der Anschluss erfordert hier allerdings drei Trennstellen. Die Aufnahme auf Seite 103 zeigt den Anschluss bei Wechselstromfahrbetrieb. Bei Gleichstromfahrbetrieb erfolgt der Anschluss in gleicher Weise an der sog. Steuerschiene des Zweileiter-Gleises (siehe Abb. DC). Der HEKI-Gleisschaltkontakt 9104 ist besonders vorteilhaft bei bidirektionalem Fahrbetrieb auf eingleisigen Strecken, beispielsweise zur automatischen Signalsteuerung durch die aus beiden Richtungen verkehrenden Züge.

Der HEKI-Gleisschaltkontakt 9103 verfügt über 3 und der HEKI-Gleisschaltkontakt 9104 sogar über 2 x 3 elektrisch getrennte Schaltausgänge (15). Jeweils drei angeschlossene Magnetartikel schalten also bei Impulsabgabe gemeinsam. Sie können jedoch von außen über Taster auch einzeln angesteuert werden.

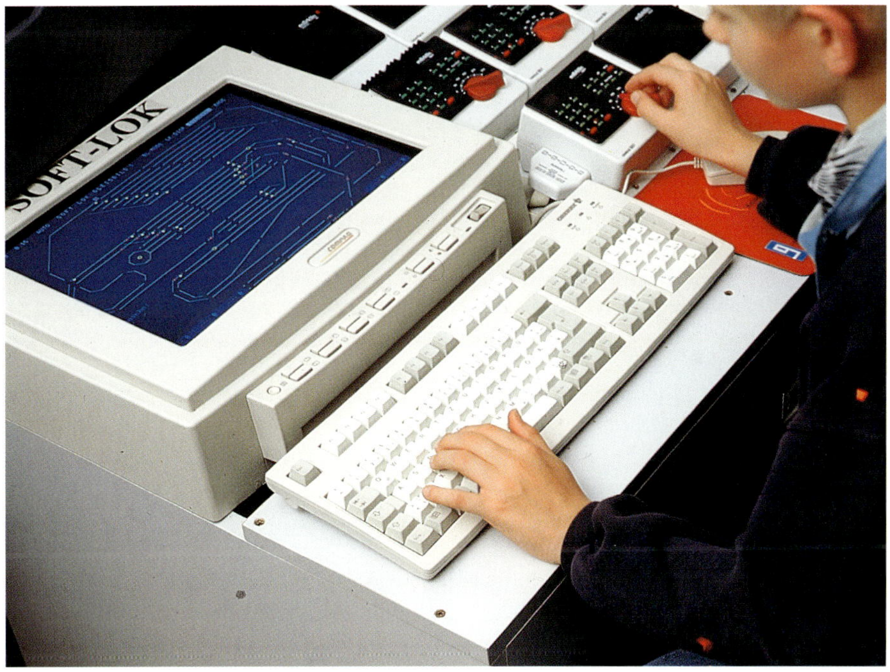

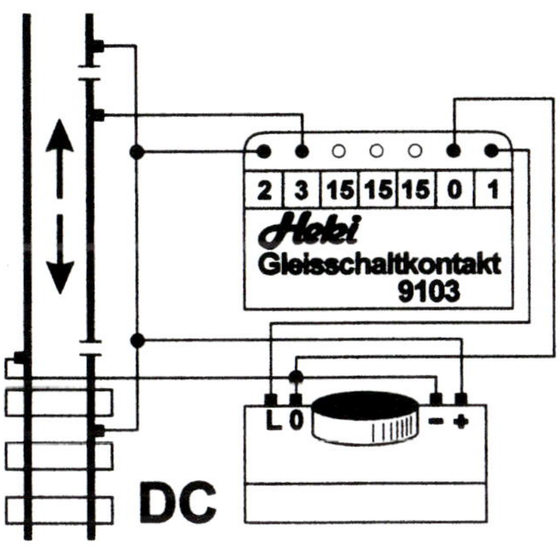

Gleisschaltkontaktanschluss bei Gleichstromfahrbetrieb.

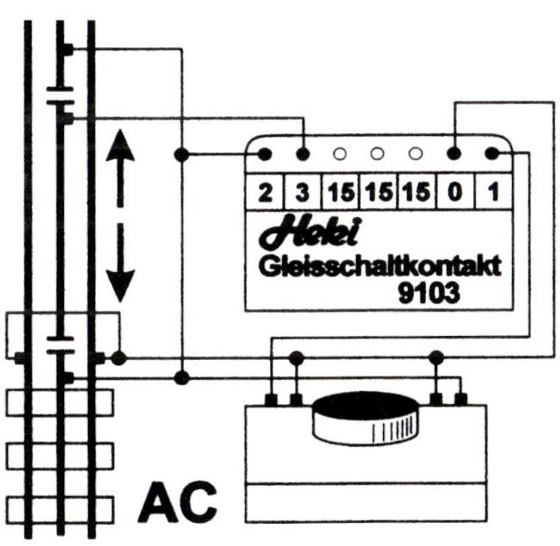

Gleisschaltkontaktanschluss bei Wechselstromfahrbetrieb.

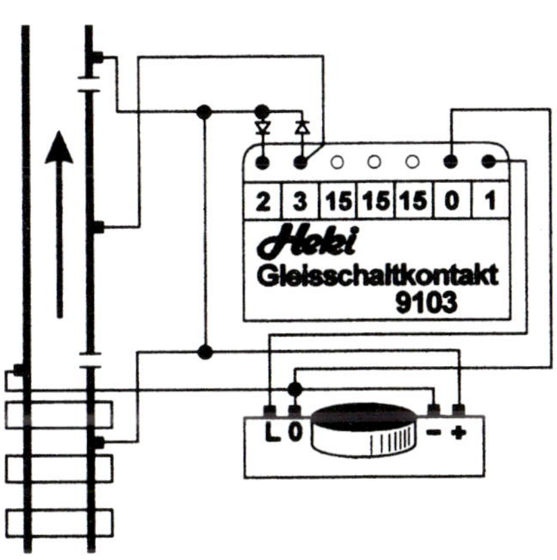

Gleisschaltkontaktanschluss für fahrtrichtungsunabhängiges Schalten bei Gleichstromfahrbetrieb. Zum Schalten in Gegenrichtung werden die beiden Dioden umgekehrt eingelötet.

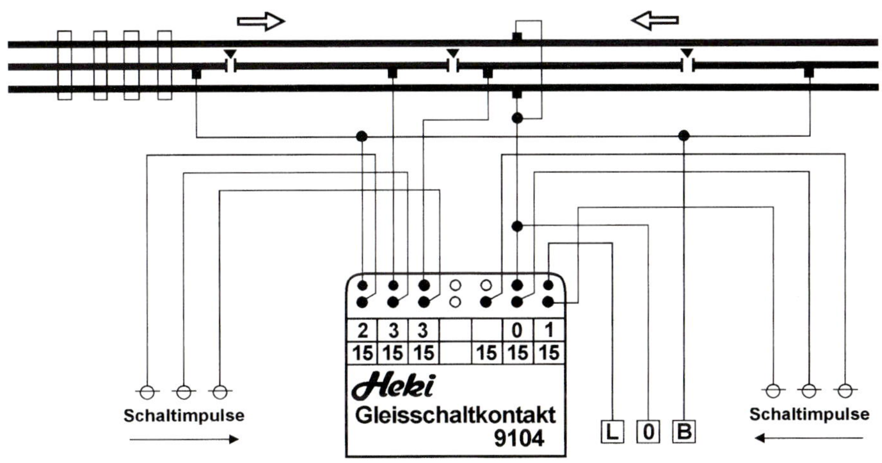

Gleisschaltkontaktanschluss für fahrtrichtungsunabhängiges Schalten bei Wechselstromfahrbetrieb.

Tipps für die Planung von Blockstrecken

In der Fachsprache des Eisenbahners versteht man unter einer Blockstrecke eine Eisenbahnstrecke, die in mehrere, durch Signale gedeckte Sicherheitsabschnitte, die so genannten „Streckenblöcke", unterteilt ist. Ist ein solcher Streckenblock durch einen Zug oder auch nur durch ein einzelnes Fahrzeug besetzt, kann das dem in Fahrtrichtung zurückliegenden Streckenblock zugeordnete Signal nicht auf „Fahrt" gestellt werden. Die Freimeldung erfolgt erst dann, wenn sich keine Wagenachse mehr auf dem Gleis befindet und der Überwachungsstromkreis zwischen den beiden Schienen unterbrochen ist. Dadurch wird ein sicherer Auffahrschutz gewährleistet und die Kapazität einer Strecke im Hinblick auf die Zugfolgehäufigkeit beträchtlich erhöht.
Es versteht sich von selbst, dass auch auf der Modelleisenbahn vollautomatischer Blockstreckenbetrieb stattfinden kann, der sich zwischen den Bahnhöfen völlig autonom regelt und vom Gleisbildstellwerk aus nicht überwacht werden muss.

Abbildung Seite 102:
Einstellen einer Fahrstraße an einem Gleisbildstellpult System HEKI.

Abbildung oben:
Moderne Computersteuerung mit Bildschirmkontrolle einer H0-Großanlage.

Hinweis: Beim Blockbetrieb stehen die Signale in der Regel immer auf „Fahrt" und sind nur dann auf „Halt" gestellt, wenn der vorausliegende Block besetzt ist. In den Bahnhöfen ist es gerade umgekehrt, dort stehen alle Signale auf „Halt" und werden nur zum Zweck der Ausfahrt auf „Grün" gestellt.

Wenn der Blockbetrieb auf der Modelleisenbahnanlage einigermaßen realistisch wirken soll, sollte man den Streckenblock nie kürzer planen als zwei Maximalzuglängen. Im Blockbetrieb sind nur Strecken ohne Verzweigungen sicherbar. Außerdem ist Blockbetrieb nur bei zweigleisigen Strecken mit monodirektionalem Verkehr durchführbar. Bei eingleisigen Strecken mit bidirektionalem Verkehr ist Blockbetrieb nicht möglich.

Im Atelier Stein wurden für Block- und Bahnhofsbetrieb die HEKI-Universalmodule 9156 (mit Anfahr- und Bremseinrichtung) und 9157 (ohne Anfahr- und Bremseinrichtung) mitentwickelt, die bei Gleich- und Wechselstrombetrieb, und uneingeschränkt auch bei digitalem Fahrbetrieb, eingesetzt werden können.

Wie das Anschlussbeispiel unten zeigt, ist ein Streckenblock unterteilt in den Halteabschnitt (h) und den Fahrabschnitt (f). Da bei den genannten Geräten der Fahrabschnitt dem Halteabschnitt zugeschaltet wird, sobald der Zug den Halteabschnitt erreicht hat, sind Betriebsstörungen durch trennstellenüberbrückende nachfolgende Fahrzeuge, wie zum Beispiel durch Zweitlokomotiven oder durch Wagen mit Innenbeleuchtungen oder Metalldrehgestellen, auszuschließen. Diese Geräte sind auch auf Bahnhofsbetrieb umschaltbar.

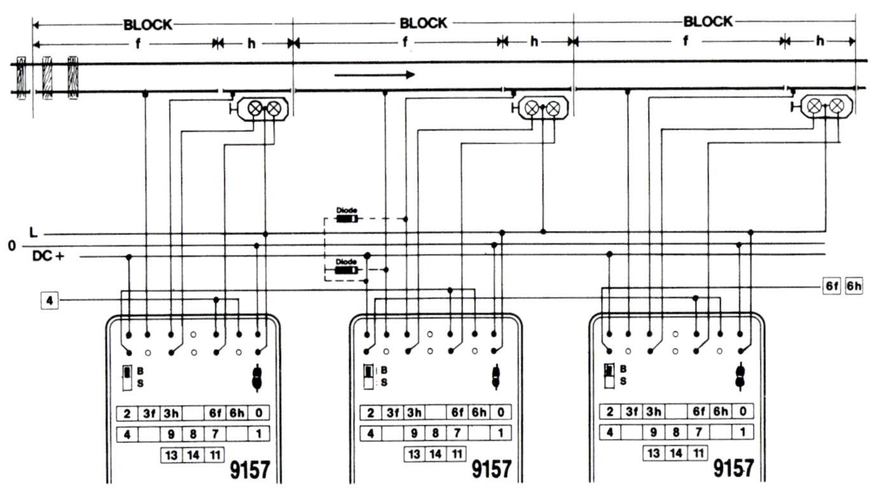

Blockstreckenschaltung mit HEKI-Universalmodulen 9157. Anschlußbeispiel für Gleichstromfahrbetrieb.

Abbildung unten: Insbesondere bei elektronisch gesteuertem Zugbetrieb ist ein ununterbrochener elektrischer Schienenkontakt der Triebfahrzeuge eine wichtige Voraussetzung für einen störungsfreien Fahrbetrieb. Für die Schienenreinigung gibt es komplette Züge, bestehend aus einem Wagen mit rotierender Schleifscheibe, einem Staubsaugerwagen und einem Akkuwagen. Hersteller: Firma LUX. Erhältlich im Fachhandel.

Tipps zur Geländegestaltung

Was die Technik der plastischen Geländegestaltung beim Bau einer Modelleisenbahnanlage anbetrifft, werden unter Fachleuten viele Meinungen vertreten. Die einen verwenden Krepp-Papier, das sie in Tapetenkleister tränken und damit ein Gerüst aus Holz und Maschendraht überformen; die anderen schwören auf Polystyrol-Hartschaumplatten, die sie übereinander schichten und anschließend mit Spachtelmasse überziehen, und wieder andere formen die Geländestrukturen mit in Knochenleim getränktem Jutegewebe (Sackleinen). Zwar handelt es sich bei allen diesen genannten Techniken um altbewährte Verfahren, die kostengünstig, zeitsparend und ohne aufwendigen Unterbau ausgeführt werden können. Bei einer Modelleisenbahnanlage, die auf längerfristige Werterhaltung ausgelegt ist, dürften hingegen bei den vorgenannten Modelliertechniken durch ihre werkstoffbedingt stark eingeschränkten Möglichkeiten einer freien Formengestaltung nicht in Frage kommen.

Abbildung oben:
Großzügig angelegter Durchgangsbahnhof in einem Umfeld, das unter Verwendung von Modellgips aufgebaut und in den bewährten Verfahren im Atelier Stein landschaftlich gestaltet wurde.

Werkstoff Modellgips

Verwenden Sie für die plastische Gestaltung im Modelleisenbahnanlagenbau ausschließlich Modellgips oder gipshaltige Modelliermassen. Im Gegensatz zu den kunstharzgebundenen plastischen Massen, die stets unter mehr oder weniger stark ausgeprägtem Volumenschwund aushärten und deshalb immer nur in eingeschränkter Schichtdicke aufgetragen werden können, erhärten Gips oder gipshaltige Modelliermassen ohne Volumenschwund. Eine mit Modellgips oder gipshaltiger Modelliermasse hergestellte Form bleibt also über alle Aushärtungsphasen hinweg unverändert erhalten. Vorteilhaft bei diesen beiden Werkstoffen ist, dass jede beliebige Form oder Struktur in einem einzigen Arbeitsgang modelliert werden kann.

Die Volumenbeständigkeit während des Versteifungsprozesses ist eine physikalische Eigenart des Gipses. Sie beruht auf dem Umstand, dass mit der sich vollziehenden Kristallbildung ein Teil des zum Anrühren benötigten Wassers gebunden wird. Die makroskopisch intensiv miteinander verfilzten Kristalle bilden nach dem Verdunsten des Restwassers ein in sich sehr stabiles

Gerüst, das den geformten Details und Oberflächen eine hohe Festigkeit verleiht. Auf diese Weise entsteht gleichzeitig eine tragfähige Basis für Anstriche, Beflockungen und Verklebungen aller Art, in der auch Steckbäume, Masten und Lampen an jeder beliebigen Stelle einen sicheren Halt finden.

Gips und gipshaltige Modelliermassen sind im Vergleich mit anderen Modelliermassen preisgünstiger. Allerdings fehlt beim ausgehärteten Gips oder bei den ausgehärteten gipshaltigen Modelliermassen der von anderen – zum Beispiel bei leim- oder kunstharzgebundenen – Spachtelmassen her bekannte Klebeeffekt. Deshalb haften damit ausgeführte Modellierungen nicht an glatten oder lediglich leicht angerauten Flächen. Vielmehr benötigen sie eine Basis, in der sich die mit dem Versteifungsprozess bildenden Kristalle mechanisch verzahnen können. Aluminiumdrahtgewebe beispielsweise, aber auch verzinkte Nägel- oder Schraubenköpfe, bilden eine geradezu ideale Verankerungsbasis. Glatte Flächen können außerdem auch durch eine „Besandung" als Untergrund für Gips oder gipshaltige Modelliermassen vorbereitet werden. Unter Besanden versteht man das Einstreuen von Quarzsand in eine frisch aufgetragene Lackschicht. Nach erfolgter Aushärtung bieten die im Lackfilm eingebundenen Quarzkörner dem Gips eine gute Verankerungsmöglichkeit.

Abbildung oben:
Zuschnitt des Aluminium-Gewebes mit einer Vielzweckschere.
Abbildung Mitte:
Zuschnitt des Aluminium-Gewebes nach der Überformung am Objekt.

Abbildung rechts:
Befestigen des Aluminium-Gewebes über der unterlegten Unterspannbahn am Tunnelportal.

Tipps zur Herstellung der formgebenden Verankerungsbasis

Engmaschiges Aluminiumdrahtgewebe gibt es unter der Bezeichnung „Alu-Fliegengitter" preiswert als Rollenware in Eisenwarenhandlungen oder Baumärkten. In handlich verpackten kleineren Teilen ist es aber auch als Geländebaugewebe im Modellbahnfachhandel erhältlich. Aus Stahldraht hergestellte Gewebe sind nicht empfehlenswert, da sie sofort rosten, wenn sie mit dem alkalischen Restwasser des Gipses in Berührung geraten.

Aluminiumdrahtgewebe lässt sich mit jeder handelsüblichen Vielzweckschere zuschneiden und leicht formen. Die Befestigung am Anlagenrahmen, an den Spanten und Trassen des Rohbaugerüstes erfolgt am besten mit verzinkten Stahlklammern. Durch Faltenlegen, Aufbiegen oder Spannen kann jede gewünschte Geländeform vormodelliert werden. Um ein Einreißen an den Befestigungspunkten zu vermeiden, ist es empfehlenswert, die Schnittkanten zweifach zu umbörteln. Am besten verwendet man zum Befestigen des Gewebes eine Heftmaschine. Hervorragend geeignet sind die handelsüblichen Tacker mit Elektro- oder Druckluftantrieb. Bei ihrem Einsatz muss man jedoch darauf achten, dass das Gewebe nicht durchschlagen wird. Um dies zu vermeiden, empfiehlt es sich, das betreffende Gerät auf eine möglichst niedere Schlagstufe einzustellen und außerdem den Tacker stets leicht verkantet anzusetzen – siehe Abbildung links.

Hinweis: Um Verschmutzungen von unterführenden Strecken oder Schattenbahnhöfen zu vermeiden, aber auch Verletzungen am offen liegenden Aluminiumgewebe während der allfälligen Wartungsarbeiten zu verhindern, ist das Unterlegen einer so genannten „Unterspannfolie" sinnvoll, die an den Spanten unmittelbar unter dem Aluminiumgewebe befestigt wird. Unterspannfolien finden als Dichtungsbahnen bei der Dachdeckung Verwendung und sind in Baumärkten erhältlich.

Abbildung oben:
Das zum Auftrag von Modellgips vorbereitete Geländedetail.

Abbildung links:
Befestigen des Aluminium-Gewebes am Spantengerüst.

Tipps zum Modellieren der Geländestrukturen

Das Auftragen und Bearbeiten der verarbeitungsfertigen Modelliermasse gelingt am besten mit einem gekröpften Modelliermesser mit elastischer Klinge, wie es Kunstmaler zur Ausführung von Maltechniken mit pastösen Farben benutzen. Solche Palettmesser sind im Fachhandel erhältlich.
Zum Modellieren in der zuvor beschriebenen Art sind ausschließlich im Fachhandel erhältliche, bei niedrigen Temperaturen gebrannte „Modellgipse" oder „Alabastergipse" geeignet. Modellgips finden Sie im Allgemeinen in gut sortierten Bastelgeschäften . Den etwas teureren Alabastergips, den man zur Not auch verwenden kann, gibt es beim Dentalfachgroßhandel. Die beim Innenausbau verwendeten Bau- und Stuckgipse sind für Modellbauzwecke nicht geeignet.

Wer Modellgips zur Geländegestaltung einsetzten will, muss sich jedoch mit den spezifischen Eigenheiten dieses mineralischen Werkstoffes gut vertraut machen. Die erwünschte Verfestigung der modellierten Gipsschicht ist nämlich abhängig vom richtigen Anrühr-Verhältnis zwischen Gipspulver und Wasser, und darüber hinaus auch von der richtigen, fachgerechten Verarbeitung.

Zum Anrühren des Modellgipses empfiehlt sich die Verwendung eines „Gipsbechers" aus Gummi – siehe Abbildung. Die Größe dieses in Baumärkten erhältlichen Gefäßes ist ausgelegt auf jene Menge an Gipsbrei, die während der Versteifungsphase von etwa 3 bis 5 Minuten verarbeitet werden kann. Fachgerecht „angemacht" wird der Modellgips, indem man den Becher in etwa zu einem Drittel mit Wasser füllt und dann, bezogen auf die Wassermenge, maximal zwei Raumteile Gips hinzugibt und einrührt. Man darf dann nur solange rühren, bis ein knollenfreier Gipsbrei entstanden ist. Durch unnötiges weiteres Rühren würde die einsetzende Kristallbildung gestört werden, was letztlich eine völlig unzureichende Endfestigkeit des gesamten Ansatzes zur Folge hätte. In einem solchen Fall spricht der Fachmann vom „Totrühren" des Gipses. Tückisch hierbei ist, dass sich ein „totgerührter Gips" in seiner Modellierfähigkeit kaum von dem eines fachgerecht angerührten Ansatzes unterscheidet und die unzureichende

Festigkeit erst durch die Fingernagelprobe nach erfolgter Austrocknung festgestellt wird. Lässt sich die Gipsoberfläche mit dem Fingernagel abschaben, ist die Festigkeit unzureichend und damit gestaltete Details sind als Träger für nachfolgende Oberflächentechniken ungeeignet.

Nach dem Anrühren lässt man den Ansatz solange ruhen, bis er eine modellierfähige Konsistenz erreicht hat. Danach verbleibt zur Verarbeitung eine Zeitspanne von etwa 3 bis 5 Minuten. Mit beginnender Erhärtung darf der Modellgips nicht weiter verarbeitet werden. Er darf auch nicht durch Zugabe von Wasser wiederverarbeitbar gemacht werden. Die mit solch totem Material aufmodellierten oder nachgeglätteten Schichten würden sich schon bald ablösen.

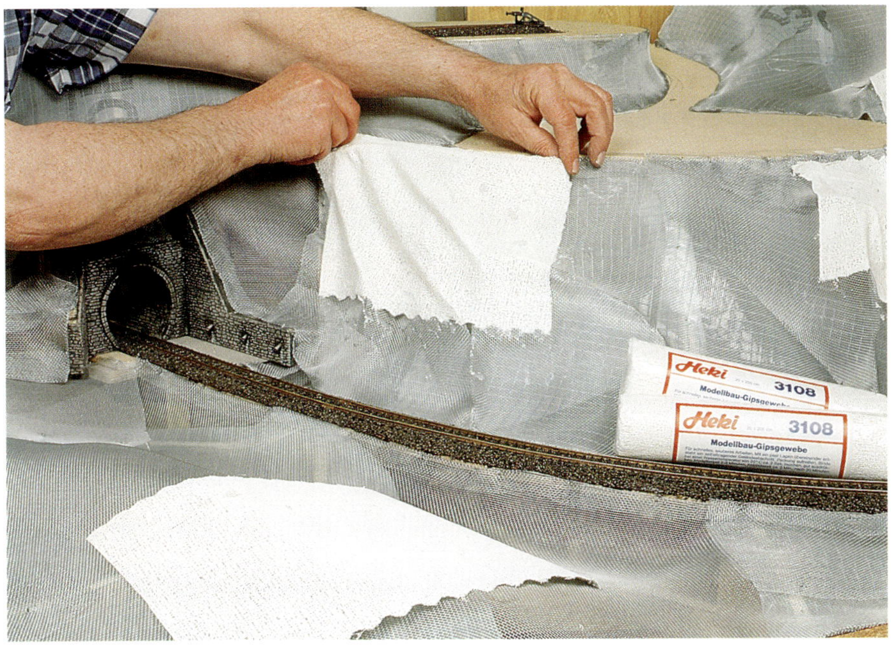

Beim Antragen der modellierfähigen Masse arbeitet man möglichst zügig. Vorteilhafterweise versucht man, das betreffende Detail in möglichst einem Arbeitsgang zu gestalten, wobei darauf zu achten ist, dass das Material überall gut in das Gewebe eingedrückt wird, da, ähnlich wie beim Beton, auch hier das eingebettete Gewebe gleichzeitig als Armierung dient, die der modellierten Schicht nach deren Aushärtung eine hohe Bruchfestigkeit verleiht. Zusammenhängende Gebilde sollten möglichst nass in nass modelliert werden. Gelingt dies nicht, muß man nach längerer Unterbrechung die erhärteten Ansatzflächen gründlich mit Wasser benetzen, bevor man weiterarbeitet, um einem Wasserentzug aus der neu aufgetragenen Gipsschicht vorzubeugen.

Wurde der Modellgips in der beschriebenen Weise fachgerecht verarbeitet, dann ist der Verfestigungsprozess nach etwa einer Stunde soweit abgeschlossen, dass speziell beim Gestalten von Gebirgsstrukturen die Oberflächen mit den üblichen Werkzeugen wie Schabern, Messern oder Stechbeiteln weiterbearbeitet werden können, bis das erwünschte Ergebnis erzielt ist. Das hierbei abgetragene Material darf keinesfalls wieder angetragen werden. Zum Korrigieren eventueller Fehlstellen kann nach erfolgter Trocknung Kunstharzspachtelmasse verwendet werden. Erst wenn die Oberflächen der aus Modellgips hergestellten Details die typisch kreideweiße Alabasterfarbe angenommen haben, sind sie trocken und können mit Farben, Kleber oder Spachtelmasse weiterbearbeitet werden.

Verglichen mit dem Modellgips sind die kunstharzgebundenen und gipshaltigen Modelliermassen, die speziell für den Modell-Geländebau entwickelt wurden und im Fachhandel angeboten werden, einfacher zu verarbeiten. Da für die Verfestigung dieser Modelliermassen die Kunstharzkomponente verantwortlich ist, während die Gipsanteile die Volumenbeständigkeit bewirken, können sie sofort auf modellierfähige Konsistenz angeteigt werden. Die Gefahr des „Totrührens" besteht hier nicht. Mit 40 bis 60 Minuten bleibt hier auch für die Verarbeitung mehr Zeit.
Andererseits verzögern die hohen Leimanteile die Verdunstung des Anmachwassers erheblich, so dass mit einer um zwei bis drei Tage verlängerten Trocknungszeit zu rechnen ist.

Das Formen von glatten Flächen kann auch durch Ziehen mit einer breiten Glättspachtel (Japanspachtel) erfolgen. Zur Gestaltung von reinen Vegetationsflächen wie Böschungen oder Wiesen und Ackerflächen reichen, sowohl unter Verwendung von Modellgips als auch von gipshaltigen Modelliermassen Auftragsdicken von 3 bis 5 mm.
Zur Befestigung von Masten, die unter Zugspannung stehen und an der Basis angeschraubt werden müssen, wie zum Beispiel Abspannmasten der Oberleitung, empfiehlt es sich, zusätzlich ein Holzklötzchen in die Modelliermasse einzubetten, in das die für die Schraubbefestigung erforderliche Bohrung später eingebracht werden kann. Nur dort, wo Felsenstrukturen herausgearbeitet werden sollen, sind stärkere Materialaufträge erforderlich.

Wichtiger Hinweis: Vor der weiteren Bearbeitung der mit Modellgips oder gipshaltigen Modelliermassen hergestellten Oberflächen mit Farben oder Einbettmassen ist eine satt tränkende Grundierung erforderlich, um das extrem hohe Saugvermögen zu normalisieren. Als geeignetes Grundiermittel wird Caparol-Tiefgrund LF (Hersteller Deutsche Amphibolin Werke, Ober-Ramstadt) oder ein gleichwertiges Material empfohlen (erhältlich in gut sortierten Farbenfachgeschäften).

Abbildungen Seite 108:
Die Verarbeitung von Modellgips.

Abbildung oben:
Unterlegen von Gipsbinden zur Materialeinsparung.

Abbildung Mitte:
Grundierung mit Caparol-Tiefgrund LF.

Gebirgsstrukturen

Das Modellieren von Gebirgsstrukturen nach dem Naturvorbild ist die größte Herausforderung an den Gestalter. Diese Technik, beobachtete Natur ins Modell umzusetzen, ist aber durchaus erlernbar. Die folgenden Tipps können hierbei sehr hilfreich sein.

Grundsätzlich sollte man sich schon vor Beginn der Arbeiten über die Art der nachzubildenden Gesteinsart im Klaren sein. Am besten orientiert man sich an bestimmten Vorbildern, in deren spezielle Charakteristik ihrer Felsenbilder man – zunächst an kleineren Objekten außerhalb der Anlage – versucht, sich einzuarbeiten. Gute Vorbildfotos ober selbst gefertigte Skizzen als Vorlagen sind hierbei sehr dienlich.

Das Modellieren selbst erfolgt dann, wie bereits beschrieben, mit Modellgips oder gipshaltigen Spachtelmassen. Bei stark zerklüfteten Gebirgsstrukturen kann man die Felsvorsprünge auch mit handelsüblichen Gipsbinden vormodellieren. So gelingen beispielsweise Felsnasen oder Vorsprünge durch entsprechendes Falten und mehrfaches Überformen des Trägergewebes mit den etwa handflächengroß zugeschnittenen und mit Wasser benetzten Gipsbindenlappen – siehe Abbildung Seite 109.

Auf das so vormodellierte Detail wird nun die Modelliermasse (Modellgips oder gipshaltige Modelliermasse) in ausreichender Menge aufgetragen und sofort mit dem Palettmesser modelliert. Man sollte mit diesem Arbeitsgang danach streben, die gewünschte Gesteinsstruktur schon möglichst weitgehend auszuformen. Je besser dies gelingt, desto weniger Mühe muss man für die spätere Endbearbeitung aufwenden.

Das Herausarbeiten der endgültigen Feinstruktur erfolgt unmittelbar nach dem Erhärten der grob modellierten Masse. Solange des Anmachwasser noch nicht verdunstet ist, lassen sich die Oberflächen mit allen üblichen Stech-, Schabe- und Schneidewerkzeugen relativ leicht bearbeiten. Durch Überdecken mit feuchten Tüchern kann der günstige Bearbeitungszustand auch noch über Nacht auf den folgenden Tag ausgedehnt werden. Für das plastische Herausarbeiten von Felsenstrukturen haben sich scharf geschliffene Stechbeitel, Schnitzmesser und die in Künstlerbedarfsgeschäften erhältlichen Sgraffito-Schlingen bewährt.

Allerdings gibt es keine festen Regeln, was die Führung der genannten Werkzeuge anbetrifft, da die Strukturen der verschiedenen Gesteinsarten sehr unterschiedlich sind. Jeder Gestalter muss seine spezielle Technik und seine eigene Handschrift selbst entwickeln. Dabei wird er sich am geologischen Aufbau der nachzubildenden Gesteinsart orientieren, wobei die charakteristischen Zeichnungen der mehr oder minder ausgeprägten Schichtlinien eine dominante Rolle spielen. Unabhängig von den benutzten Werkzeugen sollte man jedoch peinlich darauf achten, dass jede Gleichförmigkeit in den Strukturen vermieden wird.

Abbildung oben:
Ausarbeiten der Gesteinsstruktur mit dem Stechbeitel.

Abbildung Mitte links:
Entgraten mit der Sgraffitoschlinge.

Abbildung Mitte:
Nacharbeiten der Strukturen mit dem Modelliermesser.

Abbildung Mitte rechts:
Herausarbeiten einer Sandsteinstruktur mit dem Stechbeitel.

Abbildung rechts:
Entgraten der Sandsteinstruktur mit der Sgraffitoschlinge.

Abbildung Seite 110 oben:
Teilmodelliertes Segment einer HO-großanlage.

Tipps zur farbigen Gestaltung von Felsenbildern

Erst wenn die modellierten Gebirgsdetails völlig ausgetrocknet sind, kann man mit der farbigen Oberflächenbehandlung beginnen. Falls Modellgips oder eine gipshaltige Modelliermasse verwendet wurde, ist vor dem eigentlichen Farbauftrag, wie bereits auf Seite 109 beschrieben, eine satt tränkende Grundierung erforderlich, um das hohe Saugvermögen zu unterbinden und einer Ausmagerung durch Bindemittelentzug der in der Folge aufzutragenden Farbschicht zu verhindern.

Der erste Farbauftrag auf den so vorbereiteten Untergrund erfolgt dann deckend mit auf gute Streichfähigkeit verdünnter Dispersionsfarbe und zwar im hellsten Farbton der nachzubildenden Gesteinsart. Man orientiert sich hierbei an dem Farbton, wie er auch an der frischen Bruchstelle eines vergleichbaren natürlichen Steinmaterials zu Tage tritt. Beim Jurakalk beispielsweise mischt man sich diesen hellen Basisfarbton aus Weiß unter Zugabe von einigen Tropfen Ocker und Umbra. Beim Dolomit wird man noch etwas Oxidrot

zumischen müssen, während der Grundton für ein Sandsteingebirge aus einer Zumischung von Oxidrot, Oxidgelb und Chromoxidgrün gelingt. Aus Mischungen aus Weiß mit Umbra, Ocker und Blau erzielt man die Grundfarben für Beton, Diorit, Granit und Phyllit. Gibt man außerdem etwas Oxidrot zu, erhält man die Basisfarbtöne für Schiefer und Porhpyr. Zum Abtönen von Dispersionsfarben sollte man ausschließlich die vom Hersteller empfohlenen Voll- und Abtönfarben verwenden.

Bevor man nach erfolgter Trocknung der Basisfarbe mit der Lasurarbeit beginnt, ist es bei einzelnen Gesteinsarten erforderlich, mit verdünnter Dispersionsfarbe in mittleren Tönungen geologische Schichtlinien mit Hilfe eines Malpinsels einzuziehen. Auch durch Einwischen von Schattenschlägen mit einem Naturschwämmchen gelingen oft recht interessante Effekte.

Auch der letzte lasierende (nicht deckende, den Untergrund durchscheinen lassende) Farbauftrag erfolgt mit Dispersionsfarbe, jedoch in der dunkelsten Tönung des nachzubildenden Gesteins. Meistens erzielt man diesen Farbton durch Mischungen aus Umbra, Blau und wenig Oxidrot, ohne Zusätze von Weiß. Auf Schwarz, das den Farbton „schmutzig" macht, sollte man möglichst verzichten.

Die ein wenig mit Wasser verdünnte Lasurfarbe wird nun mit weichem Borstenpinsel zunächst deckend auf die Grundfarbe aufgetragen und sofort wieder mit einem feuchten Schwämmchen abgewischt. Auf diese Weise verbleibt die dunkle Farbe lediglich in den Ritzen und Vertiefungen der Felsenstruktur konzentriert, während sie an den erhabenen Stellen wieder weitgehend entfernt wird. Die gewünschte Lasurwirkung lässt sich durch mehr oder weniger intensives Wischen variieren, wobei man das Schwämmchen öfters in sauberem Wasser ausdrückt und wieder neu anfeuchtet.
Die stark verdünnte Lasurfarbe trocknet relativ schnell. Um unschöne Ansatzbildungen zu vermeiden, muss man zügig arbeiten und größere, zusammenhängende Flächengebilde, in kleinere Felder aufgeteilt, überlappend bearbeiten.

Hinweis: Das Mischen der Gesteinsfarben und der Lasurfarbe setzt fachlich fundierte Grundkenntnisse im Umgang mit Farben voraus. Unter den Marken „HEKI-dur-Grundfarbe-Sandstein 7101" und „HEKI-dur-Grundfarbe-Granit 7102" finden sich zwei vorgemischte Basisfarbtöne im Fachhandelsangebot, die nach Originalrezepturen des Verfassers hergestellt werden. Durch Mischen der beiden Farbtöne untereinander entstehen Zwischentönungen, die auch als Basisfarben für weitere Gesteinsarten verwendet werden können. Ferner gibt es eine fertig vorgemischte Lasurfarbe, die, entsprechend verdünnt, zur Imitation jeder Gesteinsart in den hier beschriebenen Verfahren anwendbar ist.

Bedingt durch die hohe Wasserverdünnung verfügt die zuletzt aufgebrachte

Lasurschicht über keine ausreichende Festigkeit und muss zusätzlich fixiert werden. Man verwendet hierzu am besten einen matten Sprühlack auf Nitrozellulosebasis (z. B. Clou), mit dem man die Flächen zweimal dünn überhaucht. Geeignet sind aber auch feindisperse, farblose Acryldisperionen (z. B. Caparol-Tapetenschutz), die im Mischungsverhältnis 1:2 mit Wasser verdünnt, mit einem weichen Rindshaar-Plattpinsel auch von Hand aufgetragen werden können. Nach dieser Behandlung sind die Oberflächen mit Wasser waschbar.

Nach dem Fixieren kann man, je nach Bedarf, die Struktur nochmals mit heller Mattlackfarbe (z. B. aus einem Patina-Set) leicht übergranieren. Unter „Granieren" versteht man das Überwischen strukturierter Untergründe mit fast farbleerem Plattpinsel, wobei lediglich die erhabenen Spitzen der Struktur von der Farbe erfasst werden. Die Graniertechnik wird auch heute noch häufig in der Fassadenmalerei auf fein strukturiertem Putz angewendet. Im Modellbau dient sie zum Aufsetzen von Spitzenlichtern an strukturierten Oberflächen, wobei die plastische Wirkung optisch verstärkt wird.

Abbildung oben:
Lasurarbeit an einem hellen Kalksteingebirge.

Abbildung rechts:
Lasurarbeit an einem Kalkschiefergebirge.

Abbildungen im Viererblock Seite 112 oben v.l.n.r.:
- *die für die Lasurarbeit vorbereitete Fläche; die Struktur links wurde bereits mit Plakatfarben vorlasiert,*
- *Auftrag der Lasurfarbe,*
- *Abwischen der Lasurfarbe mit dem nassen Schwamm,*
- *Übergranieren der Stuktur mit heller Mattlackfarbe.*

Abbildung Seite 112 Mitte:
Fixieren der Lasur mit farblosem Mattlack.

Tipps zur Imitation von Betonflächen

Auch glatte Betonflächen gelingen mit Gips oder gipshaltigen Modelliermassen leicht, wenn man das ausreichend dick aufgetragene Material mit der Glättspachtel (Japanspachtel) auszieht und glättet. Nach der Trocknung müssen die Oberflächen zunächst grundiert werden. Danach erfolgt der Basisanstrich, den man am besten mit einer Moltopren-Walze nachwalzt, wobei eine leicht genoppte Oberfläche entsteht und die Pinselstriche verschwinden. Das Mischen des betonähnlichen Grundfarbtones erfolgt durch Zugabe von Blau und Braun zur weißen Dispersionsfarbe. Es gibt aber auch hierfür eine vorgemischte Farbe im Fachhandel. Wenn die Basisfarbe durchgetrocknet ist, wird nochmals mit der dunklen Lasurfarbe, wie auf den Seiten 112 und 113 beschrieben, leicht nachlasiert. Um eventuelle Pinselstriche zu eliminieren, empfiehlt es sich, die Flächen entweder mit dem Schwämmchen zu übertupfen oder mit der leeren Moltopren-Walze nachzuwalzen. Auch die auf diese Weise fertig gestellten Betonoberflächen müssen mit farblosem Mattlack oder Acryldispersion fixiert werden – siehe Seite 112.

Abbildung oben:
Vorbildlich gestaltete Bahnkörper-Betonböschung.

Abbildung Mitte:
Nachziehen der Kalkschlieren an den Entwässerungsrohren mit Plakatfarben.

Abbildung Seite 115:
Eisenbahnviadukt in einer Felsenlandschaft aus weißem Juragestein. Dieses Modell ist nicht identisch mit der auf Seite 91 vorgestellten Version, die speziell für die Dreharbeiten zu einem Spielfilm 8 Jahre früher hergestellt wurde.

Vegetationsflächen

Zur Gestaltung von Wiesen und Weideflächen wird man heute vorzugsweise synthetische Grasfaser verwenden. Lediglich für die Landschaftsgestaltung von Modellbahnanlagen in den kleineren Nachbildungsmaßstäben 1:160 (N) und 1:220 (Z) hat sich auch entsprechend eingefärbter Feinsand (z. B. HEKI-Deko-Sand) gut bewährt, der in Dispersionsfarbe eingebettet wird.

Die synthetische Grasfaser wird unterschiedlich konfektioniert angeboten. Weit verbreitet sind die handelsüblichen Grasmatten, deren synthetische Grasfasern bereits auf Krepppapier kaschiert sind. Diese Grasmatten werden entsprechend zugeschnitten und einfach mit Alleskleber auf den Untergrund geklebt. Für den Einsatz der Grasmatten spricht der durch die senkrecht stehenden Fasern bedingte, sehr echt wirkende Flor, der die Oberfläche natürlich gewachsenen Grases gut imitiert. Von Nachteil bei der praktischen Anwendung ist allerdings, dass sich die zugeschnittenen Teile, insbesondere beim Belegen unebener Geländeformen, nie nahtfrei aneinanderfügen lassen. Das Nacharbeiten der Überlappungen gelingt nur selten ohne störende Ansätze.

Abbildung Seite 116 oben:
Natürlich gestaltetes Geländedetail mit Granitfels und Steinschlagwehr. Die Grünflächen wurden mit synthetischer Grasfaser beflockt.

Abbildung Seite 116 unten:
Mit Langflor-Grasfaser gestaltetes Detail.

Abbildung links:
Unter Verwendung von synthetischen Grasfasern unterschiedlicher Längen gestaltetes Brachland.

Abbildung unten:
Renovierung einer Altanlage durch Überformen mit Bodendeckermatten.

Synthetische Grasfasern

Zur Gestaltung von völlig ansatzfrei überwachsenen Geländeflächen bieten sich die im Fachhandel erhältlichen so genannten „Bodendeckermatten" an. Hierbei handelt es sich um synthetische Grasfasern, die auf unsichtbare Trägernetze kaschiert sind. Sie eignen sich besonders gut zum Auffrischen unansehnlich gewordener Altanlagen. Die Verarbeitung erfolgt, indem die zuvor mit handelsüblichem Sprühkleber besprühten Flächen mit den leicht dehnbaren Bodendeckermatten einfach überformt werden.

Speziell zur Gestaltung von versteppten Grasflächen und Bergwiesen gibt es auch Bodendeckermatten aus langflorigen synthetischen Grasfasern (z. B. HEKI-Dekovlies Wildgras – 6 mm). Dieses Material kann sowohl flächig als auch büschelweise auf die vorbereitete Geländefläche geklebt werden. Die erwähnten Bodendeckermatten sind in zwei verschiedenen natürlichen Grasfarben lieferbar.

Selbstverständlich sind die synthetischen Grasfasern zur direkten Verarbeitung auf der Anlage auch lose erhältlich. Die lieferbaren Farbtöne sind in beliebi-

gem Verhältnis untereinander mischbar. Doch das Mischen erfordert hier noch mehr Erfahrung als das Mischen von flüssigen Farben, da sich die Wirkung im Gesamtkomplex der Anlage nur in Verbindung mit größeren Flächenversuchen beurteilen lässt. Eine vom Autor zusammengestellte und erprobte Skala von den fünf hauptsächlich in Mitteleuropa vorkommenden natürlichen Geländefarben wurde von der HEKI in das Grasfaser-Sortiment übernommen und findet sich dort im Angebot. Sowohl bei Einzelverwendung als auch in beliebigen Mischungen der einzelnen Grasfaserfarben untereinander, bietet die seit Jahren in zahllosen Praxisversuchen erprobte Farbenskala eine hohe Sicherheit, dass die natürliche Farbenharmonie auf der Anlage nicht aus dem Gleichgewicht gerät.

In der Regel wird man zur Gestaltung von bewirtschafteten Wiesen- und Weideflächen die marktgängigen 3 mm hohen synthetischen Grasfasern verwenden. Zum Einbetten eignet sich im Prinzip jeder Kleber, der flächig aufgetragen werden kann und lange offen bleibt, da nur das nasse Kleberbett in der Lage ist, die eingestreuten Fasern zu binden. Am besten bewährt haben sich hoch gebundene Dispersionsfarben, abgetönt im Basisfarbton der einzubettenden Faser, unter Zusatz von ca. 10 % verarbeitungsfertig zubereitetem Tapetenkleister auf Methylzellulosebasis. Es gibt aber auch konfektionierte, grün eingefärbte Grasfasereinbettmassen im Fachhandel. Um ein vorzeitiges Antrocknen der Einbettmasse durch Wasserentzug zu verhindern, ist es bei saugenden Untergründen, wie solchen aus Gips, Holz oder Karton, erforderlich, außer der obligaten Grundierung auch noch einen sperrenden Zwischenanstrich mit verdünnter Dispersionsfarbe auszuführen. Es können auch Sprühkleber verwendet werden.

Die Einbettmasse selbst wird dann mit einem breiten Flächenstreicher möglichst satt aufgetragen und mit einem runden Borstenpinsel nachgetupft oder aber mit einer Moltopren-Walze nachgewalzt, wobei eine apfelsinenschalenähnlich genoppte Oberfläche entsteht, die den Fasern ideale Haftungsbedingungen bietet. Um Ansatzbildungen zu vermeiden, soll immer nur eine überschaubare Fläche angelegt werden, so daß die Einbettung ohne Hast erfolgen kann.

Das Einbetten der synthetischen Grasfasern bis zu einer Faserlänge von 3 mm gelingt am besten mit Hilfe einer Spülmittelflasche aus Weichplastik, deren Düse im Schraubverschluss auf 9 mm aufgebohrt wird. Nachdem die Flasche bis etwa zu zwei Drittel mit den Fasern aufgefüllt wurde, erfolgt das Einbetten durch kräftiges Zusammendrücken mit auf die Einbettfläche gerichteter Düse. Auf diese Weise werden die Fasern im Sog des austretenden Luftstroms in das nasse Kleberbett gepustet. Obwohl bei dieser Auftragsweise nur ein Teil der Fasern senkrecht eingebettet wird, ist das Flächenergebnis recht befriedigend und wird auf alle Fälle besser als durch Einstreuen von Hand.

Ein perfektes Einbetten der synthetischen Grasfasern, wobei die gleiche Oberflächenqualität wie bei den maschinell beflockten Grasmatten erzielt wird, gelingt unter Verwendung elektrostatischer Beflockungsgeräte. Deren Anschaffung rentiert sich nur für den professionellen Anlagenbauer.
Sinnvoll wäre jedoch, wenn sich Modellbahnklubs diese einfach zu handhabenden Geräte zulegen und bei Bedarf an die Mitglieder ausleihen würden. Mit diesen leistungsfähigen professionellen Elektrostaten, die mit 180 000 Volt arbeiten, können auch die 6-mm-Langflorgrasfasern verarbeitet werden. Zur Verarbeitung mit dem Elektrostat sind die Fasern ggfs. unter Verwendung eines

Zimmerpflanzen-Wasserzerstäubers leicht anzufeuchten.

Hinweis: Blumenteppiche auf den beflockten Wiesen gelingen, indem man ockergelbe, weiße oder rote Blütenflocken (z. B. HEKI-Blütenflocken) durch ein Mehlsieb reibt, die ausfallenden Makroflocken über die Wiese verstreut und anschließend mit farblosem Sprühmattlack (Clou) fixiert.

Abbildung oben rechts:
Geländedetail einer H0-Großanlage mit Kalkschiefergebirge, Eisenbahnbrücke und blühender Sommerweise, beflockt mit kurzfloriger Grasfaser.

Abbildung oben links:
Grasfaserbeflockung mit Hilfe einer Spülmittelflasche aus Weichplastik.

Abbildung links:
Grasfaserbeflockung unter Verwendung eines professionellen Elektrostaten.

Abbildung Seite 118 oben:
Interessant gestaltetes Detail ein H0-Großanlage. Die Grasfaserbeflockung mit Blumenteppich erfolgte elektrostatisch.

Abbildungen Seite 118 Mitte:
Einstreuen und Fixieren der gelb gefärbten Makroflocken.

Spezielle Vegetationsflächen

Durch Einbetten der unterschiedlichsten Materialien und Streumittel in satt aufgetragene Dispersionsfarbe lassen sich auch eine Reihe anderer in der Natur vorkommender Vegetationsflächen gestalten. Zum Beispiel Geröllhalden im Gebirge, die durch Einbetten von hellem Natursand oder Natursteinschotter recht gut gelingen. Auch frisch gepflügte Ackerflächen entstehen durch Aufspachteln dunkelbraun eingefärbter Spachtelmasse und anschließendem Nachziehen mit einem Kamm.

Tipps zum Gestalten eines Erntefeldes

Es wäre sicherlich zu aufwendig und außerdem auch nur wenig sinnvoll, wollte man großflächige, in voller Reife stehende Getreidefelder in der Modellbahnlandschaft realisieren. Interessanter und sehr viel weniger aufwendig ist es, wenn man eine Ernteszene darzustellen versucht, weil hierbei nur relativ kleine Flächen mit „stehender Frucht" nachzubilden sind. Die abgemähten Flächen sind viel einfacher nachzuvollziehen, indem man sie mit mittelbraun getönter Dispersionsfarbe satt einstreicht und anschließend mit synthetischer Gras-

faser der Sorte „HEKI-Wintergras" möglichst mit Hilfe des Elektrostats beflockt. Zur Gestaltung des Teils mit den noch stehenden Halmen verwendet man Schweineborsten, wie sie einige Firmen im Sortiment führen. Als Einbettmasse eignet sich vorzugsweise sandgefüllter Kunstharzspachtel (z. B. Moltofill-Reparaturspachtel – erhältlich

in Baumärkten oder im Farbenfachhandel), dem man ein wenig braune Dispersionsfarbe zusetzt. Die sämige Masse wird mit der Flächenspachtel etwa 2 bis 3 mm dick aufgezogen. Anschließend werden die Naturborsten in die noch nasse Schicht bündelweise senkrecht stehend eingebettet. Erst wenn die Einbettmasse hart durchgetrocknet ist, wird der so entstandene Flor mit einer Allzweckschere oder aber mit einer Haarschneidemaschine auf einheitliches Höhenniveau gestutzt. Durch sanftes Übergranieren der Borstenspitzen mit hellbrauner Dispersionsfarbe lassen sich auch die Ähren vorbildnah imitieren. Zur Ausschmückung der Szene finden sich im Angebot der Firma PREISER eine Auswahl an Figuren wie Schnitter, Erntearbeiter und sogar ein Pferdegespann mit Erntewagen.

Abbildung oben:
Detail aus eine H0-Großanlage mit realistisch gestaltetem Erntefeld.

Abbildung links:
Einbetten von Sand in helle Dispersionsfarbe zur Gestaltung einer Geröllhalde.

Viererblock Seite 121 rechts unten zeigt den Aufbau eines Weinberges, im Einzelnen v.l.n.r.:
- *Anbringen der Bohrungen zum Einstecken der Drahtstücke,*
- *Einleimen der Drahtstücke und Verspannen mit Nähseide,*
- *Überformen der vorgeklebten Spritzlinge mit HEKI-flor,*
- *Fixieren des fertigen Details mit Mattlack.*

Wenn der Anstrich getrocknet ist, werden die Linien der Pflanzzeilen mit Schneiderkreide oder weißem Bleistift für die Bohrungen angezeichnet, die man zum Einleimen der Spannpfähle benötigt. Hierzu verwendet man in der Nenngröße H0 1 mm dicken Eisendraht. Streichhölzer oder Zahnstocher wären für diesen Nachbildungsmaßstab viel zu dick. Im richtigen Verhältnis zu den H0-Figuren von PREISER sollten die Pfähle 20 bis 22 mm hoch sein. Die Verspannungen werden dann mit dunkelbrauner Nähseide ausgeführt. Zur Imitation der Rebstöcke verwendet man am besten Astwerkspitzen von Modellbaumspritzlingen, wie sie in Bäume-Bastel-Sets enthalten sind, die man mit UHU-Allplast an die Verspannungen klebt. Abschließend werden die so entstandenen Rebzeilen mit HEKI-flor mittelgrün überformt oder aber mit Laub unter Verwendung eines Superbeflockungsleims beflockt.

Abbildung links:
Ausschnitt einer H0-Großanlage mit Weinberg am Hang.

Tipps zum Gestalten eines Weinberges

Der Nachvollzug von Weinbergen im Modell gelingt am eindrucksvollsten, wenn man die Hanglage wählt. Um einen schnellen Regenwasserablauf sicherzustellen, weisen Weinberge stets ein mehr oder weniger starkes Gefälle auf, das auch im Modell deutlich erkennbar sein sollte. Oft sind die Parzellen terrassenförmig angelegt. Als kultivierte Kletterpflanze benötigt der Weinstock spezielle Vorrichtungen für seinen Rankenwuchs. Früher benutzte man etwa 2 m hohe Holzpfähle, die, zeilenweise in den Boden eingerammt, den Pflanzen den nötigen Halt gaben. Heute bevorzugt man zunehmend Drahtverspannungen, die stets dem steilsten Gefälle folgend ausgerichtet sind.

Die Entstehung des Weinbergs im Modell wird hier in der Bildfolge gezeigt: Zuerst wird der Boden grundiert und mit mittelbraun getönter Dispersionsfarbe deckend gestrichen.

Modellbäume

Bei der Gestaltung von Modellbäumen liegt die Kunst nicht darin, die einzelnen Details akribisch genau nachzubilden. Vielmehr geht es darum, die Einzelmodelle so herzustellen, dass sie vom Blickwinkel des Betrachters aus sowohl in ihren Farbgebungen als auch in ihren charakteristischen Formen ihren Vorbildern möglichst nahe kommen. Dies gilt insbesondere auch beim Gestalten von Baumgruppen oder zusammenhängenden Waldflächen.

Tipps zum Gestalten von Nadelbäumen

Bei den zahlreichen Versuchen, Nadelbäume im Modell nachzubilden, haben die in großer Serie hergestellten, gedrehten Typen immer noch am besten abgeschnitten. Zwar befriedigt der kegelförmig gedrehte Einzelbaum, so wie er aus der Maschine kommt, keineswegs. Wenn man aber, wie hier in der Bildfolge gezeigt, die Rohlinge mit einer Vielzweckschere auslichtet, anschließend durch Drücken etwas dynamisiert und zum Schluß unter Verwendung von Sprühkleber nachbeflockt,

Abbildung oben:
Detail einer Voralpenlandschaft.

Nebenstehender Dreierblock v.l.n.r.:
– Auslichten der gedrehten Tanne,
– Besprühen mit Sprühkleber,
– Nachbeflocken mit HEKI-Laub.

Abbildung Seite 123 oben:
Modellbäume im Herbstlaub.

Dreierblock Seite 123 v. l.n.r.:
– Bestreichen eine Laubbaum-Rohlings mit Beflockungsleim,
– Überformen mit HEKI-flor,
– Fixieren mit Mattlack.

entstehen Nadelbäume, die an Vorbildtreue kaum noch zu übertreffen sind.

Zum Nachbeflocken von Nadelbäumen eignen sich die Spezialflocken „HEKI-Laub dunkelgrün". Auch Gebirgsfichten mit leeseitig ausgebildetem Astwerk oder Hochstammfichten gelingen in dieser Manier.

Tipps zum Gestalten von Laubbäumen

Auch seriengefertigte Laubbäume können durch nachträgliches Bearbeiten mit der Schere oder dem Seitenschneider, durch Nachbiegen der Äste und durch nachträgliches Beflocken mit HEKI-Laub verbessert werden. Durch Übergranieren der Rindenstruktur an Ästen und Stämmen mit hellgrauer Mattlackfarbe (z. B. aus dem FALLER-Patina-Set) besteht eine weitere Möglichkeit zur optischen Aufwertung.

Zum Selbstgestalten von Laubbäumen gibt es im Fachhandel spezielle, auf nahezu unsichtbare Netze kaschierte Belaubungsvliese. Die Skala umfasst neun

verschiedene Farbtöne, neben den fünf am häufigsten in Europa vertretenen Grüntönungen auch Blüten- und Herbstfarben, so dass der Nachvollzug aller jahreszeitlichen Färbungen möglich ist.

Unter der Marke „HEKI-Laub" gibt es auch die losen Flocken in der identischen Farbskala. Durch Nachbeflocken in von der Grundbeflockung abweichenden Farben gelingen zusätzliche interessante Effekte.

Die Verarbeitung dieser Belaubungsvliese ist denkbar einfach: Die etwa 250 x 120 mm großen Vlieslappen werden je nach gewünschter Belaubungsdichte mehr oder weniger stark gedehnt über die zuvor mit Kleber besprühten Modellbaum-Rohlinge geformt. Weniger dichte Belaubungen entstehen, wenn man das Vlies in kleinere Stücke reißt und diese weit gedehnt über die äußersten Spitzen der Äste formt. Anstelle der industriell vorgefertigten Modellbaum-Rohlinge aus Plastik kann man auch getrocknete Zweige oder Pflanzenstengel verwenden, die man jedoch vor der Bearbeitung mehrmals mit farblosem Mattlack konservierend behandeln sollte.

Zum Schluss sollten die Laubkronen der auf diese Weise selbst hergestellten Bäume nochmals „staubsaugerfest" gemacht werden. Man verwendet hierzu am besten einen matten farblosen Sprühlack auf Nitrozellulosebasis (z. B. Sprühmattlack von Clou).

Hinweis: Zum Gestalten größerer Baumgruppen oder zusammenhängender Waldflächen ist es nicht nötig, jeden einzelnen Baum zu beflocken. Rationeller, und letztlich auch mit besserem Ergebnis, gelingt diese Arbeit, indem man die entsprechend vorgeformten Rohlinge gruppenweise zusammensteckt und das so entstandene Gerippe als ganzes mit dem Vlies wie beschrieben überformt.

Tipps zum Gestalten von Büschen und Ranken

Beim Gestalten von Büschen und Sträuchern verfährt man ähnlich wie beim Selbstbau von Laubbäumen beschrieben.
Auch hierfür gibt es Plastikrohlinge im Fachhandel, die in vorhandene Bohrungen eingeleimt werden und deren Astwerk entsprechend zurechtgebogen wird, bevor man die so entstandenen Skelette mit dem Vlies überformt. Insbesondere bei Einzelbüschen wird man mit etwas abweichenden Laubfarben nachflocken, damit sie sich deutlicher vom erdnahen Umfeld abheben. Blühende Sträucher kann man auch gut durch Bestreuen mit makrofein ausgesiebten, bunten Blütenflocken gestalten.

Letztlich bietet sich zur Gestaltung von kleinerem und dichtem Buschwerk auch das altbewährte Islandmoos an. Hierfür geeignet ist allerdings nur das im Modellbahnfachhandel erhältliche, entsprechend präparierte Moos. Um eine geeignete Standfläche zu erzielen, werden die spitzen Stammfaseransätze mit der Schere abgeschnitten. Zum Aufkleben hat sich tropffreier Alleskleber am besten bewährt.

Islandmoos besitzt allerdings eine Eigenstruktur, die, unbehandelt, etwas fremd im Landschaftsbild wirkt. Indem man die Büsche mit dem Belaubungsvlies zusätzlich überformt, erreicht man auch hier mehr Vorbildnähe.

Zur Imitation von kleinsten Stauden oder Buschwerk kann man das Belaubungsvlies auch direkt auf die bereits fertig gestellten Wiesenflächen kleben. Sehr weit gedehnt gelingen damit ferner sehr realistisch wirkende Wein- oder Efeuranken an Mauern und Fassaden.

Abbildungen dieser Seite:
Gestaltungen mit Islandmoos.

Abbildung Seite 125 oben:
Alpenstraße, gestaltet mit HEKI-Straßenfarbe Asphalt.

Abbildung Seite 125 unten:
Vorbildlich gestalteter Bahnhofsvorplatz.

Straßen und Wege

Schon beim Planen der Infrastruktur einer Modelleisenbahnanlage kommt es sehr darauf an, dass man die Verkehrswege richtig dimensioniert ins Bild bringt. Auf der einen Seite muss man darauf achten, dass die Straßen und Wege nicht breiter dimensioniert sind als nötig, damit sie im Vergleich mit den Bahnkörpern nicht zu massig wirken, auf der anderen Seite müssen die Maße aber auch auf die Proportionen der gezeigten Straßenfahrzeuge abgestimmt sein. Legt man die für europäische Hauptstraßen geforderte Mindestbreite je Fahrbahn von 3,75 m zugrunde, ergibt sich, auf die Nenngröße H0 (1:87) reduziert, eine Fahrbahnbreite von 4,3 cm. Dieses Maß gilt allerdings nur für Fernstraßen. Für Kreis- und Ortsstraßen könnte man die Fahrbahnmindestbreite auf 2,75 cm verringern. Das heißt: man muss für eine bidirektional befahrene Straße als Mindestbreite 5,5 cm ansetzen. Eine Mindestbreite von 9 cm muss man hingegen kalkulieren, wenn realistischer Verkehr durchgeführt wird, so, wie dies beispielsweise mit dem FALLER-Car-System möglich ist. Hier ist der systembezogene parallele Abstand des in der Fahrbahndecke eingelassenen Führungsdrahtes mit 5,5 cm festgelegt.

Tipps zum Gestalten von Asphaltstraßen

Speziell für die Gestaltung von Asphaltstraßen gibt es eine Deckfarbe auf Dispersionsgrundlage, die unter der Marke „HEKI-Straßenfarbe Asphalt" im Fachhandel erhältlich ist. Für die Nenngröße H0 und N gibt es bei vielen Anbietern ferner Verkehrszeichen nach Vorbildern verschiedener Epochen und Staaten, Leitplanken, Begrenzungspfähle und Straßenmarkierungen.

Auch die Straßentrassen sollten möglichst aus 8 mm starkem Sperrholz beschaffen sein, damit keine Verzugserscheinungen auftreten. In der Regel wird zur Grundierung der Trassen ein schnell trocknendes und wasserfreies Grundiermittel, am besten auf Nitrozellulosebasis, verwendet. Darauf folgt eine glättende Spachtelung, die im Regelfall mit einem ebenfalls wasserfreien Malerlackspachtel ausgeführt werden kann. Die Spachtelung ist notwendig, damit sich die Fasern der Holzstruktur später nicht in den fertig gestellten Fahrbahndecken abzeichnen.

Wenn auf der betreffenden Asphaltstraße realistischer Autoverkehr stattfinden soll, dann empfiehlt sich, auf eine Grundierung der Trasse zu verzichten und die Spachtelung, mit der gleichzeitig die Fahrdrahteinbettung erfolgt, unter Verwendung von grau eingefärbtem Auto-Reparaturspachtel auf Nitrozellulosebasis (z. B. Presto-Finish von Weber und Wirt, Schwerte) direkt auf die Holzoberfläche auszuführen. Die grau eingefärbte Spachtelung verhindert das Markieren einer hellen Linie, wie sie bei Verwendung weißer Spachtelmassen durch den Fahrbahnabrieb der Fahrzeugschleifer entstehen kann.

Auf die nun in der einen oder anderen Weise gespachtelten und plan geschliffenen Oberflächen wird dann die bereits erwähnte asphaltgraue Straßenfarbe zweimal unverdünnt mit weichem Pinsel aufgetragen und mit der Moltopren-Rolle nachgewalzt, wobei eine in sich leicht genoppte, pinselstrichfreie Fläche entsteht. Nach dem Trocknen wird dann die Fahrbahndecke mit feiner Stahlwolle oder mit Wasserschleifpapier der Körnung 360 dem Verkehrslauf nach überschliffen. Durch spezielle in der Farbe enthaltene Zuschlagstoffe, die erst mit dem Schleifen in Erscheinung treten, entsteht die typische Charakteristik einer befahrenen Straßendecke. Durch vorsichtiges Aufwischen von verdünntem Mattlack mit der Fingerkuppe werden Brems- und Reifenspuren treffend imitiert. Abschließend werden die erforderlichen Fahrbahnmarkierungen aufgerieben.

Für die durchgehende Linienmarkierung gibt es selbstklebendes Linier-

Sechserblock oben in der Bildreihenfolge v.l.n.r.:
- *Fräsen der Nut für den Leitdraht für den durch Lenkmagnete geführten Autoverkehr (FALLER-Car-System),*
- *Einspachteln des Fahrdrahtes,*
- *Auftrag der HEKI-Straßenfarbe Asphalt,*
- *Mattschleifen der Fahrbahndecke mit Wasserschleifpaier der Körnung 360,*
- *Einziehen der Markierungslinien mit Plakatfarbe,*
- *Aufreiben der Fahrbahnmarkierungen.*

band (z. B. Letraset), das sich allerdings mit der Zeit wieder ablöst. Besser halten mit Plakatfarbe aufgemalte Linien. Mit Hilfe von Rindshaar-Schriftenpinsel und Malstock gelingt auch Nichtfachleuten die Handlinierung, wenn man etwas Zeit in entsprechende Vorübungen investiert.

Für die Nenngrößen H0 und N gibt es auch fertig bedruckte Asphaltstraßen aus flexibler Selbstklebefolie. Die praktische Anwendung kann sich jedoch nur auf gerade Straßen oder höchstens auf solche mit weit gezogenen Kurven beschränken, da die beim Kleben in engeren Radien zwangsläufig auftretende Verringerung der Fahrbahnbreite eine äußerst vorbildwidrige Optik ergibt.

Tipps zur Gestaltung von Feldwegen und Schotterstraßen

Auch Feld- und Waldwege sind Bestandteile der ländlichen Infrastruktur. Sie sind gekennzeichnet durch mehr oder weniger tief durch landwirtschaftliche Fahrzeuge eingefahrene Laufrillen, gesäumt von aufgewölbten Grasnarben.

Oft findet sich auch eine fest getretene Grasnarbe in der Mitte der Spur.

Der Nachvollzug im Modell erfolgt am besten mit einer gipshaltigen Kunstharzspachtelmasse. Nach erfolgter Grundierung der aus Sperrholz geformten Trasse – möglichst mit einem wasserfreien Grundiermittel – wird die mäßig dick angerührte Modelliermasse mit einer Japanspachtel etwa 1 bis 2 mm stark aufgezogen. Die Wagenspur wird mit Hilfe einer entsprechend vorbereiteten Schablone einmodelliert.

Wenn die aufmodellierte Schicht gut durchgetrocknet ist, erfolgt zunächst eine deckende Bemalung mit Dispersionsfarbe im hellsten Farbton des nachzubildenden Erdreichs. Die beiden bei der Gebirgsgestaltung empfohlenen, vorgemischten Grundfarben können, evtl. unter Zumischung von etwas Weiß, hierzu verwendet werden. Nach der Trocknung wird dann der so vorbereitete Weg mit dunkler Lasurfarbe überstrichen und sofort mit einem nassen Schwämmchen nachgewischt. Dabei verbleibt die dunkle Tönung lediglich in den Vertiefungen der Spurrillen und lässt diese sehr realistisch hervortreten. Zur Herstellung des bewachsenen Mittelstreifens wird grüne Einbettmasse aufgetragen und mit synthetischer Grasfaser beflockt oder aber mit grün eingefärbtem Feinsand bestreut.

Die Nachbildung einer Schotterstraße gelingt durch Einbetten von Feinsand in entsprechend eingefärbte, dick aufgetragene Dispersionsfarbe nach zuvor ausgeführter Grundierung.

Abbildung oben:
Detail eine H0-Anlage mit Brückenwehr und aufliegender Asphaltstraße, gestaltet mit HEKI-Straßenfarbe Asphalt.

Abbildung links:
Geländedetail mit realistisch gestaltetem Feldweg und Erntefeld im Vordergrund.

Gewässergestaltung

Gewässer in ihren zahlreichen Arten und Formen bieten auch auf der Modelleisenbahnanlage eine Fülle interessanter Gestaltungsmöglichkeiten. Im Hinblick auf den Nachvollzug gibt es zwei gängige Verfahren: Einer einfacheren Methode entsprechend, erfolgt die Gestaltung durch Abdecken des vorbereiteten Gewässergrundes mit spezieller Folie oder mit entsprechend strukturiertem Kunstglas. Bei der anderen, etwas aufwendigeren Technik wird speziell hierfür entwickeltes Gießharz in das plastisch geformte Gewässerbett eingebracht.

Gewässergestaltung mit Seefolie

Bei den so genannten Seefolien handelt es sich um stabile Folien aus durchsichtigem Kunststoff mit genoppter Oberfläche, die die Wellen eines vom Wind leicht bewegten Gewässers recht gut imitieren. Solche See- oder Gewässerfolien werden in Plattenform von Zubehörfirmen hergestellt und im Modellbahnfachhandel angeboten. Beim einfachen Anlagenbau genügt es im Allgemeinen, wenn man unter diese Folien einen blauen Karton unterlegt und die Ränder mit Modelliermasse anspachtelt, um eine hinreichend realistische Wirkung zu erzielen.

Abbildung rechts:
Mit Seefolie gestaltetes Gewässerdetail.

Abbildungen oben:
Zuschneiden ein einsetzen der Seefolie in den vorbereiteten Gewässergrund.

Nachdem der Gewässergrund wie beschrieben vorgeformt und zweimal mit dunkelblauer Dispersionsfarbe gestrichen wurde, wird nach erfolgter Trocknung des letzten Anstrichs die entsprechend zugeschnittene Seefolie so übergelegt, dass sie den gesamten Ausschnitt deckt. Die Uferzonen werden anschließend mit feinsandgefülltem Kunstharzspachtel (z. B. Moltofill-Reparaturspachtel), dem etwas braune Dispersionsfarbe zugemischt wurde, angespachtelt. In die nasse Spachtelmasse können zur Dekoration noch kleine Steinchen eingedrückt oder aber zur Schilf-Imitation Schweineborsten bündelweise senkrecht eingebettet werden.

Zur Gestaltung von größerflächigen Gewässern kann die Abdeckung anstelle der Seefolie auch mit entsprechend strukturierten Dekorplatten aus Plexiglas oder ähnlichen Werkstoffen erfolgen. Um einer Kondenswasserbildung unter der Abdeckung vorzubeugen, empfiehlt es sich, einige kleine Öffnungen im Gewässergrund vorzusehen, um eine ausreichende Luftzirkulation sicherstellen.

Wer höhere Ansprüche stellt, wird den Gewässergrund tiefenplastisch gestalten. Hierbei wird die Gewässerform aus der Basisplatte mittels einer Stichsäge und im Winkel von 45° schräg gestelltem Sägeblatt ausgeschnitten, was die spätere Ufergestaltung erheblich erleichtert. Unter die Öffnung wird dann mit entsprechendem Überstand eine 3 bis 5 cm dicke Platte aus in Baumärkten erhältlichem, dichtgeschäumtem Polystyrol geklebt. Wenn der Kleber hart durchgetrocknet ist, wird die Oberfläche der Hartschaumplatte, die den Gewässergrund bildet, mit Nitroverdünnung unter Verwendung einer Fixierspritze oder eines beliebigen Sprühgerätes (z. B. Grafikerpistole) bestäubt, wobei das geschäumte Material borkenartig zusammenschmilzt und eine rindenähnliche Struktur erhält. Am Gewässerrand wird man allerdings einen etwa fingerbreiten Streifen unbehandelt stehen lassen als Auflagefläche für die Folie.

Gewässergestaltung mit Gießharz

Größere, zusammenhängende Gewässer wird man vorteilhafter mit Gießharz gestalten. Diese Technik ist zwar aufwendiger, bietet dafür aber mehr Gestaltungsmöglichkeiten. Bei diesem Ver-

fahren wird der vorbereitete Gewässergrund mit einer Gießmasse auf Epoxidharzbasis aufgefüllt. Die Vorteile hierbei sind, dass man nicht an vorgegebene Plattenmaße gebunden ist und außerdem auch keine Kondenswasserbildung auftreten kann. Da sich das Gießharz jedoch mit Polystyrol nicht verträgt, muss die Gewässerbettung, wie beim Geländebau beschrieben, mit Modellgips oder durch eine unterleimte Sperrholzplatte hergestellt werden. Man wird allerdings die Bettung flacher ausführen, damit man möglichst wenig von dem nicht eben billigen Gießharz benötigt.

Gießharz, speziell für die Gewässergestaltung im Modell, wird von der Firma UHU hergestellt und von der Firma FALLER unter der Bezeichnung „Gießmasse" vertrieben. Unmittelbar vor der Verarbeitung werden die beiden Komponenten „Binder" und „Härter" im Mischungsverhältnis 1:1 zusammengegeben. Die empfohlene niedere Füllhöhe ist auch deshalb angezeigt, weil sich das eingebrachte Harz während des Aushärteprozesses mengenabhängig erwärmt. Die Füllhöhe sollte sich auf

Abbildung oben:
Interessant gestaltetes Detail mit kleinem Fluss und Eisenbahnbrücke einer größeren H0-Anlage. Die Gewässernachbildung erfolgte mit Gießharz.

Abbildung Mitte:
Eine nicht alltägliche Szene: Dreiteilige Pontonbrücke als Detail der gleichen H0-Anlage. Die Brücke entstand nach Plänen der Firma WEGAS aus Holz und Karton.

maximal 12 mm beschränken, zumal der angestrebte Tiefeneffekt nicht durch die Höhe des eingefüllten Materials, sondern ausschließlich durch die Farbgebung des Gewässergrundes bestimmt wird. Wird zuviel Gießharz in einem Arbeitsgang eingefüllt, kann die Erwärmung derart stark sein, dass eingegossene Objekte, wie Brückenpfeiler oder Schiffe aus Pappe oder Plastik, Schaden nehmen oder ganz zerstört werden.

Bei der Gewässergestaltung mit Gießharz sind folgende Verarbeitungshinweise unbedingt zu beachten: Der vorbereitete Gewässergrund ist zunächst mit einem wasserfreien Grundiermittel (z. B. Clou-Schnellschleifgrund) satt tränkend zu grundieren. Danach gilt es sämtliche Anschlussfugen zu den angrenzenden Bauteilen, wie Brückenpfeiler, Kaimauern, Uferanschlüsse u. ä., mit der bereits erwähnten feinsandgefüllten Kunstharzspachtel-

Abbildung oben:
Unter Verwendung von Gießharz fertig gestaltetes Gewässerdetail.

Sechserblock links in der Bildreihenfolge v.l.n.r.:
- *Einbetten von Schweineborsten in die braun eingefärbte Spachtelmasse,*
- *Vorkleben eines Tesa-Streifens am Anlagenrahmen, um eine Verbindung des Gießharzes mit der Abdeckung zu verhindern,*
- *Anbringen der Holzleiste zur Abdichtung am Anlagenrahmen,*
- *Ausrichten der Elemente mit Hilfe einer Wasserwaage,*
- *Einfüllen des zuvor zusammengemischten Gießharzes,*
- *Entfernen der provisorischen Abdichtung am Anlagenrahmen.*

masse (z.B: Moltofill-Reparaturspachtel) sorgfältig abzudichten, um ein Durchsickern des sehr fließfähigen Harzes auszuschließen. Der so vorbereitete Gewässergrund wird anschließend, wenn die Spachtelmasse gut durchgehärtet ist, zweimal mit Dispersionsfarbe in dem gewünschten Gewässerton gestrichen. Um eine gute Verankerung mit dem Gießharz sicherzustellen, ist der zweite Anstrich in noch nassem Zustand mit feinem Quarzsand (Vogelsand) zu besanden. Was die Farbtönung dieses letzten Anstrichs anbetrifft, wird man vorteilhafterweise ein dunkles Blau ohne Zusätze von Weiß wählen. Ggfs. kann man allzu intensives Blau durch Zugabe von wenig Braun brechen. Zu berücksichtigen ist jedoch hierbei, dass das an sich recht gut durchsichtige Harz leicht gelbstichig ist und die Blautönung ein wenig gegen Grün hin beeinflussen kann.

Bevor das Gießharz eingebracht wird, müssen die Ufer fertig gestaltet sein. Dies gilt insbesondere für Brückenpfeiler und Kaimauern, da die unteren Teile dieser Bauwerke mit dem Gießharz überdeckt werden und folglich durchscheinen. Aber auch die natürlichen, angespachtelten Uferböschungen wird man am besten durch Einbetten von Schweineborsten zur Schilf-Imitation oder aber durch Eindrücken von Schotter oder Steinmaterial in die noch nasse Spachtelschicht entsprechend vorbereiten. Bei Gewässern, die bis zum Anlagenrand reichen, muss man außerdem vorbeugende Maßnahmen treffen, um dort ein Auslaufen des Harzes zu verhindern, indem man am besten eine Holzleiste vornagelt und eventuelle Ritzen mit Knetmasse oder Fensterkitt abdichtet. Aber Vorsicht! Die Leiste wird selbstverständlich wieder entfernt, wenn das Gießharz ausgehärtet ist. Eine Verbindung zwischen dem Harz und der Leiste, die unlösbar wäre, ist unter allen Umständen zu vermeiden. Deshalb ist es erforderlich, vor dem Anbringen der Leiste einen Tesafilmstreifen über die abzudichtende Schnittstelle zu kleben. Auf diese Weise kommt nur die Klebeseite des Tesastreifens mit dem Harz in Berührung, die den Kontakt zur Leiste sicher verhindert. Nachdem die Leiste entfernt wurde, lässt sich der Tesastreifen einfach abziehen.

Um eine möglichst gleichmäßige Verteilung des Harzes und damit eine möglichst gleichmäßige Aushärtung sicherzustellen, ist es empfehlenswert, die

Anlage mit Hilfe einer Wasserwaage auszurichten. Nur wenige handelsübliche Gießharze sind für die Gewässergestaltung im Modell geeignet, so z. B. „FALLER-Gießmasse 508“. Nachdem die beiden Komponenten (Harz und Härter) im Mischungsverhältnis 1:1 in einem weiteren, zuvor gut gereinigten Gefäß zusammengebracht und gründlich durchmischt worden sind, wird es in die vorbereitete Gewässerbettung eingegossen – siehe Abbildung. Wird eine völlig unbewegte Wasseroberfläche gewünscht, dann ist die Arbeit nach der Aushärtezeit abgeschlossen. Bei einer Raumtemperatur von 18 °C und einer Füllhöhe von 1,2 cm beträgt sie etwa 20 Stunden.
Wird eine Wasseroberfläche, entsprechend der Vorbildsituation, bei leichter Brise gefordert, gelingt das Einmodellieren der Wellen mit Hilfe eines Holzspatels nur im letzten Stadium der Aushärtephase. Den geeigneten Zeitpunkt muss man durch ständiges Überprüfen, eventuell an einem Testaufbau außerhalb der Anlage, ermitteln.

Hinweis: Durch rohstoffbedingte Schwankungen bei den einzelnen Gießharz-Chargen können hier im Hinblick auf Aushärtezeit und den damit im Zusammenhang stehenden günstigsten Zeitpunkt zum Einmodellieren der Wellen keine verbindlichen Angaben gemacht werden.

Abbildung oben:
Gebirgsschlucht mit Steinbogenbrücke, die mit HEKI-Modellbauplatten gestaltet wurde.

Tipps zur Gestaltung von Wasserfällen

Beim Nachvollzug von Wasserfällen im Modell, gleichgültig ob es sich hierbei um eine kleine natürliche Staustufe oder um einen meterhohes Gefälle handelt, kommt es vor allem darauf an, das stürzende Wasser so zu gestalten, dass es möglichst echt wirkt. Die sich aus den beiden Komponenten Strömung und Verwirbelung ergebende Dynamik muss erkennbar sein. Sonst wirkt das Detail eher kitschig. Ein gutes Vorbildfoto kann als Vorlage sehr hilfreich sein.

Die technische Umsetzung gelingt am besten mit der bereits erwähnten, genoppten Seefolie. Aus ihr lässt sich jede Form der unterschiedlichen Wasserschwälle zuschneiden und in ein entsprechend vorbereitetes Gewässer einpassen. Allerdings lassen sich diese Folien nur unter Wärmeanwendung in die gewünschte dynamische Form eines Wasserschwalls zwingen.
Nachdem man also das zunächst nur grob zugeschnittene Folienstück mit etwas Überstand in das gegebene Gefälle eingepasst hat, legt man es zwischen zwei Taschentücher und bügelt es mit einem mäßig warmen Eisen auf einer unterlegten Papprolle in die gewünschte Form. Sobald der so entstandene Formteil erkaltet ist, wird es endgültig in das betreffende Gewässer eingepasst und mit Stecknadeln fixiert. Anschließend wird das Detail mit Gießharz verfestigt. Nach erfolgter Aushärtung werden die Wasserverwirbelungen vorteilhafterweise mit dem aus dem gleichen Grundstoff hergestellten, glasklaren Zweikomponentenkleber UHU-plus-Schnellfest aufmodelliert. Wiederum nach abgewarteter Aushärtung der aufmodellierten Details, werden die weißen Schaumkronen unter Verwendung von Plakatfarbe aufgewischt.

Abbildung oben:
Kleine Naturstaustufe, gestaltet mit Gießharz, UHU-Plus und Steinchen.

Abbildung links:
Verfestigen des fixierten Wasserschwalls aus Seefolie mit Gießharz.

Abbildung Seite 133:
Fertiges Gewässer mit Wasserfall.

Winterlandschaft

Eine Winterlandschaft lässt sich nicht durch einfaches Übersprühen einer Sommerlandschaft mit Dekoschnee zaubern, so wie dies gelegentlich für Fotozwecke empfohlen wird. Ein solcher Postkartenkitsch würde in keiner Weise befriedigen. Ganz im Gegenteil. Die Gestaltung einer Winterlandschaft erfordert eine spezielle Arbeitsweise und schließt eine spätere Verwandlung aus. Der Reiz einer Winterlandschaft liegt vor allem in dem stark konstrastierenden Umfeld, in dem die verkehrenden Modellbahnzüge mehr zur Geltung kommen als vor dem Hintergrund einer bunt gestalteten Sommerlandschaft.

Spätestens während der Rohbauphase muss man sich für das Konzept Winterlandschaft entscheiden. Insbesondere wenn man sich ein tief verschneites Winterparadies als Vorbild wählt, müssen die aus Modellgips geformten Geländedetails fein geglättet ausgeführt werden. Bei Verwirklichung dieser Idee kann man außerdem auch auf das Einschottern der Gleise verzichten. In diesem Fall wird der Bahnkörper seitlich bis unmittelbar auf Schienenoberkantenhöhe anmodelliert. Allerdings kann man ein solches Konzept nur in Verbindung mit Zweileitergleisen verwirklichen, da auch die Gleiskörper in der Mitte aufgefüllt werden müssen. Hierzu verwendet man am besten unstrukturierte Polystyrolplatten entsprechender Dicke (1 bis 1,5 mm), die man sorgfältig in Streifen schneidet und in die Gleiskörper so einpasst, dass zwischen den Schienen noch ausreichend bemessene Rillen für den unbehinderten Lauf der innenseitig geführten Radkränze verbleiben. Die zuvor mit Dispersionsfarbe weiß gestrichenen Streifen werden dann mit Styropor-Kleber (z. B. UHU-por) auf die Schwellen geklebt. Selbstverständlich müssen die beweglichen Teile innerhalb der Weichenstellbereiche ausgespart werden. Diese werden aber auch beim Vorbild entweder durch Streusalz oder aber mit Hilfe von Weichenheizungen schneefrei gehalten.

Beim Modellieren einer schneebedeckten Landschaft wird man vorzugsweise mit Modellgips arbeiten. Die hier geforderten besonders glatten Oberflächen gelingen am besten, wenn man das aufgetragene Material unmittelbar vor der Verfestigung mit einer Glättspachtel abzieht. Erst nach völliger Austrocknung werden die Flächen mit Schleifpapier der Körnung 180 geschliffen und anschließend, wie bei der Geländegestaltung beschrieben, satt tränkend grundiert. Nach der Grundierung können

kleine Fehlstellen mit feinem Dispersionsspachtel ausgebessert werden. Dann erfolgen zwei deckend ausgeführte Anstriche mit einer weißen Marken-Dispersionsfarbe. Um pinselstrichfreie Flächen zu erzielen, empfiehlt es sich, beide Anstriche mit der Moltopren-Walze nachzurollen. In den letzten, noch nassen Anstrich wird dann Glasdiamantin eingestreut, das den typischen Glitzereffekt von sonnenbeschienenen Neuschneeflächen täuschend echt imitiert.

Zum Herstellen der Schneepolster auf den Dächern der Gebäudebausätze bieten sich vor allen anderen die gipshaltigen Modelliermassen an, da sie recht lange offen bleiben und entsprechend länger verarbeitet werden können. Allerdings haftet die Modelliermasse an den glatten Oberflächen nur dann, wenn vorher – unter Verwendung von UHU-Allplast als Binder – besandet wurde – siehe Abbildung Seite 134.

Nach dem Trocknen werden die aufgesetzten Schneepolster, wie vorher be-

schrieben, mit weißer Dispersionsfarbe gestrichen und mit Glasdiamantin bestreut. Vorgefertigte Eiszapfen zum Ankleben an die Dachrinnen oder an Felskanten gibt es beim Fachhandel. Man kann sie sich aber auch aus durchsichtiger Verpackungsfolie selbst zurechtschneiden.

Selbstverständlich kann man auch an Modellbaum-Rohlingen, auf Büschen und Islandmoos oder aber an den üblichen, gedrehten Nadelbäumen die Schneepolster in gleicher Weise anbringen. Nur wird man hier die Modelliermasse mit einem „schlappen" Pinsel auftragen. Allerdings werden bei den gefärbten Nadelbäumen die wasserlöslichen Farbstoffe die Modelliermasse zunächst unansehnlich grün färben. In diesem Fall empfiehlt es sich, einen isolierenden Zwischenanstrich unter Verwendung von Kelterlack oder Kronengrund aufzubringen, der sich zwar wieder grün färbt, aber die Farbstoffe in sich wasserunlöslich bindet, so dass der letzte, mit Dispersionsfarbe ausgeführte Anstrich blütenweiß stehen bleibt.

Abbildung Seite 134 oben: Winterlandschaft mit Oldtimerzug.

Abbildung oben: Winterlandschaft mit Burgruine und kleinem Gewässer.

Dreierblock Seite 132 von oben nach unten:
- *Ankleben der Eiszapfen mit UHU-Allplast,*
- *Anbringen der Haftbrücke für die Schneeauflage,*
- *Auftrag der Schneepolster mit Modelliermasse.*

Dreierblock dieser Seite von oben nach unten:
- *Auftrag von UHU-por auf die Schwellen,*
- *Einkleben der passend zugeschnittenen HEKI-dur-Streifen,*
- *die mit Isolierlack überzogenen Tannen.*

Spezielle Gestaltungstipps

Zusammenbau und Patinieren von Bausatzmodellen

Zur Ausschmückung der Modelleisenbahnanlagen bieten die Zubehörhersteller ein großes Programm an Gebäudebausätzen aller Art, vom einfachen Güterschuppen bis hin zum kompletten Großstadt-Bahnhofsempfangsgebäude. Der Zusammenbau dieser Modelle ist im wahrsten Sinne des Wortes „kinderleicht" und außerdem in den beigefügten Bauanleitungen gut beschrieben, so dass es sich anscheinend kaum noch lohnt, an dieser Stelle das Thema abzuhandeln. Dennoch haben Fachleute, die sich täglich mit dieser Materie beschäftigen, einiges herausgefunden, das es wert ist, weitervermittelt zu werden.

Tipps zur Klebetechnik

Bekannt ist, dass die aus PVC gespritzten Bausatzteile nach sorgfältiger Entgratung mit einem scharfen Messer den Bauanleitungen entsprechend unter Verwendung der empfohlenen Kleber zusammenzufügen sind. Doch, verwendet man die vom Hersteller empfohlenen Kleber, muss man heutzutage sehr viel Geduld aufbringen und sich aller möglichen Haltehilfen bedienen, bis die Klebefugen zusammenhalten. Der Grund: da die von den Herstellern empfohlenen Kleber auch von Kindern benutzt werden, dürfen zur Herstellung nur noch solche Lösemittel verwendet werden, die physiologisch unbedenklich sind und die beim Verarbeiten keine schleimhautreizenden Dämpfe entwickeln. Entsprechend den sehr eng gefassten Umweltvorschriften sind in den herstellerseits angebotenen Klebern heute nur noch relativ harmlose Lösemittel mit geringem Lösevermögen enthalten, die zwar für Kinder ungefährlich sind und bedenkenlos auch in Wohnräumen verarbeitet werden können, aber einem rationellen Arbeitsfortschritt nicht eben dienlich sind. Im Interesse einer rationellen Klebearbeit verwendet der professionelle Modellbauer Nitrozellulose-Verdünnung (erhältlich in gut sortierten Farbengeschäften), die er sparsamst mit Hilfe eines feinen Rotmarder-Schriftenpinsels beidseitig auf die zuvor sorgfältig entgrateten Klebeflächen aufträgt. Steht der Arbeitstisch vor einem geöffneten Fenster, ist die Geruchsbelästigung durchaus erträglich. Es versteht sich von selbst, dass die Nitroverdünnung nur in kleinsten Mengen, und für Kinder unzugänglich gesichert, am Verarbeitungsort verfügbar sein darf. Der Gefahrenklasse entsprechend, darf im gleichen Raum auch nicht geraucht werden. Dessen ungeachtet ist die Lösewirkung so gut, dass die mit Nitroverdünnung behandelten Klebeflächen unmittelbar nach dem Zusammenbringen regelrecht miteinander verschweißen und die Fuge sofort fest zusammenhält. Es sei aber nochmals darauf hingewiesen: Diese Klebetechnik ist nicht für Kinder und Laien geeignet. Sie sollte ausschließlich dem professionellen Anlagenbauer vorbehalten sein.

Abbildung oben:
Frisch zusammengeklebte Bausatzteile, gezeigt mit verschiedenen Haltehilfen.

Abbildung Seite 136:
Detail mit Eisenbahnbrücke, Bach und Sägewerk. Ausschnitt aus einer größeren H0-Anlage.

Tipps zum Patinieren der Bausatzteile

Die in Bausätzen enthaltenen Teile wirken oft zu bunt und bedürfen manchmal der Korrektur. In solchen Fällen bietet sich das Patinieren an. Im Gegensatz zur deckenden Bemalung, wird beim Patinieren die Farbe nur hauchdünn, also lasierend, aufgetragen. Gelegentlich kommt auch die Graniertechnik zur Anwendung, wobei der Farbauftrag mit fast leerem Pinsel erfolgt und lediglich die erhabenen Stellen einer strukturierten Oberfläche, erfasst werden. Zum Patinieren von PVC-Bausätzen gibt es spezielle Patinier-Sets mit ausführlichen Anleitungen.

Zur Oberflächenbehandlung von Bausatzteilen aus PVC sind ausschließlich Mattlackfarben geeignet (z. B. von FALLER oder REVELL). Grundsätzlich sollte man Bausatzteile möglichst vor dem Zusammenbau patinieren. Solange sich die Teile noch an den Spritzlingen befinden, lassen sie sich am leichtesten bearbeiten. Die Klebeflächen sind dabei möglichst farbfrei zu halten. Wo dies nicht gelingt, müssen die Farbreste durch Schaben mit dem Messer oder durch Nachschleifen der Klebefugen mit Wasserschleifpapier der Körnung 160 gereinigt werden.

Die beim Patinieren von Bausatzteilen gängigsten Verfahren sind die Wischtechnik, die Schleiftechnik und die bereits erwähnte Graniertechnik. Bei der Wischtechnik wird die aufgetragene Kontrastfarbe sofort wieder mit einem Leinenlappen abgewischt, wobei Farbreste lediglich in den Vertiefungen der Oberflächenstruktur verbleiben und diese optisch hervorheben. Bei der Schleiftechnik läßt man hingegen die Farbe trocknen und schleift danach mit feinem Flintpapier über die Oberfläche. In diesem Fall treten die erhabenen Strukturmuster in der Eigenfarbe des Bausatzteils hervor. Bei Anwendung der Graniertechnik, werden, wie bereits erwähnt, nur die erhabenen Stellen der Struktur von Farbe erfasst. Dieses Verfahren eignet sich besonders zum optischen Hervorheben von Holz- und Mauerwerksstrukturen.

Gestalten mit Modellbauplatten

Modellbauplatten aus dicht geschäumten Polystyrol sind biegsam und lassen sich mit scharfen Klingen leicht schneiden. Die in der Regel 3 mm starken Platten werden mit in verschiedenen Mauerwerksstrukturen tief geprägten Vorderseiten angeboten und eignen sich daher zur individuellen Gestaltung von Architekturen nach eigenen Plänen. Die werkstoffbedingte geringe Eigenfestigkeit fordert jedoch bei statisch belasteten Modellbauwerken, wie zum Beispiel bei Brücken, eine versteifende Unterkonstruktion aus Pappe, Karton oder Holz. Wie alle Polystyrol-Erzeugnisse sind die Modellbauplatten empfindlich gegen die meisten Lösemittel, deshalb sollte die Verklebung nur mit den hier empfohlenen Klebern UHU-por, UHU-Kontakt 3000 oder UHU-coll erfolgen. Außerdem dürfen die Oberflächen nur mit lösungsmittelfreien Farben überstrichen werden. Gut geeignet sind zum Beispiel Dispersionsfarben.

Abbildung oben:
Beispielhaft patinierter Ladekran.

Abbildung Mitte links:
Patinieren einer Holzstruktur mit Mattlackfarbe.

Ungeachtet der leichten Bearbeitbarkeit erfordert der Zuschnitt der Polystyrolplatten ein Messer mit sehr scharfer Klinge. Dabei wird das Messer unter mäßigem Druck geführt, so dass die Klingenspitze noch in die Unterlage ritzt. Damit die Klingenspitze nicht vorzeitig abstumpft, ist die Verwendung einer Korkplatte als Schneideunterlage empfehlenswert. Nach jedem zwanzigsten Schnitt sollte die Klinge an einem Ölstein abgezogen werden.

In der Regel erfolgt der gerade Schnitt stets mit Hilfe eines Stahllineals im Winkel von 90°, wenn stumpf gestoßene Verklebung vorgesehen ist. Bei Außeneckverbindungen wird der Schnitt hingegen im vorgegebenen Gehrungswinkel – in der Regel 45° – ausgeführt. Beim Zuschnitt von Rundungen kann ein Dosendeckel als Schablone für die Klingenführung benutzt werden. Es gibt aber auch spezielle Schneidezirkel für den präzisen Rundschnitt.

Polystyrol-Modellbauplatten müssen stets vollflächig verklebt werden. Empfohlen wird die Kontaktverklebung, wobei der Kleber mit einer fein gezahnten Zahnspachtel beidseitig auf die zu verklebenden Flächen aufgetragen wird. Als Kleber hierfür werden der vom Verfasser erprobte lösungsmittelhaltige Typ UHU-por und der lösungsmittelfreie Klebertyp UHU-Kontakt 3000 verwendet. Bei der Kontaktverklebung werden die Teile jedoch erst zusammengefügt, wenn die aufgetragenen Kleberschichten „abgelüftet“ sind. Nach mäßigem Anpressdruck tritt die Haftung sofort ein, so dass Korrekturen nicht mehr möglich sind.

Insbesondere die 3 mm starken Modellbauplatten sind ihrer guten Biegsamkeit wegen das ideale Material zum Verkleiden von Türmen, Torbögen, Gewölbelaibungen und Tunnelröhren. Beim Formen in engere Bögen muss man jedoch die Platten oder zugeschnittenen Teile mehrmals behutsam in die gewünschte Richtung vorbiegen, da das dichtgeschäumte Material erst durch allmähliches Zusammenpressen der Porenstruktur zunehmend biegsam wird.

Wie bereits erwähnt, erfordern bestimmte, mit Modellbauplatten gestaltete Architekturen versteifende Unterkonstruktionen aus Holz, Karton oder Pappe. Diese müssen jedoch nicht immer aufwendig sein. Für frei stehende Mauern, wie zum Beispiel bei einer Burgruine, genügt gewöhnlicher Verpackungskarton zur Versteifung der strukturierten Mauerplatten. Und für den runden Turm bietet eine Papprolle die stabile Basis für die Mauerwerksverkleidung mit Modellbauplatten.

Die druckempfindlichen Oberflächen der Modellbauplatten können ferner durch Eindrücken mit dem Messerrücken oder sonstigen Gegenständen oder aber durch Aufträufeln von Klebern beliebig verändert bzw. „gealtert“ werden. Auch durch teilweises Glätten der Mauerwerksstrukturen mit Modelliermasse werden beispielsweise abgewitterte Putzflächen an Burgruinen sehr vorbildnah imitiert.

Die strukturierten Seiten der Polystyrol-Modellbauplatten sind in der Regel vom Hersteller bereits mit einer Haftung vermittelnden Trägerschicht für nachfolgende Dispersionsfarbenanstriche vorbehandelt. Bei der weiteren Bearbeitung mit Dispersionsfarben ist also weder eine Grundierung noch ein sperrender Zwischenanstrich erforderlich. Die Endbehandlung erfolgt wie bereits bei der Oberflächenbehandlung von Gebirgsstrukturen beschrieben.

Abbildungen dieser Seite:
Eine Staumauer im Rohbau und in fertig gestaltetem Zustand.

Farbenmischen

Das Mischen von Farben ist eine durchaus erlernbare Kunst. Es würde jedoch zu weit führen, wollte man hier einen kompletten Lehrgang bieten; dieser würde ein eigenes Buch füllen und außerdem wäre so viel Theorie speziell für die Bedürfnisse der Modellbahngestaltung kaum von Nutzen. Vielmehr genügt es, wenn es nach einigen Mischübungen, wie sie nachstehend aufgeführt sind, gelingt, die wichtigsten Basisfarben für die Landschaftsgestaltung zu mischen.

Für die Übungen brauchen Sie Plakatfarben (Kaseinfarben) in Weiß und den Farbtönen Blau, Braun, Grün und Rot sowie einen weißen Zeichenkarton als Malgrund. Anstelle der Plakatfarben können auch handelsübliche Dispersionsfarben verwendet werden. Zum Ausmischen der Farben werden auch einige kleine Schalen oder kleine Gläser benötigt, zum Anlegen der Farben ein weicher Haarpinsel.

Zeichnen Sie nun mit Bleistift drei waagerechte Reihen mit je sieben hochstehenden Feldern im Format etwa 3 x 7 cm und in Abständen von 1 cm zueinander – siehe Abbildung.

Beginnen Sie dann mit den Übungen in der oberen Felderzeile und versuchen Sie nun, durch Zumischen zur weißen Farbe von Rot und Grün von links nach rechts eine Skala an Grautönen zu mischen, wobei auf Schwarz vollkommen verzichtet wird. Zunächst füllt man also eines der Mischgefäße zu zwei Drittel mit streichfähig verdünnter weißer Farbe, der dann ein wenig Rot zugegeben wird. Dann wird gut umgerührt, wobei ein rosaroter Farbton entsteht, mit dem Sie in der Praxis zwar nicht viel anfangen können, mit dem Sie aber zur Kontrolle das linke obere Feld anlegen. Sichern Sie sich diesen Farbton, indem sie ein wenig davon in ein anderes Gefäß abfüllen. Dem Rest setzen Sie nun ein wenig Grün zu und stellen schon beim Einrühren fest, dass das hässliche Rosarot sofort abstumpft und in einen angenehmen Grauton umschlägt, bei dem die rote Farbe aber immer noch stark dominiert. Nachdem Sie das zweite Feld mit diesem Farbton angelegt und wieder ein wenig von diesem Farbton in ein leeres Gefäß gegeben haben, setzen Sie noch etwas Grün zu und stellen fest, dass die rote Dominanz einem fast neutralen, sehr warmen Grau gewichen ist. Mit diesem Farbton belegen Sie nun das dritte Feld. Damit die Farbe nicht zu dunkel wird, wird jetzt immer noch ein wenig Weiß zugesetzt. Dann mischen Sie weiter ein wenig Grün bei, wodurch der Farbton endgültig in ein völlig neutrales Grau umschlägt, das weder gegen Rot noch gegen Grün tendiert. Erst wenn weiter Grün zugemischt wird, zeigt das Grau zunehmend grüne Tendenz.

Wenn die ganze obere Zeile in dieser Weise fertig gestellt ist, verfügen Sie zumindest mit den mittleren drei Feldern über eine Skala von angenehmen, warmen Grautönen, so wie sie auch in der Natur vorkommen. Jetzt können Sie sich sicher auch leicht vorstellen, dass sich diese Skala durch geringfügige Veränderungen der Rot- und Grünanteile, und außerdem auch noch durch weitere Aufhellungen mit Weiß, erheblich erweitern lässt.

Legen Sie jetzt die unterste Felderreihe in gleicher Weise an. Beginnen Sie diesmal aber mit einer hellblauen Farbe, der Sie zunehmend Braun zusetzen. Damit die Farben aber mit der Zeit nicht zu dunkel ausfallen, sollten Sie auch hier immer wieder etwas Weiß zumischen. Nachdem auch diese untere Zeile fertiggestellt ist, stellen Sie fest, dass auch hier in den drei mittleren Mischungen sehr angenehme Grautöne entstanden sind, die jedoch im Gegensatz zur oberen Skala deutlich kühler wirken. Da Sie ja von jeder Mischung ein wenig zurückbehalten haben, können Sie nun versuchen, die Farbtöne der oberen Felder mit jenen der unten gegenüberliegenden zu mischen und mit den so entstandenen Zwischentönen die drei Felder der mittleren Reihe anzulegen.

Auf diese Weise existiert nun eine Reihe von herrlichen Grautönen, die sich durch weitere Zwischenmischungen beträchtlich erweitern lässt. Mit den gewonnen Erkenntnissen müsste es nun gelingen, grundsätzlich jeden in der Natur vorkommenden Gesteins- und Geländefarbton nachzumischen.

Der Karton mit den Farbtonskalen kann immer wieder als Orientierungshilfe dienen, wenn es gilt, einen speziellen Farbton zu mischen.

Verzeichnis der Hersteller

der in diesem Buch erwähnten technischen Zubehörartikel, Geräte und Werkstoffe.

Böhler GmbH,
motorische Weichenantriebe, Elektro-Kleinwerkzeuge.
Carl-Benz-Straße 6,
D-79211 Denzlingen.

BRAWA,
Modelleisenbahnen und Zubehör, Modellbahnsignale.
D-73630 Remshalden.

BREKINA
Modellspielwaren, Modellautos.
D-79311 Tenningen-Nimburg.

BUSCH Modellspielwaren,
Landschaftszubehör, Automodelle, Software.
D-68502 Viernheim.

Cooper Tools GmbH,
Lötstationen, Spezialwerkzeuge.
Carl-Benz-Straße 2,
D 74354 Besigheim.

FALLER Gebr. GmbH,
Bausatzmodelle, FALLER-Car-System.
D-78148 Gütenbach.

HEKI-Kittler GmbH,
Modellbahnzubehör, Modellbahnsteuerungen.
D-76437 Rastatt.

HERPA Miniaturmodelle GmbH,
Modellautos.
D-90597 Dietenhofen.

Karl Gröner GmbH,
Künstlerbedarf, Sgraffitoschlingen.
D-89081 Ulm.

KIBRI Spielwarenfabrik GmbH,
Bausatzmodelle, Modellautos.
D-71034 Böblingen.

LUX,
Modellbahn-Reinigungswagen.
Neuer Graben 9,
D-49324 Melle.

Marabuwerke GmbH & Co,
Plakatfarben.
D-71732 Tamm.

Modellplan
Gleisplanungsprogramme, Steuerungsprogramme, Anlagenrahmen- und Gleiswendel-Bausätze.
Tannenstraße 80,
D 73037 Göppingen.

NOCH GmbH & Co,
Modellbahnzubehör.
D-88230 Wangen.

Post Peter,
Spezial- und Präzisionswerkzeuge.
D-37115 Duderstadt.

PREISER Paul M. GmbH
Kleinkunstwerkstätten, Modellfiguren, Modellautos, Geländezubehör.
D-91628 Steinsfeld.

Revell AG,
Spezialfarben für den Modellbau.
D-32257 Bünde.

Rotring GmbH,
Zeichengeräte.
D-22510 Hamburg.

Rietze,
Automodelle.
In der Hernau 1,
D-90518 Altdorf.

Schapals,
Softlok-Modellbahnsteuerung.
Franz-Winner-Straße 24,
D-87719 Mindelheim.

Schneider Martin KG,
Modellbahnzubehör, Signale.
D-73072 Uhingen.

Seuthe-Schley GmbH,
Rauchgeneratoren, Schienenreinigungsmittel.
D-73107 Eschenbach.

Sommerfeldt GmbH,
Oberleitungen, Dachstromabnehmer.
D-73110 Hattenhofen.

Steinmodell,
Anlagenbau, Anlagenplanung, Beratung.
Uhlandstraße 15,
D-68795 Reilingen.

Sügis und Zimmermann,
Hersteller von Stahlrohr-Anlagenfüßen System Stein.
Carl Zeiss Straße 13,
D-68795 Reilingen.

Titan GmbH,
Modellbahntransformatoren.
D-74523 Schwäbisch Hall.

Viessmann Modellspielwaren GmbH,
Modellbahnzubehör, Modellbahnsignale.
D-35116 Hatzfeld-Reddighausen.

VOLLMER GmbH & Co. KG,
Bausatzmodelle.
D-70435 Stuttgart.

WEGASS
Modellbau, Anlagenplanung, Schiffsmodellbausätze.
Wassermanngasse 16,
D-71665 Vaihingen/Enz.

WIKING Modellbau GmbH & Co. KG,
Modellautos.
D-58511 Lüdenscheid.

Hinweis: Die in allen Abbildungen dieses Buches gezeigten Figuren wurden freundlicherweise von der **Firma Preiser,** Kleinkunstwerkstätten, D-91628 Steinsfeld, zur Verfügung gestellt.
Die in den Bildern gezeigten Automodelle stammen aus den Sortimenten der **Firmen HERPA, WIKING, ROCO und BREKINA**.

A

B

C

D

E

F

G

H

I

K

L

M

O

P

R

S

T

U

V

W

Z